GILLES FRANÇOIS / BERNARD PITAUD

MADELEINE DELBRÊL

Gilles François/Bernard Pitaud

Madeleine Delbrêl

Die Biografie

Aus dem Französischen von
Annette Schleinzer

VERLAG NEUE STADT
MÜNCHEN · ZÜRICH · WIEN

Titel der französischen Originalausgabe:
Madeleine Delbrêl, poète, assistante sociale et mystique,

Übersetzung aus dem Französischen: Annette Schleinzer

Klimaneutral gedruckt. Weil jeder Beitrag zählt.

MIX Papier FSC® C083411

CPI klimaneutral
Mehr Bäume. Weniger CO_2

2019, 1. Auflage

Umschlaggestaltung und Satz: Neue-Stadt-Grafik
Fotos (wenn nicht anders angegeben): Archiv Madeleine Delbrêl
Druck und Bindung: CPI – Clausen & Bosse, Leck
ISBN 978-3-7346-1204-6

www.neuestadt.com

Vorwort

Das Interesse an Madeleine Delbêl (1904–1964) wächst, auch im deutschsprachigen Raum. Die „Dichterin, Sozialarbeiterin und Mystikerin", so die Charakterisierung im Untertitel der französischen Originalausgabe der vorliegenden Biografie, trifft offenkundig einen Nerv der Zeit. Einer Zeit, in der viele Gewissheiten verlorengehen und doch die tiefe Sehnsucht nach einem Leben, das den Namen verdient, ungebrochen ist. „Madeleine", wie sie meist einfach genannt wird, kann auch heute vielen vieles sagen. Sie hat ein ebenso facettenreiches wie authentisches Leben geführt, das zu ihrer Zeit Vertreter der Kirche wie Marxisten, Gläubige wie Atheisten verwundert und beeindruckt hat. Sie war eine Grenzgängerin, die – einst selbst glühende Atheistin – zu einem lebendigen Glauben fand. Davon ergriffen, zog sie in die Pariser „Banlieue", in den Arbeitervorort Ivry, um „Leiden zu lindern", wie sie es einmal ausgedrückt hat, und Zeugnis zu geben von einer Menschlichkeit, die über das „nur Menschliche" hinausgeht.

Die Autoren der vorliegenden großen Biografie sind die wohl besten Kenner von Madeleine. Sie haben Zugang zu zahlreichen bislang unbekannten Quellen gehabt und entwerfen ein umfassendes Bild mit zahlreichen neuen Details, auch im Blick auf Madeleines inneren Werdegang und das, was sie umtrieb und bewegte. Gilles François ist Präsident der *Association des Amis de Madeleine Delbrêl*, Mitherausgeber der Gesamtwerke Madeleine Delbrêls und Postulator ihres Seligsprechungsverfahrens. Bernard Pitaud, Mitglied der Kongregation der Sulpizianer und ehemaliger Dozent für die Geschichte der Spiritualität am

Institut Catholique in Paris, ist Autor zahlreicher Bücher über Madeleine Delbrêl.

Ein besonderer Dank gebührt Frau Dr. Annette Schleinzer, der anerkannten Madeleine-Spezialistin, Herausgeberin und Autorin mehrerer Werke von und über „die Mystikerin der Straße", für die sorgfältige Übertragung dieses Standardwerkes sowie für die hilfreiche Bearbeitung mit einer Reihe zusätzlicher Anmerkungen und Erläuterungen für die deutschsprachigen Leserinnen und Leser.

Verlag Neue Stadt

Inhalt

Anhang

I

„EINE FAMILIE AUS ALLEN SCHICHTEN“

„Ich bin – und das war ein Glücksfall – außerhalb sozialer Absperrungen aufgewachsen: Meine Familie war aus allen Schichten zusammengesetzt – und infolgedessen auch ich selbst.“[1]

So beschrieb Madeleine in ihrem letzten Vortrag vor Pariser Studenten, wenige Wochen vor ihrem Tod, ihre familiäre Herkunft. Diese Sätze bedürfen freilich einer Differenzierung. Vermutlich wollte sie damit sagen, dass sich ihre Familie gesellschaftlich niemals abgegrenzt hat und für die unterschiedlichsten Menschen offen war. Aber sie war nicht wirklich „aus allen Schichten zusammengesetzt“. Ihre Mutter, Lucile Junière, stammte aus dem Kleinbürgertum der Provinz. Madeleines Großeltern mütterlicherseits hatten in Mussidan/Dordogne eine Wachs- und Kerzenfabrik, die unter anderem Lourdes belieferte und die florierte, denn es gab damals noch längst nicht in

1 Vortrag vom 16. September 1964, in: Madeleine Delbrêl, La question des prêtres-ouvriers, Paris 2012, 212. Im Folgenden: OC X. Vgl. auch Madeleine Delbrêl, Wir Nachbarn der Kommunisten, Einsiedeln 1975, 263. Im Folgenden: NK.

allen Haushalten Strom. Die Fabrik beschäftigte ungefähr zwanzig Angestellte. Der Bau der Eisenbahn erleichterte den Verkauf. Die Familie Junière war deshalb gut situiert und hoch angesehen in diesem kleinen Marktflecken Mussidan, der damals 2300 Einwohner zählte.

Die familiäre Situation ihres Vaters, Jules Delbrêl, war sehr viel komplexer. Die Delbrêls erholten sich allmählich von einer langen Phase, in der sie gesellschaftlich abgestiegen waren. Das hatte mit den psychischen Problemen von Madeleines Urgroßvater begonnen, die seine Unterbringung in einer psychiatrischen Anstalt erforderlich gemacht hatten.[2] Für die Familie, die damals Haus- und Grundbesitz hatte, bedeutete dies zumindest zwischenzeitlich das gesellschaftliche Aus. Doch mit Madeleines Großvater und Vater ging es allmählich wieder bergauf, dank der Arbeit, die es durch den Ausbau der Eisenbahn in ihrer Gegend gab. Jules Delbrêl fühlte sich sein Leben lang immer wieder zum Bildungsbürgertum hingezogen; möglicherweise lag dem der mehr oder weniger bewusste Wunsch zugrunde, den gesellschaftlichen Status wiederzugewinnen, den seine Familie einst verloren hatte.

Die psychische Labilität ihres Urgroßvaters führte dazu, dass sich Madeleine ein Leben lang um sich selbst Sorgen machte. Und dies umso mehr, als sich auch bei ihrem Vater im Alter von fünfzig Jahren gewisse seelische Schwankungen zeigten, die zur Trennung ihrer Eltern führten.[3] Jedenfalls gab es im Leben Madeleines mindestens zwei Momente, in denen aufschien, dass sie diesbezüglich Angst um sich selbst hatte:

Zum einen im Dezember 1934, mehr als ein Jahr nach dem Beginn ihres missionarischen Lebens in Ivry. Sie fragte sich, ob das Ziel, das sie sich gesetzt hatte, wirklich richtig war. Und sie

---

2 Madeleine Delbrêls Urgroßvater war ein paar Jahre in einer psychiatrischen Anstalt, um 1851/52, als ihr Großvater zehn Jahre alt war.

3 Vgl. unten S. 30; 105f; 117f; 141.

bat deshalb Abbé Lorenzo, sie darin zu bestätigen: „Oder bin ich am Ende vielleicht verrückt?"[4] In dieser merkwürdigen Frage klingen ihre Unsicherheit und ihre Selbstzweifel an.

Ein zweites Mal überfiel sie diese Angst im Dezember 1956; sie war damals zutiefst belastet und erschöpft und verlor für einige Stunden den Kontakt mit der Wirklichkeit.[5] Das veranlasste sie zu der Entscheidung, die Verantwortung für ihre Gruppe abzugeben. Zum Glück haben die Gefährtinnen, die ihr am nächsten standen, sie daran gehindert. Denn dieser Zwischenfall war nach Ansicht der Psychiater nichts anderes als das Symptom einer übermäßigen Erschöpfung. Doch die damit verbundene panische Angst hat sie vielleicht tiefer gequält, als man von außen wahrnehmen konnte.

Die Realität sah indes längst nicht so besorgniserregend aus. Madeleine war ein ausgeglichenes Kind und junges Mädchen. Sie wurde von ihren Eltern überaus geliebt; die Unstimmigkeiten, die dem Paar zu schaffen machten, traten zu einem Zeitpunkt auf, an dem Madeleine emotional schon einigermaßen gefestigt worden wäre. Natürlich hat sie darunter gelitten, aber doch nicht so sehr, dass ihre Persönlichkeit durch den Konflikt zerrissen worden wäre. Sonst hätte sie niemals aus einer solchen inneren Mitte heraus all die Spannungen aushalten können, mit denen sie ihr Leben lang umgehen musste.

Die Liebe ihrer Eltern hat sie zärtlich und einfühlsam erwidert. Die wenigen noch erhaltenen Briefe an ihre Mutter zeugen von einer außergewöhnlichen Nähe und einem anrührenden Vertrauen. Und um ihren Vater hat sie sich während seiner langen Krankheit immer liebevoll gekümmert, obwohl er ihr manches Mal eine Abfuhr erteilte. Als er in Paris ankam, war Jules Delbrêl nicht wenig stolz auf dieses noch so junge Mädchen, das

4 Unveröffentlichter Brief, in: AMD III.
5 Vgl. unten S. 270f.

einen bemerkenswert wachen und lebhaften Verstand hatte. Er nahm sie mit in den Pariser Salon von Dr. Armaingaud, wo über Literatur und Philosophie diskutiert wurde. Und bald darauf verfasste Madeleine schon ihre ersten dichterischen Essays, mit denen sie ihrem Vater nacheiferte; denn Jules Delbrêl brüstete sich gelegentlich damit, Dichter zu sein.

Mit dem Satz „Meine Familie war aus allen Schichten zusammengesetzt“ wollte Madeleine wohl ganz allgemein ausdrücken, dass ihr familiäres Milieu anpassungsfähig war und mit Personen unterschiedlichster Herkunft Beziehungen aufnehmen konnte. Die Delbrêls lebten sehr einfach, auch wenn sie ihrer einzigen Tochter eine bürgerliche Erziehung angedeihen ließen und ihr den Zugang zu künstlerischen und intellektuellen Milieus ermöglichten.

Es wäre übertrieben, wenn man die Mutter Madeleines dem Bürgertum und ihren Vater der Arbeiterschicht zuordnen würde, wie manchmal geschehen. Madeleines Großvater väterlicherseits stammte nämlich nicht aus einer Arbeiterfamilie, auch wenn er bei der Eisenbahnlinie Paris–Orléans als Kupferschmied gearbeitet hatte. Er war der Sohn eines ehemaligen Grundbesitzers, und sein Ziel war es, so schnell wie möglich gesellschaftlich aufzusteigen, nachdem es in der Generation vor ihm zu so einem brutalen Abstieg gekommen war.

Zudem ist Jules Delbrêl, der Vater Madeleines, auf seiner beruflichen Karriereleiter unglaublich schnell emporgestiegen. Er war mit Sicherheit sehr begabt, sowohl was seine Intelligenz als auch sein Fachwissen anbelangt. Doch sein Aufstieg verdankte sich zweifellos auch dem Krieg und dem damit verbundenen Mangel an verfügbarem Personal: Vom einfachen Bahnarbeiter wurde er zum stellvertretenden Bahnhofsvorsteher, dann zum Betriebsprüfer und schließlich zum Bahnhofsvorstand befördert. In dieser Funktion hatte er mehrere wichtige Posten inne: in Châteauroux und Montluçon, und die Krönung seiner Karriere war schließlich die Leitung der Pariser Bahnhöfe der *Ligne de Sceaux*[6] in Denfert-Rocherau. Diesen Posten erhielt er zwar hauptsächlich ehrenhalber, denn seine Gesundheit verschlechterte sich damals bereits; aber es zeigt eben, dass Jules Delbrêl doch ein erhebliches Ansehen genoss und dass er beruflich und gesellschaftlich erfolgreich war.

Zugegebenermaßen hat Madeleine selbst ein wenig für Verwirrung gesorgt, indem sie in einem Artikel der Zeitschrift *Esprit*, der im Juli-August 1951 veröffentlicht wurde, von ihrem Großvater erzählt, der als Junge „sechzehn Stunden lang auf Kupferkessel schlug und Abwaschwasser trank“.[7] Diese Bemerkung war wohl ein wenig übertrieben; Madeleine wusste vielleicht nicht, dass die Arbeit eines Kupferschmieds nicht darin bestand, „auf Kupferkessel zu schlagen“. Und wenngleich der Kupferschmied tatsächlich nur ein Kupferschmied war, so war die Frau des Kupferschmieds Hebamme – ein Beruf, den sie nach dem Tod ihres zweiten Sohnes erlernt hatte, der mit drei Jahren gestorben war. Somit dürfte die Familie ein ausreichendes Einkommen gehabt haben.

Auch wenn sie in Périgueux, der Stadt, in der sie lebten, mehrmals umgezogen waren, so haben sie doch nie in einem typischen Arbeiterviertel gewohnt. Madeleine hat sich da nichts vorgemacht; obwohl sie so lange in Ivry gelebt hat, bei den Menschen beliebt war und am Leben der Kommune teilgenommen hat, wurde sie niemals „ins Proletariat eingebürgert“, wie sie sagte, denn sie gehörte nicht der Arbeiterschicht an.

Wenn man von der Familie Madeleines spricht, kommt man an Clémentine Laforêt nicht vorbei. Sie stammte aus Mussidan

---

6 Die *Ligne de Sceaux* war eine Eisenbahnstrecke in den südlichen Vororten von Paris, die die Verbindung zwischen Paris und Sceaux herstellte und in Paris am Kopfbahnhof Denfert-Rocherau endete (Anmerkung A. S.).

7 Madeleine Delbrêl, Athéismes et évangélisation, Paris 2010, 32. Im Folgenden: OC VIII. Vgl. auch NK, 81.

und kam als junge Frau mit 25 Jahren in den Dienst der Familie Delbrêl. Sie blieb an der Seite von Madeleines Mutter bis zu deren Tod im Jahr 1955. Mentine, wie man sie nannte, integrierte sich schließlich vollständig in die Familie. Das ging so weit, dass Lucile mit ihrer Tochter kein Wort wechseln konnte, ohne dass Mentine es mitbekam, wie sie ihr später einmal mit Bedauern schrieb. Denn Mentine war immer mit dabei, ohne sich diskret zurückzuziehen, sodass Mutter und Tochter kaum Gelegenheit hatten, ungestört beisammen zu sein. Hinzu kam ja, dass Madeleine oft so viel zu tun hatte, dass sie sich kaum Zeit für ihre „geliebte Miou" nehmen konnte, wie sie sie zärtlich nannte.

Als sich das Ehepaar Delbrêl später trennte, blieb Mentine ohne zu zögern bei Frau Delbrêl. Jules Delbrêl hat die beiden Frauen dann auch, salopp gesagt, „in einen Topf geworfen", wenn er in dem Wahn, der ihn bisweilen befiel, gegen sie aufgebracht war. Mentine zahlte es ihm mit gleicher Münze heim; sie hatte sich für eine Seite entschieden.

Lucile Delbrêl und Madeleine blieben ihrerseits sehr diskret. Weder in ihren Briefen noch in Äußerungen anderen gegenüber hat Madeleine ihren Vater jemals kritisiert. Mentine hingegen hat einseitig Partei ergriffen; dessen muss man sich bei ihrer Sichtweise der Ereignisse bewusst sein, von denen sie mit betroffen war. Unverkennbar spricht aus ihren Schilderungen eine große Bewunderung für Madeleine. Sie kommt vor allem in den Erinnerungen an ihren Aufenthalt in Ivry im Jahr 1964, nach Madeleines Tod, zum Ausdruck, sowie in ihrer Korrespondenz mit Jacques Loew. Dieser Briefwechsel zeigt, dass Mentine keineswegs ungebildet war. Sie schrieb relativ flüssig, und von ihrer „Kleinen" sprach sie immer mit tiefer Verehrung. Wenn sie – nach Madeleines Tod – in Ivry war, fand sie sie „überall wieder". Und wenn sie eine Karte aus Mussidan schrieb, war es für sie Madeleines Mussidan, „ihr Mussidan, das auch mein Mussidan ist", wie sie hinzufügt.

In Mussidan ist diese Frau, die der Familie Delbrêl so tief ergeben war, schließlich auch gestorben. Madeleine hatte ihr aus dem Familienerbe eine Rente ausgezahlt, sodass sie in ihre Heimat zurückkehren konnte, die sie 1907 verlassen hatte, um nach Bordeaux zu gehen; ein oder zwei Jahre später war sie dann den Dienst der Familie Delbrêl getreten.

Werfen wir nun einen genaueren und systematischeren Blick auf den Gang der Ereignisse.

Madeleine wurde am 24. Oktober 1904 in Mussidan/Dordogne geboren, etwa dreißig Kilometer westlich von Périgueux. Ursprünglich kam die Familie Delbreil (daraus wurde dann Delbrêl) vermutlich aus Moissac. Im dortigen Stadtarchiv findet man den Namen eines Mitglieds des Nationalkonvents, Pierre Delbrêl, der während der Revolution von 1789 Abgeordneter von Moissac war. Er stimmte für den Tod des Königs und machte sich später als Kriegskommissär in den Schlachten der jungen Französischen Republik einen Namen. Man findet dort im Archiv auch die Spur eines 1846 verstorbenen Advokaten.

Madeleines Vater, Hippolyte Delbrêl, ließ seinen Vornamen im Jahr 1900 in „Jules" umändern (Hippolyte war der Vorname seines Großvaters, der in einer Anstalt gewesen war; Jules fühlte sich offenbar im Schatten seines Vorfahren nicht wohl). Er war der Älteste in einer Familie mit drei Kindern; die beiden anderen starben schon früh. Sein Studium im kaiserlichen Lyzeum von Périgueux hat er abgebrochen, als seine kleine Schwester, die Madeleine hieß, im Oktober 1884 starb. Im Jahr darauf befindet er sich im Militärdienst; vermutlich hatte er sich für drei Jahre verpflichtet mit der Aussicht, 1891 in den Rang eines Unterleutnants der Reserve zu kommen. In den Archiven der Armee heißt es, dass er zu dem Zeitpunkt „seiner Mutter gegenüber unterhaltsberechtigt war, die ein gewisses

Vermögen hat“.[8] Jedenfalls begann er zu der Zeit seine berufliche Laufbahn bei der Eisenbahn Paris–Orléans und folgte so der Spur seines Vaters. Zunächst war er Bahnarbeiter in Redon in der Bretagne, danach von 1887 bis 1888 Angestellter beim Bahnhof in Mussidan, wo er seine spätere Ehefrau kennenlernte. Sein Aufstieg ging in rascher Folge vonstatten: 1900 wurde er stellvertretender Bahnhofsvorsteher von Paris-Orsay, im Jahr darauf stellvertretender Bahnhofsvorsteher in Juvisy-Triage, damals Seine-et-Oise.

Am 25. November 1901 heiratete er Lucile Junière, die älteste Tochter von Joseph (genannt Fassol) Junière und Anne Trouette. Letztere besaßen, wie gesagt, eine Wachskerzenfabrik. Sie hatten zwei Töchter, Lucile und Alice. Viel später gestand Madeleine einem Freund, dass ihre Mutter vor der Heirat belastet gewesen sei. Aber sie sagte nichts Genaueres über die Art dieser Belastungen; zumindest blieb der Freund in dieser Hinsicht sehr diskret.

In der Familie Junière hat man sich noch lange an die Skepsis erinnert, die aufkam, wenn das künftige Ehepaar zu Besuch war. Jules Delbrêl galt als exzentrisch. Er passte nicht so recht in den Rahmen der Junières, die ruhige, seriöse Geschäftsleute waren. Der Mann, den ihre Tochter heiraten wollte, wechselte immer wieder seinen Wohnsitz und würde Lucile somit in ein Leben hineinziehen, das in ihren Augen zu unruhig war. Dennoch hat die Hochzeit stattgefunden. Jules war 32 Jahre alt, Lucile 21. Der Altersunterschied war beträchtlich, was zu der damaligen Zeit jedoch nicht ungewöhnlich war. Madeleine wurde knapp drei Jahre später im Haus ihrer Großeltern mütterlicherseits geboren. Sie blieb das einzige Kind.

---

8 Es stellt sich die Frage, warum er sich bei der militärischen Erfassung 1891 als „Student“ bezeichnete. Liegt dem vielleicht das Bedürfnis zugrunde, sich immer wieder ein wenig über seinen jeweiligen Stand zu erheben? Hat er wirklich auch nur einen Augenblick daran gedacht, sein Studium wieder aufzunehmen? Es ist nichts darüber bekannt.

Zwölf Jahre gingen ins Land, bevor die Familie nach Paris zog: zwölf sehr dichte Jahre, die von zahlreichen Ereignissen geprägt sind, deren markantesten Spuren nun nachgegangen werden soll.

Da ist zunächst der häufige Ortswechsel, der der beruflichen Karriere Jules Delbrêls geschuldet war. Nachdem er am 17. Januar 1902 zum stellvertretenden Bahnhofsvorsteher in Châteauroux ernannt worden war, wurde er schon im Mai desselben Jahres in der gleichen Funktion nach Bourges versetzt. 1904, im Geburtsjahr Madeleines, war er Betriebsprüfer in Lorient.

Dort hat dem schwächlichen Baby, mit dem es allmählich bergab ging, die Milch einer Amme aus Lorient das Leben gerettet. Die Familie hat das immer als ein kleines Wunder betrachtet; zum Dank wurde Madeleine zwei Jahre später, im Jahr 1906, nach Lourdes gebracht. Man gab ihr ein Medaillon der Jungfrau Maria, das sie 1955, also unmittelbar nach dem Tod ihrer Eltern, Jean Durand, einem Freund ihrer Gemeinschaft, schenkte.[9]

1909 stieg Jules Delbrêl an eine höhere Stelle auf: Er wurde Betriebsprüfer in Bordeaux, wo er zwei Jahre lang blieb. 1908 oder 1909 kam Clémentine Laforêt als Hausangestellte in die Familie.[10]

Zur gleichen Zeit lernte Jules Delbrêl Dr. Armaingaud kennen. Dieser war Arzt, stammte aus dem Großbürgertum von Bordeaux und war ebenso an Literatur und Philosophie interessiert wie an seinem Beruf, wobei er auf eine ansehnliche medizinische Karriere blicken konnte: Er hatte zwei Sanatorien ins Leben gerufen, in Arcachon und in Banyuls-sur-Mer, verfasste mehrere medizinische Werke und initiierte eine Liga zur Be-

9 Tagebuch von Jean Durand, 24. November 1955, in: AMD VI 3, 3.
10 Ihr Zeugnis über die Jugendjahre von Madeleine befindet sich im Archiv, in: AMD III.

kämpfung der Tuberkulose. Als großer Kenner von Montaigne gab er eine bemerkenswerte Gesamtausgabe seiner Werke heraus. 1912 gründete er den Verein der Freunde Montaignes, zu dessen ersten Mitgliedern auch Jules Delbrêl zählte. In Paris besaß er eine Wohnung, in der er sich oft aufhielt und wo auch die Versammlungen des Vereins stattfanden.

Als Jules Delbrêl 1916 nach Paris versetzt wurde, wurde es für ihn einfacher, an diesen Versammlungen teilzunehmen. Ein, zwei Jahre später nahm er die damals dreizehn- oder vierzehnjährige Madeleine mit. Daraus hat sich dann eine ganz eigene Geschichte entwickelt, auf die noch eingegangen wird: Ohne es zu wollen, hat Dr. Armaingaud in Madeleines Leben ganz offensichtlich eine bedeutende Rolle gespielt.[11]

Er war Freidenker und Atheist und als solcher zutiefst menschlich. Madeleine hatte er besonders ins Herz geschlossen. Zugleich war er Pate des zukünftigen Dominikaners Jean Maydieu, dessen Eltern auch aus Bordeaux stammten. So kam es später unter der literarischen Schirmherrschaft von Dr. Armaingaud in dessen Pariser Salon zur Begegnung von Madeleine und dem glänzenden Schüler der *École Centrale*.

Vor dem Umzug nach Paris hatte die Familie noch weitere Etappen innerhalb Frankreichs zurückgelegt: Der bisherige Betriebsprüfer Jules Delbrêl wurde 1911 zum Bahnhofsvorsteher von Châteauroux ernannt. Nach neun Jahren kehrte er also wieder dorthin zurück; als Bahnhofsvorsteher hatte er auf seiner Karriereleiter eine höhere Stufe erklommen. Zweifellos erfüllte sich damit sein Wunsch, der Familie Delbrêl wenigstens einen Teil des früheren Glanzes zu verleihen; denn in einer Provinzstadt gehört der Bahnhofsvorsteher zu den Honoratioren. Doch Châteauroux blieb nicht seine letzte Station.

---

11 Vgl. unten S. 43.

1913 wurde er nach Montluçon versetzt. Madeleine war zu der Zeit gerade neun Jahre alt. An seiner neuen Stelle konnte ihr Vater seine Menschlichkeit und seinen Erfindungsgeist zur Geltung bringen. Denn als im nächsten Jahr der Krieg ausbrach, sah er sofort, dass in Bahnhofsnähe eine Militärkantine vonnöten war, damit die Soldaten, die auf dem Weg zur Front oder auf dem Rückweg dort durchkamen, ein wenig auftanken konnten. Montluçon war nämlich ein wichtiger Eisenbahnknotenpunkt.

Madeleine hat später bei der Massenflucht 1940 ein ähnliches Know-how an den Tag gelegt, als sie den Weg der Züge in Ivry-sur-Seine organisierte. Zwar war sie 1913 wohl noch zu jung, als dass sie sich unmittelbar am Beispiel ihres Vaters hätte orientieren können, aber vielleicht ist es doch nicht zu weit hergeholt, einen Zusammenhang zu erkennen.

Schließlich aber hat sich der Bahnhofsvorsteher von Montluçon mit der Logistik des ganzen Unternehmens so übernommen, dass er bei Kriegsende unbezahlten Urlaub nehmen musste. Damals begannen auch seine gesundheitlichen Probleme.

Die Episode ist interessant, denn darin kommt ein Jules Delbrêl zum Vorschein, dem es nicht nur darum ging, sich Geltung zu verschaffen oder Zutritt zum Bildungsbürgertum zu erlangen: Er konnte sich auch selbstlos dafür einsetzen, dass den Frontsoldaten, die zu den Schützengräben aufbrachen oder ins Hinterland zurückkehrten, das Leben ein wenig erleichtert würde.

Man fragt sich, wie ein junges Mädchen wie Madeleine bei diesen häufigen Ortswechseln, die manchmal ganz dicht aufeinanderfolgten, eine normale Schulbildung hätte erhalten sollen. In den Archiven findet sich nur ein einziger Hinweis darauf, dass Madeleine in eine Schule (ins Institut Sainte-Solange in Châteauroux) geschickt worden ist, und es ist auch nicht klar, für wie lange. Ansonsten hat sie, so viel ist sicher, nur Privatunterricht erhalten.

Wenn man weiß, welchen Bildungsstand Madeleine erreicht hat, ist anzunehmen, dass die Grundlagen dafür von fähigen Lehrern gelegt wurden, zu denen auch ihr Vater gehörte. Sie vermochten ihren Verstand zu wecken und die vielfältigen Begabungen zu fördern, die sich schon früh bei ihr zeigten. Ihre eigenen Äußerungen über ihre Kindheit legen freilich nahe, dass ihre schulische Bildung im engeren Sinne den Zeiten abgerungen werden musste, die den Klavierstunden vorbehalten waren:

> „Meine Schulstunden mussten in den Zwischenzeiten Platz finden, die das Klavier frei ließ. Ich bin somit außerhalb jeder schulischen Disziplin aufgewachsen."[12]

Denn die Eltern Madeleines wünschten sich, dass sie Musikerin, näherhin Pianistin werden sollte. Wie kamen sie auf diese „Berufung"? Lag es daran, dass Jules in seiner Tochter seine eigenen künstlerischen Ambitionen verwirklichen wollte? Oder waren die Klavierstunden letztlich nichts anderes als eine Weiterführung dessen, was Lucile Junière und ihre Schwester auch schon zu Hause praktiziert hatten? Zur Ausbildung junger Mädchen gehörte ja damals im Bürgertum eine gewisse künstlerische Betätigung, so auch in der Familie Junière. Madeleine war allerdings deutlich begabter. Wenn sie das Klavierspiel dennoch nicht weiter verfolgt hat, so lag es wohl an ihrer zarten Konstitution – oder auch einfach daran, dass sie die Voraussetzungen für eine Musikerkarriere vielleicht doch nicht mitbrachte.

Unverkennbar aber war sie künstlerisch in verschiedener Hinsicht begabt: Sie zeichnete sehr schön, schrieb Gedichte und hatte schauspielerisches Talent. Sie war einfallsreich und konnte andere animieren. Als sie noch ganz klein war, nannten

12 OC X, 212; vgl. auch NK, 262.

Freunde ihres Vaters in Bordeaux sie liebevoll „Guignolette" („Kasperle"). Darin zeigt sich ihre schelmische Seite: Sie verstand es, für Unterhaltung zu sorgen.

Was ihre religiöse Erziehung betrifft, lassen sich über die persönlichen Überzeugungen ihrer Eltern zu jener Zeit nur Vermutungen anstellen – mit dem Risiko, etwas von ihrem späteren Leben zurück in die Vergangenheit zu projizieren.

Beide waren, auf je eigene Weise, gläubig. Lucile Junières Glaube hat sich im Lauf ihres Lebens vertieft, vermutlich durch den Einfluss ihrer Tochter und auch Abbé Lorenzos, Madeleines geistlichen Begleiter, der später auch die Gruppe „La Charité" geistlich betreut hat.[13] Der Glaube Jules Delbrêls scheint hingegen eher oberflächlich geblieben zu sein. Soweit man es beurteilen kann, waren seine späteren Gespräche mit Jacques Loew[14] eher eine Art Gedankenaustausch als Ausdruck einer persönlichen Glaubenserfahrung. Ob Madeleines Eltern oder wenigstens ein Elternteil praktizierende Christen waren, ist nicht bekannt, wohl aber, dass sie ihre Tochter religiös so erziehen ließen, wie es seinerzeit üblich war. Sie selbst schreibt:

> „Ich hatte außergewöhnliche Menschen kennengelernt, die mir zwischen sieben und zwölf Jahren den Glauben nahebrachten."[15]

Wer waren diese „außergewöhnlichen Menschen"? Waren es die Priester der Pfarrei, wo Madeleine zum Katechismusunterricht hingeschickt wurde? Oder soll man daraus schließen, dass sie auch auf religiösem Gebiet Privatunterricht bekam? Auf jeden Fall wurde sie in der Pfarrei auf ihre Erstkommunion vorberei-

13 Vgl. unten S. 59ff.
14 Näheres zu Jacques Loew unten S. 179f; 216ff.
15 OC X, 212; vgl. NK, 263.

tet, die am 22. Mai 1915 hätte stattfinden sollen. Doch ihre Großmutter väterlicherseits, Marie Delbrêl-Lavergne, die Hebamme aus Périgueux, starb am Tag zuvor. Damit hatte sich die Erstkommunion erledigt, denn man musste zur Beerdigung fahren. Clémentine erinnert sich, dass Madeleine nach ihrer Rückkehr von sich aus zum Pfarrer – Abbé Tinardon – ging und ihn um die Erlaubnis bat, ihre Erstkommunion alleine nachfeiern zu dürfen. Das wurde ihr auch gewährt, und Madeleine ging dann am 6. Juni zur Erstkommunion.

Glücklicherweise sind noch die zwei Hefte von den religiösen Einkehrtagen erhalten, an denen Madeleine teilgenommen hat: das eine von der Erstkommunionvorbereitung, das andere von der Feier der Erneuerung ein Jahr später, kurz vor dem Umzug der Familie nach Paris. In sorgfältiger Schönschrift dokumentieren sie, was der Priester gesagt hat. Doch noch interessanter sind die Kommentare Madeleines, vor allem dieser:

> „Wenn ich groß bin, will ich versuchen, die Menschen zu bekehren, die die Süße noch nicht gekostet haben, die der Glaube bereitet. [...] Wenn ich dann groß bin und in die Welt hinausgehe, werde ich mich nicht in schlechte Gesellschaft begeben, und Jesus wird in mir immer eine treue Freundin finden."[16]

Wie kommt es, dass sie, die das geschrieben hat, drei oder vier Jahre später vollkommen atheistisch ist? Ihre Formulierungen wirken allerdings ziemlich gekünstelt: *„... die Süße, die der Glaube bereitet";* diese Sentimentalität einer Elfjährigen ist später vom rauen Wind des Atheismus, den sie in Paris kennenlernte, rasch beiseite gefegt worden.

Dennoch: Die Sehnsucht, missionarisch zu wirken, war bereits vorhanden. Sie hat damals sogar einen „Verein der Seelen"

16 AMD V 2a 3.

gegründet, um für die Bekehrung einer ihrer Freundinnen zu beten, die atheistisch war; allerdings hatte dieser Verein nicht viele Mitglieder: höchstens Clémentine gehörte dazu! Zudem zeigt die Episode, dass sie nicht erst in Paris mit dem Atheismus konfrontiert war. Ihr war schon mit zwölf Jahren bewusst, dass man ohne Gott leben kann. Viel später hat Madeleine dann übrigens erfahren, dass die besagte Freundin sich tatsächlich bekehrt hatte.[17]

Ihren Wunsch, den Glauben zu verkünden, formulierte Madeleine in ihrer Zusammenfassung der Einkehrtage so: „Das Leben besteht darin, ein Apostolat auszuüben." Auch mit anderen Themen setzte sie sich auseinander: mit dem Tod, damit, dass man sein Kreuz auf sich nehmen und die eigenen Fehler bekämpfen muss, und – besonders wichtig für sie – mit dem Stolz. Natürlich gibt sie hier das wieder, was man ihr beigebracht hatte: In ihren Notizen findet man all das, was damals zu den üblichen Themen der Verkündigung gehörte, vor allem die Sorge um das eigene Seelenheil. Es waren also nur die klassischen Inhalte, die den Kindern nahegebracht wurden – in Unterweisungen, die ziemlich streng und wenig kindgemäß waren, da man sich kaum Gedanken um eine pädagogische Vermittlung machte. Der Pfarrer legte einfach dar, was damals als grundlegende Glaubenswahrheiten angesehen wurde; es war die Rede vom Tod, vom Jüngsten Gericht, von Sünde und Hölle.

Kaum anders war es bei den Einkehrtagen zur Erneuerung der Erstkommunion im darauffolgenden Jahr, außer dass hier öfter Bezug auf das Evangelium genommen wurde. Aber was sich verändert hat, ist Madeleines Schrift: Sie hat sich gefestigt, neigt eher nach rechts und ist keine Kinderschrift mehr. Auch der Ton ist persönlicher geworden. Während dieser Katechese

---

17 Tagebuch von Jean Durand, 16. Juni 1960, in: AMD VI 3,3.

wurde sie mit einer Frage konfrontiert, die eine Kameradin aufgeworfen hatte und die an die Grundfesten des Glaubens rührt: Wie kann ein guter Gott die Hölle erschaffen haben? Ist die Reinkarnation nicht eine bessere Lösung als das Fegefeuer, um die Erlösung von den Sünden zu erlangen, ohne die man ja nicht in den Himmel kommt? Auch das Wort Spiritismus kam ins Spiel. Die Katechetin, die um Rat gefragt wurde, wand sich heraus und schickte die beiden Mädchen zum Herrn Pfarrer, der sicher alles wisse.

Dieser versuchte aber ebenfalls, sich zu drücken, und sagte ihnen, dass solche Fragen nichts für kleine Mädchen seien. Doch sie bestanden auf einer Antwort. Also legte er ihnen die Grundlagen der kirchlichen Lehre zu diesen Fragen dar: Gott wolle nicht den Tod des Sünders, aber er lasse ihm seine Freiheit; Gott könne zwar vorhersehen, ob ein Mensch in die Verdammnis komme, aber das heiße nicht, dass er es wolle. Diese Worte scheinen Madeleine Klarheit geschenkt zu haben; Madeleine nahm sich vor, sich an sie zu erinnern, wenn ihr Glaube eines Tages angefochten sein sollte. Und sie bat das „Jesuskind", auch andere Menschen zum Empfang der Eucharistie zu bewegen.

In den letzten Jahren ihrer Kindheit war der Tod in ihrer unmittelbaren Umgebung sehr präsent. 1913 starb ihre Urgroßmutter, 1915 – wie erwähnt – Marie Delbrêl-Lavergne, ihre Großmutter väterlicherseits. 1916 starb auch der Großvater in Montluçon, wo Madeleines Eltern ihn nach dem Tod seiner Frau wahrscheinlich aufgenommen hatten.

Im Mai 1918, als Madeleine bereits vierzehn Jahre alt war und die Familie schon in Paris wohnte, wurde ihr Onkel Daniel Mocquet an der Front vermisst. Er war der Schwager ihrer Mutter, der Mann von Tante Alice, die nun mit ihrem achtjährigen Sohn Jean allein zurückblieb und die später die Kerzenfabrik der Eltern Junière übernommen hat.

Madeleine erlebte also schon früh den Tod der älteren Generationen, an sich nichts Ungewöhnliches, doch jetzt kam der Krieg hinzu, der wie ein Damoklesschwert über den jungen Leuten schwebte. In Montluçon sah sie die vielen Soldaten vorbeiziehen, manche von ihnen schwer verwundet, für die ihr Vater weder Zeit noch Mühe scheute.

In dieser Zeit schrieb Madeleine ihre ersten Gedichte. Sie folgte hierin dem Beispiel ihres Vaters. Ihr Stil ist noch ziemlich banal und gekünstelt – doch was soll's: Sie hat sich ans Werk gemacht, und ihre Sensibilität fand in der Dichtung eine Möglichkeit, sich auszudrücken ...

In ihren ersten Versuchen muss man noch nicht die Anzeichen für eine künftige literarische Berufung sehen. Viele Kinder haben schon versucht, kleine Gedichte zu schreiben, doch die künstlerische Ader hat sich dann schnell wieder erschöpft. Die Gedichte Madeleines sind anfangs noch sehr unbeholfen; das erste, das erhalten ist, hat sie an Neujahr 1914 geschrieben. Sie hat es mit „Nénette" unterzeichnet, dem Spitznamen, den sie in der Familie hatte. Anlässe für ihre Gedichte waren Familienfeste, der Krieg, der Abschied von ihrer Freundin Marcelle Régnier im September 1916.

Während des Krieges war Madeleine eine glühende Patriotin und spiegelte damit die Stimmung ihrer Umgebung wider.[18]

Eines ihrer Kriegsgedichte stammt vom 22. September 1915. Es ist an einen Frontsoldaten gerichtet, wahrscheinlich an ihren Onkel Daniel Mocquet. Man kann hier noch einmal sehen, wie sehr Madeleine von der Atmosphäre ihrer Zeit geprägt war:

---

18 „Que les Français bien vivement / Anéantissent l'Allemagne / Ainsi que leur chef, un dément / Qui maudit la France qui gagne" (August 1914).

Wer für Frankreich in den Krieg zog, galt als Held,

> „dazu bestimmt, dem Ruhm Frankreichs zu dienen,
> dem Ruhm unseres Vaterlandes, unserer Fahne,
> allen Ängsten zum Trotz“.

Fraglich ist allerdings, ob dies tatsächlich dem Empfinden derer entsprach, die in den Schützengräben kämpften …

Hat Madeleine während ihrer Zeit in Montluçon in ihrer Familie etwas von der Arbeiterbewegung mitbekommen, die schon seit 30 Jahren im Steinkohlebecken von Commentry aktiv war? Das etwa 15 Kilometer entfernte Montluçon, das 1911 mehr als 35 000 Einwohner zählte, war mit seiner Schwerindustrie, besonders der Eisen- und Stahlindustrie, dafür der Absatzmarkt. Außerdem konnte Madeleine am Bahnhof von Montluçon viele Bahnarbeiter beobachten; denn die Familie des Bahnhofsvorstehers wohnte vor Ort. Ihnen war das, was sich rund um das Steinkohlebecken abspielte, sicher nicht fremd.

In Commentry war 1882 weltweit zum ersten Mal ein Sozialist zum Bürgermeister gewählt worden; das Rathaus von Montluçon wurde 1892 sozialistisch. Zehn Jahre später, 1902, fand in Commentry die konstituierende Sitzung der Sozialistischen Partei Frankreichs statt, unter der Leitung von Jules Guesde und Édouard Vaillant. Für die mehr und mehr von der marxistischen Ideologie geprägte Arbeiterbewegung wurde die Stadt eines ihrer besonders aktiven Zentren; regelmäßig kam es zu Ausschreitungen. Vermutlich hat sich Jules Delbrêl, der die gesellschaftlichen Entwicklungen wach verfolgte, für diese Bewegung interessiert und auch davon gesprochen. Aber es gibt kein Dokument, das darüber Aufschluss gibt, ob Madeleine etwas davon mitbekommen hat.

1916 wurde Jules Delbrêl zum Pariser Bahnhofsvorstand der *Ligne de Sceaux*[19] in Denfert-Rocherau ernannt. Die Familie zog wie erwähnt nach Paris um, wo Madeleine ihre weitere Kindheit und Jugend verbrachte, bis sie 1933 nach Ivry-sur-Seine aufgebrochen ist.

19 Vgl. oben Anm. 6.

II

DIE JUNGE KÜNSTLERIN
(1916–1928)

Madeleine war es gewohnt, umzuziehen. Aber man kann sich die Sehnsüchte und Ängste des zwölfjährigen Mädchens vorstellen, das gespannt war, was das Leben ihr bringen würde, als es am 22. September 1916 in Paris landete. Diese Etappe ihres Lebens wurde für sie entscheidend. Sie machte eine neue Erfahrung nach der anderen, und sie lernte viele Leute kennen. Dass sie nun länger an einem Ort lebte, machte es ihr möglich, ein ganzes Netz von Beziehungen zu knüpfen.

Für ihre persönliche Entwicklung war es eine entscheidende Zeit, die sie nachhaltig geprägt hat: zunächst die Phase ihres Atheismus, dann am 29. März 1924 das überwältigende Bekehrungserlebnis. Es veränderte ihr Leben tiefgreifend – als sichtbare Konsequenz einer inneren Erfahrung, die sie immer als ihr persönliches Geheimnis gehütet hat, auch wenn manches davon in ihren Gedichten anklingt.

In Paris zog die Familie zunächst an den Denfert-Rocherau-Platz Nr. 3, in die Jules Delbrêl zur Verfügung gestellte Dienstwohnung. Er war nun 47 Jahre alt. Die neue Stelle hatte er bekommen, weil seine Vorgesetzten der zunehmenden Verschlechterung seiner Gesundheit Rechnung trugen. Schon nach dem Tod seiner Mutter im Jahr 1915 hatte er einen Monat lang unbezahlten Urlaub nehmen müssen. Und im August desselben Jahres musste er erneut eine Pause einlegen, um eine Herzschwäche behandeln zu lassen und etwas gegen seine unerträglichen Kopfschmerzen zu tun.

Er war ganz offensichtlich kaum noch in der Lage, größere Verantwortung zu übernehmen. Die Stelle, die man ihm jetzt gegeben hatte, war für ihn eine Möglichkeit, in allen Ehren Abschied zu nehmen; denn er hatte bei dieser Arbeit, bei der er nur die Abläufe überwachen musste, keinen Zeitdruck. Doch der Aufschub, den ihm diese Beförderung gewährte – sie war zweifellos seinem ausgezeichneten Dienstverhältnis geschuldet – war nur von kurzer Dauer.

Die Krankheit schritt unaufhaltsam voran, sowohl auf der physischen als auch auf der mentalen Ebene. Eine Augenkrankheit führte unweigerlich zur Erblindung. Auch sein Charakter wurde schwieriger; die Spannungen zwischen Jules und Lucile nahmen zu. Madeleine sah sich an der Schwelle zum Jugendalter damit konfrontiert, dass ihre Eltern nicht mehr miteinander auskamen, was einige Jahre später zu ihrer endgültigen Trennung führte. Wie konnte sie unter diesen schwierigen Umständen ihr emotionales Gleichgewicht bewahren, diese innere Festigkeit, die für sie so charakteristisch war – und das trotz ihrer eigenen gesundheitlichen Probleme, die immer wieder auftraten? Wie konnte sie später beide Eltern mit derselben Aufmerksamkeit und Zuneigung unterstützen, ohne für eine Seite Partei zu ergreifen? Aus der Warte des Glaubens wird man darin ein besonderes Wirken der Gnade sehen können.

Ungeachtet aller Schwierigkeiten wurde Madeleine von beiden Eltern sehr geliebt; sie hat unter ihrem Streit gelitten, aber sie hat sich nie im Stich gelassen gefühlt. Sie liebte ihre Mutter innig und mit großer Zärtlichkeit, und die beiden fanden später auch als Erwachsene eine wunderschöne Weise, ihre gegenseitige Zuneigung auszudrücken. Die Liebe zu ihrem Vater wiederum brachte ihre eigenen künstlerischen Talente zum Erblühen.

Im Übrigen wurde sie sehr frei erzogen. Ihre Eltern brachten ihr ein Vertrauen entgegen, das sie nie missbraucht hat. Da sie das einzige Kind war, hätten ihre Eltern sie auch übermäßig behüten können; doch sie erlaubten ihr schon mit fünfzehn oder sechzehn Jahren, mit ihren Freunden auszugehen. Und Madeleine liebte das Leben, sie tanzte und rauchte unbekümmert.

So ist sie ohne äußeren und inneren Zwang aufgewachsen. Zu ihrer Zeit haben die jungen Mädchen aus bürgerlichem Hause, zu denen auch Madeleine gehörte, nur in seltenen Ausnahmefällen studiert. Selbst das Abitur war normalerweise Jungen vorbehalten. Auf die Mädchen wartete die Ehe; sie konnten sich darauf vorbereiten, indem sie sich verschiedene hauswirtschaftliche Kenntnisse aneigneten und von ihren Müttern lernten, wie man einen Haushalt führt. Madeleine aber konnte immerhin in aller Freiheit ihre künstlerischen Talente weiter entfalten. Sie nahm Zeichenunterricht. Sie gönnte sich sogar den Luxus, zwei Jahre lang philosophische Vorlesungen an der Sorbonne zu besuchen.[20]

Manche ihrer Freundinnen haben sich gewundert, dass sie nicht ich-bezogen geworden ist. Denn ihre Eltern ließen ihr, der einzigen, innig geliebten Tochter, nicht nur große Freiheit; sie haben sie, die so begabt war, so vielversprechende Talente hatte und dem Leben so zugewandt war, geradezu vergöttert. Doch auch wenn die Eitelkeit für Madeleine eine reale Versuchung war, so hat sie sie schließlich überwunden.[21]

---

20 Vgl. unten S. 40f.

21 Vgl. das Gedicht „Libera me“ in ihrer Gedichtsammlung „La Route“, die im Januar 1927 veröffentlicht wurde und für die sie 1926 den Literaturpreis Sully-Prudhomme erhalten hat: „So nimm doch von mir die größte Eitelkeit! Herr! Befreie mich von der Liebe zu mir selbst!“ (La Route, Paris 1927, 132).

Madeleine war großzügig und anderen gegenüber aufmerksam, sie war eine geborene Führernatur, und sie genoss das Leben in vollen Zügen, aber sie war dabei nicht auf sich selbst fixiert. Wohin auch immer sie kam, schloss sie Freundschaften, und obwohl sie in Bezug auf sich selbst zurückhaltend war, gab es in der Beziehung zu ihren Freundinnen und Freunden einen tiefen und beständigen gegenseitigen Austausch. In Mussidan freilich nannte man sie „die Pariserin“ – wohl deshalb, weil sie immer nach der neuesten Mode gekleidet war, was dort keinen so guten Eindruck machte.

Bei ihrer Ankunft in Paris im Jahr 1916 waren die Bedingungen keineswegs ideal gewesen. Es herrschte Krieg; und auch wenn sich die Front stabilisiert hatte und Paris noch von den Bombardierungen durch die Deutschen verschont geblieben war – sie brachen erst 1918 über die Stadt herein – so machten sich die Einschränkungen doch bemerkbar.

Im letzten Kriegsjahr wurde die Familie Delbrêl wie erwähnt von einem schweren Schicksalsschlag heimgesucht: Am 28. Mai wurde Daniel Mocquet, Alice Junières Mann und Madeleines Onkel, an der Front vermisst. Jules Delbrêl bemühte sich vergeblich, eine Spur des Vermissten zu finden, und stand seiner Schwägerin bei den Behördengängen zur Seite. Als Bahnbeamter in leitender Position hatte er auch die Möglichkeit, die Kerzenfabrik Junière beim Transport ihrer Waren zu unterstützen, was durch den Krieg schwierig geworden war. 1921 starb Madeleines Großvater mütterlicherseits; die Leitung des Unternehmens ging auf seine Tochter Alice über.

Diese verschiedenen sorgenvollen Bemühungen setzten Jules Delbrêls Gesundheit zu, die ohnehin schon angegriffen war. Im Winter 1918/1919 musste er erneut kürzertreten und wegen einer Herzschwäche vier Monate unbezahlten Urlaub nehmen. Haben sich all diese Sorgen auch bei Madeleine körperlich niedergeschlagen? Sie dürften an einer 14-jährigen Jugendlichen nicht spurlos vorübergegangen sein. Vielleicht war es aber auch ein viraler Tropismus, ausgelöst durch eine Grippe, an der sie Ende 1918 erkrankte; jedenfalls litt sie mehrere Monate lang an einer Lähmung ihrer Beine. Das besserte sich erst im darauffolgenden Sommer nach einem Aufenthalt in Mussidan. Dort ließ sie auf Anraten des Arztes ihre Krücken weg und fuhr stattdessen Fahrrad, was ihr sehr gut tat. Doch von der rätselhaften Krankheit blieb eine rasche Ermüdbarkeit zurück – und zugleich der feste Wille, dem die Stirn zu bieten und gesund zu werden.

„Gott ist tot, es lebe der Tod"

Diese Jahre waren somit geprägt von Unruhe, von Trauer und vom Leiden geliebter Menschen. Zugleich eröffneten sich auch neue Perspektiven durch die Gesprächsabende im Salon von Dr. Armaingaud. Dieser leidenschaftliche Anhänger Montaignes lud jeden Sonntagabend seine Freunde ein, zu denen auch die Familie Delbrêl gehörte. Lucile nahm nur gelegentlich teil, während Jules und Madeleine jedes Mal dabei waren. Dr. Armaingaud fand Gefallen an dieser Jugendlichen, die Gedichte schrieb und so wissbegierig war. Er war Positivist und Atheist, wenn auch kein kämpferischer. Aber diese Atmosphäre prägte Madeleine mehr und mehr; später sagte sie, dass die Vernunft für sie ein ganz hoher Wert wurde. Sie erlag dieser Faszination, sodass die christliche Prägung, die sie durch den Katechismusunterricht erhalten hatte, rasch über den Haufen geworfen wurde.

Wie ihre Mutter pflegte Madeleine sich schon immer sorgfältig zu kleiden. Nun fand sie mehr und mehr Gefallen an Äußerlichkeiten. Und die Glaubenswahrheiten erschienen ihr reichlich überholt im Vergleich mit den rationalen Überlegungen, die auf alles eine Antwort zu haben schienen.

Die Leute, die sie im Salon von Dr. Armaingaud kennenlernte, waren sehr unterschiedlich. Leider ergeben die wenigen Informationen, die es dazu gibt, kein Gesamtbild. Doch Françoise Mathieu, die Enkelin von Dr. Guichard, einem Freund Armaingauds, vermag ein wenig Licht hineinzubringen.

Guichard war Zahnarzt und Professor für Kieferchirurgie an der zahnmedizinischen Hochschule von La Tour d'Auvergne. Er hat Madeleine später einmal vor einer Sepsis bewahrt, indem er ihr elf Zähne in einer einzigen Sitzung zog.[22] Als Mitglied im Verein der „Freunde Montaignes" und dessen Generalsekretär nahm er zu den abendlichen Treffen seine Tochter Denyse mit, die sich mit Madeleine sehr gut verstand. Sie freundeten sich an, und Madeleine wurde später Patin von Denyses Tochter Françoise. Diese erinnert sich: „Meine Mutter war Christin, wie auch andere junge Leute in dem Kreis. [...] Es gab dort nicht nur Atheisten, sondern auch Christen. Sie alle waren sehr eigenständige Persönlichkeiten, und es verband sie der Wunsch nach Gedankenfreiheit."[23]

Der Kreis der Freunde Montaignes war also keine Versammlung überzeugter oder militanter Atheisten; kennzeichnend für ihn war vielmehr die Meinungsfreiheit.

Trotz ihres unbekümmerten Auftretens zeichnete sich Madeleine durch eine für ihr Alter ungewöhnliche Innerlichkeit aus. Clémentine Laforêt hat einmal in ihrer etwas stockenden Art erzählt, wie Madeleine ihre Gedichte schrieb: „Sie hat gern gedichtet und Verse geschmiedet. Als wir beide mal spazieren gingen – sie war vielleicht sechzehn ..., fünfzehn, sechzehn Jahre alt –, sagte sie zu mir: ‚Sag jetzt nichts, ich arbeite.' Also sind wir weitergegangen, ohne ein Wort zu sagen. Ich fand das sehr

---

22 Vgl. unten S. 270.

23 Dieses Zeugnis von Françoise Mathieu sowie auch die folgenden Zeugnisse von Lucette Majorelle und Hélène Jüng befinden sich im Archiv Madeleine Delbrêls: AMD III.

lustig! Und ich sagte dann zu ihr: ‚Bist du jetzt bald fertig mit deinen Versen?‘ ‚Warte noch, ich sage es dir gleich …‘ Und irgendwann hat sie sie mir dann aufgesagt, und als wir zurückkamen, hat sie sie aufgeschrieben. In dem Gedichtband ‚La Route‘ gibt es viele Gedichte, die sie geschrieben hat, als sie noch sehr jung war.“

Madeleines Innerlichkeit grenzte manchmal an Verschlossenheit. Sie blieb verschwiegen und wollte nicht, dass man ihr zu viele Fragen stellte, wie Clémentine weiter berichtet. Aus dem „Kasperle“, wie sie als Kind genannt wurde, war ein zurückhaltendes, ernstes junges Mädchen geworden – noch ohne den Humor, der ihr später zu eigen war. Hélène Jüng, eine ihrer damaligen Freundinnen, hat das bestätigt. Sie selbst schrieb auch Gedichte und ging einen ähnlichen Weg wie Madeleine; nach einer atheistischen Phase ist sie konvertiert und bei den Dominikanerinnen von Bethanien eingetreten. Sie beschreibt Madeleine als eine zu dieser Zeit „lyrische und ernste Jugendliche, ohne den feinen Humor, den sie später an den Tag legte“[24].

In dem Maße, wie Madeleine ihren Glauben verlor, trat eine Art enttäuschter Skeptizismus an seine Stelle. Er gipfelt in manchen Gedichten aus den Jahren 1920/21.

Im Gedicht „Die ewige Wiederkehr“[25] vom Januar 1921 denkt sie über den Kreislauf der Natur nach und schreibt:

> „Warum dem nachtrauern, was man gestern geliebt hat,
> da es morgen wieder dasselbe geben wird. […]
> Alles, was wächst und gedeiht, hat nur ein Ziel: den Tod.“

---

24 Hélène Jüng, später Mère Marie-Madeleine du Christ, Dominikanerin von Bethanien, schrieb dies am 13. Oktober 1965, am ersten Todestag von Madeleine, in: AMD III.

25 „L'éternel renouveau“, unveröffentlichtes Gedicht in: Cahier vert, in: AMD V.

1922, mit siebzehn Jahren, schreibt sie: „Gott ist tot, es lebe der Tod."[26] Dieser Text ist das Bekenntnis zu einem bedingungslosen Atheismus. Ihre beißende Ironie richtet sich gegen diejenigen, die meinen, die Welt verändern zu können – die sie aber eines Tages doch verlassen müssen. So wie die Liebenden, die erstaunlich naiv davon sprechen, einander *immer* anzugehören; ihnen diese Naivität auszutreiben, scheint Madeleine geradezu Freude zu bereiten.

Sie hätte sich nun dem Existenzialismus zuwenden können, doch sie möchte frei bleiben; oder sie hätte sich auf die Seite derer schlagen können, die den Selbstmord für eine Lösung halten, um der Verzweiflung zu entrinnen. Doch auch das war kein Thema für sie: Viel zu sehr liebte sie das Leben! So beschloss sie, sich ins Vergnügen zu stürzen. Und das hieß für sie: ausgehen, tanzen, sich betäuben – heute würde man vielleicht sagen: „Es so richtig krachen lassen ..."

Sie ging allerdings nur mit jungen Leuten aus Familien aus, die ihren Eltern bekannt waren oder die sie bei Dr. Armaingaud kennengelernt hatte, sowie mit einigen anderen, die ihr passend erschienen. Madeleine hat keineswegs ein allzu zügelloses Leben geführt. Vermutlich behielten ihre Eltern sie auch im Hinblick auf eine spätere „gute Partie" im Auge.

Madeleine „surfte" also durch ihre Jugend auf den Wogen eines überschäumenden Lebens; sie genoss es und profitierte von der liberalen Erziehung durch ihre Eltern. Tanzen war ihre besondere Leidenschaft. Wenn sie 1946 den berühmten „Ball des Gehorsams" verfasst, so spürt man an ihren Formulierungen, wie vertraut ihr das Tanzen war.

Die Erinnerungen ihrer damaligen Freundinnen führen das anschaulich vor Augen. So erzählt eine von ihnen, Lucette Ma-

26 Madeleine Delbrêl, Éblouie par Dieu, Paris 2004, 29. Im Folgenden: OC I.

jorelle: „Ich erinnere mich, dass wir eines Tages auch getanzt haben – vielleicht auch eine Zeitlang bei Madeleine zu Hause, doch es war keine größere Abendgesellschaft. Madeleine war jedenfalls total in Fahrt; sie sagte, obwohl es schon spät war: ‚Los, wir schnappen uns einen Phonographen und gehen noch mal weg ...' Wir sind dann um drei Uhr morgens über eine Brücke gegangen und haben alle – wir waren etwa achtzehn bis zwanzig Leute – bei einem Jungen, den Madeleine kannte, weiter getanzt. Er hat uns seine Wohnung zur Verfügung gestellt. Ja, Madeleine konnte außer Rand und Band geraten, leidenschaftlich, wie sie war."

Erstaunlicherweise ließ ihre Mutter sie nicht nur gewähren; sie scheint sie geradezu ermutigt zu haben. Sie half ihr bei der Auswahl origineller Kleidung; denn Madeleine liebte schöne Kleider. Womöglich trug sie ebendiese Kleider oder Hüte, die sie aufbewahrt hat, wenn sie später bei Besuchen ihrer Verwandten nachsichtig belächelt wurde, weil sie so altmodisch daherkam. Ihren Gefährtinnen gegenüber hat sie beim Thema Armut einmal von Kleidern gesprochen, die zwar aus der Mode gekommen seien, die man aber immer noch tragen könne, weil es doch schöne Kleider seien.[27]

Lucette Majorelle erinnert sich weiter: „Ich sehe sie noch vor mir im Salon; sie trug ein Kleid aus schwarzem Taft, sie war hinreißend ... Sie war sehr, sehr elegant ... Dieses Kleid hatte ihre Mutter genäht; aber man hätte es ohne Weiteres auch für ein schwarzes Taftkleid aus dem Modehaus Lanvin halten können; es hatte eine etwas altmodische Passe aus Seide. Es war atemberaubend schön."

---

27 Das war in einem entscheidenden Augenblick ihres Lebens (Ende Oktober 1956): Sie schrieb dem späteren Kardinal Veuillot einen Brief über die Berufung der „Charité" (ihrer Gemeinschaft), der mit den Worten beginnt: „Ich hätte gewollt ...". Und weiter: „Arm sein, wie sich manche armen Leute kleiden, mit abgetragenen und aus der Mode gekommenen Kleidern, die dennoch ‚gute Kleider' sind". Vgl. Christine de Boismarmin, Madeleine Delbrêl. Rues des villes, chemins de Dieu, 144; (deutsche Übersetzung: Madeleine Delbrêl. Mystikerin der Straße, 158). Im Folgenden: Christine de Boismarmin (deutsche Übersetzung).

Was für ein Kontrast! Hier Madeleines tiefernste Gedanken über den Tod, der immer den Sieg davon trägt, über die Abwesenheit Gottes, die zur Hoffnungslosigkeit führt – und dort diese Lebenslust, dieser verrückte Tanz, dieser ausgelassene Wirbel auf den Trümmern einer untergegangenen Welt! Aber war das wirklich ein Gegensatz? War es nicht vielmehr eine Provokation? Sie war sich der Absurdität des Lebens sehr wohl bewusst, nahm sie aber nicht weiter ernst, auch wenn sie immer wusste, dass die Absurdität das letzte Wort haben wird. Es war die Welt der „Goldenen Zwanzigerjahre"; da hieß es, sich ins Vergnügen zu stürzen.

Dass sich Madeleine ab und zu dennoch der Sinnlosigkeit stellte, bezeugen einige ihrer Gedichte. So zum Beispiel das Gedicht mit der lapidaren Überschrift „Frost", in dem aufscheint, wie sehr das quirlige Leben, das sie führte, in Wirklichkeit zu Eis erstarrt war:

> „Und einmal wird mein Herz, das heiter und gelassen scheint,
> wie ein zu Eis gefrorener Teich
> und ich werde ein vereister Garten sein
> so weiß, so glitzernd und so kalt."[28]

Und in dem Text „Gott ist tot, es lebe der Tod" schreibt sie:

> „Solange Gott lebte, war der Tod nicht wirklich
> ernst zu nehmen.
> Der Tod Gottes hat unseren Tod viel sicherer gemacht.
> Der Tod ist zur sichersten Sache der Welt geworden.
> Das muss man wissen. Man darf nicht mehr so leben
> wie Menschen, für die das Leben eine große Sache ist."[29]

---

28 14. Januar 1923 in: Cahier bleu Nr. 4, AMD V. Dieses Gedicht hat Madeleine später für den Gedichtband „La Route" noch einmal neu geschrieben.
29 OC I, 30. Vgl. auch Madeleine Delbrêl, Deine Augen in unseren Augen. Die Mystik der Leute von der Straße, 29. Im Folgenden: Deine Augen in unseren Augen.

Madeleine wird im Lauf ihres Lebens immer wieder auf diesen Text zurückkommen. Das zeigt, dass er ihr etwas bedeutet hat und dass er für sie ein wichtiger Meilenstein auf ihrem Lebensweg war. Sie hat ihn später geringfügig verändert. 1961 hat sie einen Artikel aus der Zeitschrift „Le Monde" in die Mappe gelegt, in der sie ihren Text aufbewahrte; dieser Artikel geht auf die philosophische Dissertation einer jungen Frau ein, die beim jährlichen Landeswettbewerb einen Preis bekommen hatte. In ihrer Arbeit ging es um den Sinn des Lebens. Es ist, als ob Madeleine mit diesem Zeitungsausschnitt jungen Leuten sagen wollte: So war ich auch; mir ist eure Verzweiflung, eure Angst vor dem Absurden vertraut; ich habe das, was ihr fühlt, selbst auch durchgemacht!

Der Ironie des regelrechten „Blutbads", das sie – offensichtlich mit einer Art bitterem Vergnügen – in „Gott ist tot, es lebe der Tod" anrichtet, entrinnt eine ganz bestimmte Personengruppe. Nicht etwa die Humanisten, wie man meinen könnte; denn die Leute, denen sie helfen oder deren Leben sie retten wollen, werden trotz aller Bemühungen ihrer Wohltäter unweigerlich vom Tod verschlungen werden. Eine gewisse Anerkennung zollt Madeleine vielmehr denen, die „folgerichtig" handeln; das heißt denjenigen, die etwas herstellen, was die Zeiten überdauert: „... die Maurer, die Zimmerleute, die Fotografen und die Künstler. Sie stellen Dinge her, die Dauer haben, sie lassen etwas von den Menschen dauern."[30]

In diesen Zeilen kommt die künftige Künstlerin zum Vorschein: Sie wird selbst „folgerichtig" handeln, denn sie versucht, diesem Leben, das ihr entgleitet, Dauer zu verleihen; ihre Gedichte werden das Zeugnis eines Menschen sein, der vor der Absurdität des menschlichen Lebens nicht in die Knie gegangen ist.

30 OC I, 32; vgl. auch Deine Augen in unseren Augen, 31.

In dieser Zeit nimmt sie auch – zusammen mit Lucette Majorelle – Zeichenunterricht in der Wohnung einer gewissen Mademoiselle Francelle, nachdem sie das Klavierspiel in Folge ihrer schweren Grippe von 1918 oder 1919 aufgegeben hatte.

Es ist aber nicht so, dass Madeleine um ihr achtzehntes Lebensjahr herum nur ausgegangen wäre, getanzt, sich amüsiert oder gezeichnet und Gedichte geschrieben hätte. Sie wollte sich auch weiterbilden. Sie besuchte Vorlesungen an der Sorbonne. Wenn sie später dem eisigen und hoffnungslosen Universum entrinnen wird, in dem sie trotz ihrer äußerlichen Fröhlichkeit gefangen war, so verdankt sie dies allerdings nicht den Vorlesungen von Léon Brunschvig.

Dieser Philosoph, Mitglied der *Académie des Sciences Morales et Politiques*, deren Präsident er ab 1932 war, vertrat eine komplexe Denkweise. Er hatte sich lange mit Pascal beschäftigt. Man hielt ihn für einen „heimlichen Atheisten"; aber es ging ihm vor allem um die Kritik an den falschen Begründungen des Glaubens oder Unglaubens. Er hat die Religion nicht von vornherein ausgeschlossen, aber sie musste in den Grenzen der Vernunft bleiben: „Die wahre Vernunft, die sich im Fortschritt der Wissenschaft offenbart, muss bis zur wahren Religion vordringen, die der Reflexion des Philosophen standhält; das heißt, sie ist wie eine Funktion des Geistes, der sich unter den Vorgaben der wissenschaftlichen Erkenntnisse entwickelt, die von diesen Vorgaben voll und ganz garantiert werden."[31]

Es war eine „idealistische" Philosophie, zu der Madeleine trotz der Schärfe ihres Verstandes vielleicht nicht so leicht Zugang fand. Zweifellos fehlten ihr auch die Grundlagen, um tiefer in die Gedankenwelt des Philosophen einzudringen; zudem war sie noch sehr jung. Hélène Jüng schreibt, dass sie damals

31 Léon Brunschvig, La Raison et la religion, Paris 1939, 1.

ganz andere Sorgen hatten: „Um 1920 besuchten wir gemeinsam die philosophischen Vorlesungen an der Sorbonne. Als wir eines Tages herauskamen und den Boulevard Saint-Michel hinaufgingen – den Kopf voller Thesen und Antithesen –, tauschten wir unsere Eindrücke aus, und es gab derer viele! Und da fassten wir einen Entschluss, der gut zum blühenden Frühling an der Kreuzung zur Rue de Médicis und zu den grünenden Bäumen unter strahlender Sonne im Jardin de Luxembourg passte: immer jung zu bleiben, was auch kommen möge und wenn die Jahre auch vergehen würden ..."

Die Frage nach Gott hatte Madeleine für sich beantwortet, was manchen Eltern ihrer Freundinnen zu schaffen machte. Besonders der Familie von Lucette Majorelle, mit der zusammen sie Zeichenunterricht nahm und die am Saint-Michel-Platz wohnte. Madeleine war damals 19 Jahre alt und führte ein sehr freizügiges Leben, wie Lucette berichtet: „Meine Mutter sagte mir jedes Mal: ‚Du weißt, dass ich es nicht gern habe und dass ich nicht begeistert davon bin, dass du mit Madeleine zusammen bist. Ich vertraue dir, aber du solltest nicht mit einem jungen Mädchen in diesem Alter ausgehen, das an rein gar nichts glaubt.'"

Als Lucette Madeleine diese mütterlichen Vorbehalte gestand, antwortete diese: „Oh, weißt du, Lucette, ich respektiere doch eure Überzeugungen ganz und gar, auch wenn ich selbst absolut an nichts glaube – aber was soll's ..."

Madeleine war durch und durch atheistisch, aber nicht militant, und sie achtete den Glauben anderer. Das erklärt, warum sie so schmerzlich überrascht war, als sie später in Ivry erlebte, wie unversöhnlich sich Christen und Kommunisten gegenüberstanden.

Vermutlich hat sie an der Sorbonne nicht nur Vorlesungen in Philosophie gehört, sondern auch in Geschichte und Kunstgeschichte. Laut Clémentine Laforêt war sie dabei nicht nur

Gasthörerin; sie hat auch Prüfungen abgelegt, und der eine oder andere Professor ist auf sie aufmerksam geworden: „Als sie zur Sorbonne ging, hat sie zwei Auszeichnungen bekommen, eine in Kunstgeschichte und eine in Geschichte. Der Professor fragte einmal: ‚Wer ist denn Mademoiselle Delbrêl?' Sie hat sich nicht gerührt, aber ihre Nachbarin hat auf sie gezeigt. Da hat er sie gelobt. Wir konnten mit ihr zu den Vorlesungen gehen. Madame ging hin, oder auch ich ... Das hat mich sehr interessiert."

Hieraus spricht der legitime Stolz des treuen Kindermädchens. Zu hoffen ist, dass Madeleine sie nicht zu den Vorlesungen von Léon Brunschvig mitgenommen hat ... Wie dem auch sei, durch diese Kurse hat Madeleine das Wissen erlangt, das es ihr später ermöglichte, Vorträge über Kunst in der Pfarrei *St. Dominique* zu halten und einen Essay über die Kunst und die Mystik zu schreiben; dieser Essay, den sie nacheinander zwei verschiedenen Verlegern angeboten hat, wurde allerdings beide Male abgelehnt und ist leider heute nicht mehr auffindbar.

Eine entscheidende Begegnung

Wenn ich einmal liebe, dann wird das nur von Zeit zu Zeit sein, wie befristet, wie in Eile"[32], schreibt Madeleine in „Gott ist tot, es lebe der Tod". Und die Aussicht, Kinder zu bekommen, hat sie kaum verlockt. Warum Menschen in die Welt setzen, die aus ihr wie alle anderen wieder ausziehen müssen und eines Tages ins Nichts zurückfallen? Doch ein einziges Gesicht kann das Eis, das den Teich bedeckt und den Garten überzogen hat, zum Schmelzen bringen. Als junge Intellektuelle, die sich längst keine Illusionen mehr machte, wusste Madeleine

32 OC I, 32; vgl. Deine Augen in unseren Augen, 31.

nicht, dass der Sturm der Liebe alle noch so wohl durchdachten Positionen und alle noch so sicheren Schutzwälle hinwegfegen kann.

Unter den sehr unterschiedlichen Teilnehmern des literarischen Zirkels von Dr. Armaingaud war ein hochbegabter junger Mann, Student der *École Centrale*[33], ein überzeugter Christ, der schon einmal den Wunsch geäußert hatte, in einen Orden einzutreten. Er hieß Jean Maydieu und stammte aus einer bürgerlichen Familie aus Bordeaux, die eine Ferienwohnung in Arcachon hatte, direkt neben Dr. Armaingaud. Dieser hatte Madame Maydieu behandelt, die an Krebs erkrankt war; als sie daran starb, erklärte er sich bereit, Jeans Pate zu werden.

Niemand hatte etwas gegen die Beziehung einzuwenden, die sich zwischen Madeleine und Jean anbahnte. Im Gegenteil, sie wurde von Jeans Umgebung sehr befürwortet – vielleicht in der heimlichen Hoffnung, ihn damit endgültig vom Weg in einen Orden abbringen zu können, zumal er in letzter Zeit ohnehin weniger davon sprach. Jedenfalls haben die beiden sich regelmäßig getroffen. Jean Maydieu kam oft zu den Delbrêls und blieb dort zum Essen: „Wir haben ihn oft gesehen", berichtet Clémentine.

Mindestens ein Jahr lang waren sie zusammen. In den Ferien traf man sich in Arcachon; es gab Bootsfahrten, es wurde leidenschaftlich diskutiert. Madeleine war ganz offensichtlich verliebt, und ihre Familien und Freunde gingen davon aus, dass sich die beiden jungen Leute bald verloben würden.

Die Liebe, die sie einander immer näher brachte, führte bei Madeleine aber auch zu ersten Zweifeln an ihrem überzeugten Atheismus. Wenn sie viel später über den Tod Gottes schreiben wird: „Gibt es denn keinen Zweifel an diesem Tod?"[34], so hat sie

33 Die *École Centrale* bei Paris ist eine französische Ingenieurschule (Anmerkung A. S.).

34 Madeleine Delbrêl, La joie de croire, Paris 1968, 158.

dabei vielleicht auch an den Zweifel gedacht, der 1923 durch den unterschwelligen Einfluss ihres Quasi-Verlobten allmählich in ihr selbst aufkam.

Wie konnte dieser hochintelligente junge Mann Christ sein? Für Madeleine war damals die Vernunft der höchste Wert. Jean hat nicht versucht, andere zu überzeugen, aber er hat mit seinem Glauben auch nicht hinterm Berg gehalten. Lucette Majorelle berichtet darüber: „Ich erinnere mich, dass wir bis in die frühen Morgenstunden getanzt haben, und als wir wieder aufbrachen, sind wir alle zusammen zur Messe in die nächstgelegene Kirche gegangen. Ich fand es dann aber eigenartig, dass Maydieu zur Kommunion ging. Ich sagte zu meiner Mutter: ‚Was für eine merkwürdige Idee, zur Kommunion zu gehen, wenn man die ganze Nacht durchtanzt hat!'" In der Vorstellung dieses jungen Mädchens war Tanzen wohl nah an der Grenze zum Unerlaubten; für sie passte es jedenfalls nicht wirklich zu einem entschiedenen christlichen Leben. Madeleine machte sich über solche Dinge keine Gedanken; sie bewunderte Jean Maydieu zu sehr, als dass sie eine Freizügigkeit in Frage gestellt hätte, über die sie sich nur freuen konnte.

Die Beziehung zwischen Madeleine und Jean Maydieu wirft mehrere Fragen auf, nicht zuletzt die, welche gemeinsamen Ziele sie hatten. In Bezug auf Madeleine stimmen die Aussagen grundsätzlich überein, auch wenn einzelne Nuancen sich unterscheiden.

Für Hélène Jüng z. B. ist klar, dass Madeleine an ein gemeinsames Leben mit Jean Maydieu dachte. So schreibt sie über den Ball, den die Eltern Delbrêl zum Geburtstag ihrer Tochter organisierten: „Ich erinnere mich an eine große Soiree bei den Delbrêls (die damals am Bahnhof Denfert-Rocherau wohnten) anlässlich des 18. oder 19. Geburtstags von Madeleine. Sie war griechisch gekleidet, was ihr Kameenprofil zur Geltung brachte … Vor allem war sie überglücklich wegen ihrer offiziellen Verlobung mit Jean Maydieu."

Für Lucette Majorelle hat Jean Maydieu in Madeleines Leben alles über den Haufen geworfen, was sie sich bisher vorgenommen hatte: „Lange Zeit machte Madeleine auf mich den Eindruck einer jungen Frau, die keine Lust hatte zu heiraten. Die Ehe bedeutete ihr nichts. Es war für mich deshalb ein Widerspruch und kam mir seltsam vor, wenn ich sie mit Jean Maydieu sah. Ich hatte bisher immer das Gefühl gehabt, dass sie ihr Leben selbst in die Hand nehmen wollte, ohne sich Gedanken um einen möglichen Verlobten zu machen. Und als ich jetzt das Gesicht Madeleines sah, das Gesicht einer Frau, die bis über beide Ohren verliebt war, war das überhaupt nicht mehr die Madeleine, die man kannte."

Wie auch immer: Alle, die Madeleine kannten, hatten den Eindruck, dass sie erobert worden war und dass der Hochzeit nichts mehr im Wege stand. Ihre Freundinnen sagten, dass Madeleine jemanden bewundern musste, um sich erobern lassen zu können. Das war sicher der Fall. Sie war offenbar wie umgewandelt, wenn sie mit Jean zusammen war. Das erklärt auch, warum der brutale Abbruch ihrer Beziehung in ihr ein Trauma verursacht hat, von dem sie sich nur schwer wieder erholen konnte. Da sie vor ihrer Begegnung mit Jean nicht an eine Ehe gedacht hatte, hat sie die plötzliche Kehrtwendung des Mannes, den sie liebte, zutiefst verstört.

Wie aber war es für Jean Maydieu? War er ebenso klar und entschieden? Man weiß nicht viel darüber. Diejenigen, die ihn erlebt haben, sagen, dass sein Verhalten Madeleine gegenüber keine andere Interpretation zuließ als die, dass er ihr seine Liebe erklärt hat. Hatte er nicht eine ganze Nacht lang mit ihr getanzt, ohne jemals die Tanzpartnerin zu wechseln? Andere sagen wiederum, dass er einen möglichen Ordenseintritt bei den Dominikanern noch nicht ganz aufgegeben hatte, denn er habe sich noch immer für die thomistische Philosophie interessiert. Das ist allerdings ein sehr schwaches Indiz.

Hat es ein gegenseitiges Versprechen zwischen den beiden gegeben? Es ist nichts darüber bekannt. War es für Madeleine so offenkundig klar, wohin ihre Beziehung führen würde, dass sie nicht gespürt hat, dass es bei ihm noch einen Vorbehalt gab? Auch das ist nur eine Vermutung. Oder hat ihn einfach der zweijährige Aufschub durch den Militärdienst dazu gebracht, alles noch einmal zu überdenken und sie zu verlassen? Aber warum hat er das dann so brutal und anscheinend ohne jede weitere Erklärung getan?

Hat er vielleicht befürchtet, dass er den Schmerz Madeleines nicht ertragen würde? Oder hatte er Angst davor, dass die Liebe wieder Macht über ihn gewinnen könnte? Es ist kaum zu glauben, dass er kein einziges Wort zu ihr gesagt hat. Doch Madeleine hat nie davon gesprochen, dass er versucht hätte, mit ihr in Kontakt zu treten, was ihren Schmerz vielleicht ein wenig gelindert hätte. Es bleibt deshalb nichts anderes übrig, als diese einschneidende Episode im Leben Madeleines mit all den Fragezeichen stehen zu lassen.

Eine andere Frage ist die nach der Rolle, die Jean Maydieu bei der Bekehrung Madeleines gespielt hat. Es ist ganz offensichtlich, dass seine Nähe zu ihr sie zutiefst geprägt hat, wie vielleicht auch ihr Umgang mit anderen jungen Christen. Denn Madeleine verwendet den Plural, wenn sie vom Einfluss spricht, den andere auf ihre Umkehr zum Glauben hatten. Aber vielleicht geschieht das aus innerer Zurückhaltung, um denjenigen nicht allzu sehr in den Vordergrund zu rücken, mit dem sie nach ihrer Trennung nie wieder Kontakt gesucht hatte?

„Ich habe geglaubt, dass Gott mich gefunden hat"

Madeleines Weg war zunächst von einer „vernünftigen religiösen Suche" bestimmt. Der Glaube Jean Maydieus und vielleicht auch der anderer Freunde und Freundinnen hat etwas in ihr angerührt, dem sie sich mit intellektueller Redlichkeit stellen wollte. Da diejenigen, die sie schätzte und liebte, gläubige Christen waren, musste sie die Frage noch einmal ganz neu an sich heranlassen: „Ich konnte Gott – nicht ihren Gott, sondern Gott – ehrlicherweise nicht mehr als absurd betrachten."[35] Gott erschien ihr deshalb als eine mögliche Wirklichkeit. Um nicht auf der bloßen Verstandesebene zu bleiben, beschloss sie zu beten:

> „Wenn ich aufrichtig sein wollte, konnte ich Gott, der nicht mehr vollkommen unmöglich war, auch nicht so behandeln, als ob er ganz gewiss nicht existierte. Ich wählte also, was mir am besten meiner veränderten Perspektive zu entsprechen schien: Ich entschloss mich zu beten. Der praktische Unterricht dieser Monate hatte mich nämlich auf diese Idee gebracht, als jemand während einer Unterhaltung Teresa von Avila ins Spiel brachte; sie hat gesagt, dass man sich jeden Tag fünf Minuten lang in Stille Gott zuwenden solle. Vom ersten Mal an habe ich kniend gebetet, immer noch voller Angst, ich könnte einer Idee aufsitzen."[36]

In einem Gedicht vom 2. Februar 1924 schrieb sie:

> „An meiner Schwelle sitz ich, flehend,
> und nichts kann deine Blicke auf mich lenken,
> o du, der du des Weges kommst!
> Gebeugt sind meine Knie, geöffnet meine Hände,

---

35 Madeleine hat dies 1957 in einem Nachwort zu ihrem Buch „Ville marxiste terre de mission" geschrieben: Paris ^{3}1995, 203. Abgedruckt auch in OC XI 212f; vgl. Deine Augen in unseren Augen, 35.

36 Ebd.

demütig wie ein Bettler, der um Gaben bittet.
Hingestreckt bin ich vor dir, denn ich bin nicht würdig,
dass du bei mir einkehrst, um zu rasten.“[37]

Doch sie zögerte noch. Am 4. Februar schrieb sie: „O du, der du des Weges kommst, geh an mir vorüber und tritt nicht bei mir ein.“ Man weiß nicht genau, wie groß die Zeitspanne zwischen diesen ersten tastenden Versuchen zu beten und der Überwältigung durch das Geschenk des Glaubens ist. Was man aber ganz klar bestimmen kann, ist die Erfahrung vom 29. März 1924. Denn dieses Datum hat sie immer wieder wie einen Geburtstag erwähnt. So schrieb sie am 27. März 1954 einer Freundin namens Paulette[38]: „Am 29. begehe ich tatsächlich meinen dreißigsten Jahrestag.“[39]

Aber man weiß nur sehr wenig darüber, was an diesen Tagen, die für sie so umwälzend waren, tatsächlich geschehen ist. Madeleine übte sich hier wie immer in großer Zurückhaltung. Sie sprach nur von einer „überwältigenden Erfahrung“, die sie „geblendet“ habe: „Ich war von Gott überwältigt worden und bin es noch“[40], sagte sie einige Wochen vor ihrem Tod zu einer Gruppe von Studenten, die sie gebeten hatten, ihnen etwas über ihren Weg zu erzählen.[41]

An jenem 29. März 1924 schrieb sie ein Gedicht, das eine tiefe innere Veränderung zum Ausdruck bringt:

„Wie das Rauschen des Meeres erklangen nun in meiner Seele
die Stimme der fruchtbaren Erde und die Stimme der Wüste:
‚Komm zu mir, unermesslich ist der Ruf der Wüste
und golden leuchtet dir der Horizont,

37 „Appel“, 2. Februar 1924, in: Cahier bleu Nr. 5, AMD V.
38 Vermutlich Paulette Penchenier.
39 AMD III, Briefwechsel.
40 OC X, 217; vgl. auch Annette Schleinzer, Madeleine Delbrêl. Prophetin einer Kirche im Aufbruch, 140. Im Folgenden: Prophetin einer Kirche im Aufbruch.
41 Vgl. unten S. 322f.

geh in der Sonne, deren Licht sich in den Steinen bricht,
der Hauch des Ewigen ließ deinen Weg erbeben.'"[42]

Dieses Gedicht ist schwer zu entschlüsseln: Wer sagt hier „Komm zu mir"? Ist es Gott selbst, der sie in die Wüste lockt? Und was ist mit „Wüste" gemeint? Jean Maydieu hat sie bereits verlassen. Er hat sich wahrscheinlich schon im Oktober 1923 dazu entschieden, das heißt kurz vor Beginn seines Militärdienstes. Es gibt allerdings keine Unterlagen, anhand derer sich sein Weg genauer rekonstruieren ließe. Man weiß, dass er erst am 22. September 1925 Dominikaner geworden und in den Konvent von Amiens eingetreten ist. Meint sie mit „Wüste" Jeans Abwesenheit? Wie auch immer, die „Wüste" wird für Madeleine zu einem „unermesslichen" Ruf; ein leuchtender Horizont tut sich vor ihr auf, ihr Weg ist durch den Hauch des Geistes erschüttert worden.

Madeleines Konversion war jedenfalls nicht die unmittelbare Folge ihres Liebeskummers, wie manchmal vermutet wird. Sie hätte in der Religion keine Zuflucht für ihre Gefühle gesucht; das war nicht ihre Art. Ihr Weg zum Glauben hatte längst schon begonnen, als Jean Maydieu sie verließ. Diese bittere Enttäuschung hätte eher dazu führen können, dass sie ihre Suche wieder aufgab; schließlich hat der, der den größten Einfluss auf ihre Umkehr zum Glauben hatte, sie um Gottes willen verlassen. Doch das kam für sie nicht infrage. Sie konnte die Dinge, die nichts miteinander zu tun hatten, auseinanderhalten.

Ihr neu gefundener Glaube hat sie freilich nicht vor einer schweren Krise bewahrt. Der Schock über die Trennung war so groß, dass sie ins Straucheln geriet. Am 13. Oktober 1923, sechs

42 „Le désert", 29. März 1924, in: Cahier bleu Nr. 10, AMD V. Dieses Gedicht hat Madeleine mehrmals verändert, bevor sie es im Gedichtband „La Route" veröffentlichte.

Monate vor ihrer Konversion, hatte sie ein Gedicht mit der Überschrift „Kleine Arie im Wind“[43] geschrieben. Darin kommt die ganze Hoffnungslosigkeit einer Jugendlichen zum Ausdruck, vor der sich im Blick auf den kommenden Winter „der Abgrund des Nichts“ auftut. Sie stürzte aus großer Höhe in die Tiefe; denn sie hatte in diese Beziehung zu Jean, die ihr eine völlig neue Zukunft eröffnet hatte, so viel investiert.

In dieser Verfassung machte sie die überwältigende Erfahrung der Begegnung mit Gott; wie ein Blitz durchfuhr sie eine Gewissheit, die nicht mehr zur Debatte stand. Nachdem sie lange Zeit gesucht, sich intellektuell mit der Möglichkeit des Glaubens auseinandergesetzt hatte, nachdem sie den Stolz auf ihren Verstand überwunden hatte und niederkniete, um zu beten, um zu Gott zu rufen, wenn es ihn denn gibt, da holte Gott sie ein. „Ich habe geglaubt, dass Gott mich gefunden hat“[44], wird sie später schreiben.

Das Wort „glauben“ muss hier im tiefsten Sinne des Wortes verstanden werden. Von der Möglichkeit, dass Gott existiert, ist sie zur Gewissheit Gottes gelangt. Von der verstandesmäßigen Erkenntnis, dass Gott möglich ist – was aber immer ungewiss bleibt –, ist sie zur lebendigen Gewissheit des Glaubens gelangt.

Doch diese Umwandlung geschah in einem gewaltigen Sturm – ein charakteristisches Zeichen göttlichen Wirkens. Sie tauchte in das Dunkel menschlicher Abgründe ein und näherte sich darin zugleich dem Licht Gottes. Am 20. November 1923, noch mitten in ihrer Suche, schrieb sie in einem Gedicht mit der Überschrift „Retabel – Lied für unsere Liebe Frau von den betenden Händen“, dass sie durch die zum Gebet erhobenen Hände Mariens einen tiefen Frieden empfangen habe.[45] Diese Äuße-

43 „Ariette dans le vent“, 13. Oktober 1923, in: Cahier bleu Nr. 5, AMD V.

44 Madeleine Delbrêl, Ville marxiste terre de mission, Paris ^{3}1995, 203. Deutsche Übersetzung: Auftrag des Christen in einer Welt ohne Gott, Einsiedeln ^{2}2000, 194. Vgl. Deine Augen in unseren Augen, 36.

45 „Retable – Chanson pour Notre-Dame Officiante“, 20. November 1923, in:

rung könnte verwundern; schließlich hatte sie ja noch nicht zu Gott gefunden. Doch auch wenn Madeleine nicht oft davon gesprochen hat: Maria hat in ihrem Leben eine große Rolle gespielt. Sie hat die Mutter Jesu in Liebe verehrt, jedoch ohne jede Sentimentalität. Am Schluss ihres Gedichtbands „La Route“ gibt es mehrere Gedichte, die an „Unsere Liebe Frau“ gerichtet sind; sie sind entweder vor oder nach ihrer Konversion entstanden oder wurden nach der Konversion noch einmal überarbeitet. Madeleine war überzeugt, dass Maria ihren Weg zum Glauben begleitet hat, sie zu ihrem Sohn geführt hat und ihr weiter zur Seite stand. „Die Seele, die vor der Unendlichkeit des Ewigen zurückschreckt, hat aus deinen betenden Händen den Frieden empfangen.“ Es ist, als hätte Maria mit ihrer Zärtlichkeit das gewaltsam Erschütternde abgemildert, das die Begegnung mit dem unendlichen Gott mit sich brachte, jenes blendende Licht, das sie später als „schwarzes Licht“[46] bezeichnet hat. Der „unauslotbare Abgrund der Geheimnisse Gottes“[47], vor dem sie immer noch zurückschreckte, erschien ihr „durch die betenden Hände Mariens“ weniger bedrohlich – als ob diese Hände sie tragen und dazu ermutigen würden, sich in den Abgrund Gottes fallen zu lassen.

In solchen Texten gewinnt man den Eindruck, dass die Begegnung mit Gott für Madeleine doch nicht allzu abrupt geschah, auch wenn es eine intensive Erfahrung der Erleuchtung gab. Die Begegnung war durch einen monatelangen Weg vorbereitet

---

Cahier bleu Nr. 5, AMD V: „Les âmes du ciel fantômes sans visages, / Celle de la ville en ses hurlements, / Celle de la pierre au tréfonds des âges, / Une à une ont marché vers ton rayonnement. / Et l'âme de mon âme, âme de ceux qui vivent, / Âme qui fait craquer le réel qui l'étreint, / Âme affolée en l'infini qui l'éternise, / A pris la paix dans la prière de tes mains.“

46 OC X, 219; vgl. Prophetin einer Kirche im Aufbruch, 65.

47 Madeleine Delbrêl, La femme, le prêtre et Dieu, Paris 2011, 204. Im Folgenden: OC IX. Vgl. Deine Augen in unseren Augen, 237.

worden. Aber es ist paradox: Sie ereignete sich inmitten der Dunkelheit nach dem Verlust Jean Maydieus und der seelischen Erschütterung, die er nach sich zog. Madeleine sank dadurch in eine bittere Einsamkeit, aus der wieder herauszukommen ihre Familie ihr nicht helfen konnte.

Denn auch ihre Eltern waren tief enttäuscht. Vor allem für Jules Delbrêl war die Aussicht auf die Heirat seiner Tochter mit dem Sohn einer großbürgerlichen Familie aus Bordeaux mit der Hoffnung verbunden, dass sich sein Traum von einem gesellschaftlichen Aufstieg doch noch erfüllte. Nun war er gegen Jean Maydieu eingenommen und sprach sehr gehässig von dem zukünftigen Dominikaner, der seine Tochter verlassen hatte. Mehrere Gedichte, die er schrieb, unterzeichnete er mit dem Pseudonym „Jacques Maymort", in dem man das schaurige Wortspiel sofort erkennt: Der junge Mann, der das Wort „Gott" (*dieu*) in seinem Namen trägt, trägt darin stattdessen nun den Tod (*mort*).

Darüber hinaus hatte sich die Gesundheit von Madeleines Vater verschlechtert, körperlich wie geistig. Jules Delbrêl war fast erblindet. Madeleine musste unter dem Diktat ihres Vaters seine Gedichte abschreiben, von denen einige eine unverhohlene Kritik an Jean Maydieu waren. Eines davon, mit dem Titel „Die Ringeltaube und die Turteltaube", handelt davon, dass die Ringeltaube die schöne Turteltaube brüsk verlassen habe, ohne Mitleid mit ihrem Schmerz zu haben.[48] Diese kaum verhüllten Andeutungen waren für Madeleine in ihrer Verzweiflung alles andere als hilfreich. Dazu kam noch, dass die Beziehung ihrer Eltern zur gleichen Zeit immer schwieriger wurde.

48 „Le ramier et la tourterelle», in: AMD V, „Jules Delbrêl": „Mais à peine la tourterelle / Eut-elle prononcé le nom du ténébreux / Que le ramier soudain devint silencieux / Et brusquement quitta la belle / Sans pitié pour son petit cœur / Plein d'amertume et de douleur".

Madeleines Glaubensweg auf der einen Seite und die schmerzliche Einsamkeit auf der anderen Seite, in der sie nach der Trennung von Jean versank, waren natürlich nicht einfach zwei parallele Wege, die nichts miteinander zu tun gehabt hätten. Ohne den Glauben wäre Madeleine vielleicht völlig untergegangen. Aber es gibt kaum Belege aus dieser Zeit; wenn man liest, was sie später über den Einbruch Gottes in ihr Leben geschrieben hat, könnte man meinen, dass diese Zeit nur hell und leicht gewesen sei – und dabei war es doch eine der dunkelsten und schwersten Zeiten ihres Lebens.

Direkt nach ihrer Konversion vollzog sie eine symbolische Geste, von der sie erst viel später Jean Durand, einem langjährigen Freund ihrer Gemeinschaft, erzählt hat. Dieser berichtet davon in seinem Tagebuch: „Mademoiselle Delbrêl erzählt, dass sie gleich, nachdem sie ‚sich bekehrt' hatte, zum Haus des Erzbischofs gegangen sei, um ihm zwei Opale zu bringen, an denen sie hing. Sie sei dort wie an einem Schalter abgefertigt worden; doch in dem Augenblick habe sie das gar nicht gewundert."[49]

Mehrere Aspekte dieser Begebenheit verdienen es, genauer angeschaut zu werden. Zunächst: Es ist *die Kirche*, zu der sie sich hinwandte in dem Moment, in dem sie sich bekehrte – und es ist *die Kirche*, der sie in einem symbolischen Akt die Schmuckstücke übergab, die ihr teuer waren. Die kirchliche Dimension spielte also schon am Beginn ihres christlichen Lebens eine Rolle. Ihre Geste könnte man als zutiefst weiblich bezeichnen. Dass sie die Kirche mit einbezog, zeigt, dass ihre Konversion von Anfang an eine *christliche* Konversion mit all ihren Dimensionen war. Denn durch das Zeugnis von Christen – also durch die Kirche – hatte sie Christus gefunden; und in der Kirche wollte

---

49 Journal de Jean Durand, 29. September 1953, AMD VI 3, 3. Dieses Tagebuch, das von einem Freund des Hauses geführt wurde, ist eine wichtige Informationsquelle, vor allem von 1951 bis zum Tod Madeleines.

sie mit dieser ungewöhnlichen Geste zu Christus kommen. Sie hätte die Opale auch verkaufen und das Geld den Armen geben können; sie hätte so ein Zeichen gesetzt, dass ihre Konversion sie nicht nur zum Glauben, sondern damit auch zur tätigen Nächstenliebe geführt hat. Doch sie hat etwas anderes getan: Mit sicherem Glaubensinstinkt ist sie zum Bischofshaus gegangen (das für sie immer das sichtbare Zeichen für die Einheit in der Diözese war, so wie Rom für sie die Herzmitte der universalen Kirche wurde), und sie wunderte sich nicht darüber, dass sie dort wie an einem Schalter abgefertigt wurde. Die mitgebrachte Gabe sollte anonym bleiben und in den großen anonymen Schatz der Kirche für die Armen wandern; Madeleine suchte nicht nach Anerkennung. Sie war nun voll und ganz ein Glied der Kirche, dieser für immer verbunden durch ihre Gabe, die im Grunde eine Gabe ihrer selbst war.

Bemerkenswert ist in dem Zusammenhang, dass sie vor ihrer Konversion ein Gedicht mit der Überschrift „Opale“ geschrieben hatte. Es ist einer der Texte, der den Nihilismus, dem sie sich verschrieben hatte, mit am stärksten zum Ausdruck bringt – und die Verachtung, die sie ihren Zeitgenossen entgegenbringt, die dem Tod nicht ins Angesicht schauen wollen und stattdessen irgendeine Hoffnung hegen, die in Madeleines Augen völlig irreal ist:

> „Ich wollte wie ein seltener Opal sein,
> der eingefasst ist in Verachtung
> und dessen Stempel Stolz heißt.“[50]

Indem Madeleine sich von den Opalen verabschiedet, verabschiedet sie sich von sich selbst, genauer: von jenem herablassenden und stolzen jungen Mädchen, das sie mit achtzehn Jahren

50 „Opales“, 16. März 1923, in: Cahier bleu, Nr. 4, AMD V.

war. In ihrem Herzen, das sie nun verschenkt, ist eine neue Demut erwacht.

Für die heutige Forschung ist es bedeutsam, dass gerade diese Geste überliefert worden ist – und nicht etwa die Erinnerung an eine Beichte oder ein Gespräch mit einem Priester, das gewiss auch stattgefunden hat. Doch davon ist nichts bekannt, und selbst wenn: der Inhalt wäre dem Beichtgeheimnis unterworfen gewesen. Die beiden Opale sprechen für sich – mehr als eine Beichte. Sie sind ein beredtes Zeugnis, eine, wenn man so will, zur Tat gewordene „Beichte".

Was man auch weiß: Madeleine hat sich nach ihrer Konversion eine Weile von ihren Freundinnen zurückgezogen. Hatte sie das Bedürfnis nach innerer Einsamkeit, um ihr Leben zu ordnen und sich zu fragen, wie es um ihre Beziehungen wirklich stand? Oder gab es familiäre Verpflichtungen aufgrund des schlechten Gesundheitszustands ihres Vaters, der sie belastete? Wollte sie deshalb mehr in der Nähe ihrer Eltern sein? Oder wurde ihr einfach bewusst, dass sie nicht mehr so weiterleben konnte wie bisher, sodass sie sich Zeit nehmen musste, um ihr Leben neu zu gestalten? Es wird von allem etwas gewesen sein, und ihre Freundinnen haben ihr den Rückzug nach ihrer Konversion auch zugestanden.

Im Jahr 1925 hat Madeleine schließlich einen völligen Zusammenbruch erlitten. Die Trennung von Jean Maydieu war für sie ja ein brutaler, völlig unvorhergesehener Schock gewesen, und zudem sah sie sich mit einer familiären Situation konfrontiert, die zusehends eskalierte. Sie musste deshalb für mehrere Monate in ein Sanatorium im Naturpark Vallée de Chevreuse.[51]

---

51 Wahrscheinlich handelt es sich um die „Maison Hélianthe", 1, rue de la Division Leclerc in Chevreuse. Chevreuse ist eine französische Gemeinde im Département Yvelines in der Region Île-de-France (Anmerkung A. S.).

Die Behandlung, die sie dort erfuhr, hat ihr nicht wirklich geholfen, denn zu der Zeit wussten die Ärzte offenbar noch nicht viel über die Behandlungsmöglichkeiten bei seelischer Erschöpfung. Laut Clémentine Laforêt gab man ihr offenbar zu wenig zu essen.

Vermutlich haben sich ihre gesundheitlichen Probleme auch auf ihre Gottesbeziehung ausgewirkt. Ihre physische und psychische Erschöpfung könnte auch wieder die schmerzliche Erinnerung an das Gefühl von Absurdität wachgerufen haben, das sie vor ihrer Konversion empfunden hatte. Doch dies bleibt eine Vermutung; außer dem umgeschriebenen Gedicht mit der Überschrift „Le désert" (ursprünglich vom 29. März 1924, dem Tag ihrer Konversion), haben wir keine Anhaltspunkte. Das Gedicht gehört in der neuen Fassung zu der Sammlung, die Madeleine 1926 der Jury des Sully-Prudhomme-Preises präsentiert hat und die im Januar 1927 unter dem Titel „La Route" veröffentlicht wurde. Die massiven Änderungen in der oben zitierten Strophe überraschen; jetzt heißt es:

> „Aber die Wüste sagte: ‚Ich bin ein Ozean,
> der in seinen wogenden Flammen das Leben birgt,
> ein rotglühender Amboss,
> auf dem die Seelen geschmiedet werden;
> ich bin das offene Buch am Ufer des Nichts."[52]

Es ist nicht leicht zu verstehen, was Madeleine sagen will. Die Wüste ist nun ein flammender Ozean geworden, „der in seinen Flammen das Leben birgt": eine positive Perspektive. Die Wüste führt nicht zum Verdursten, sondern zum Brennen, wobei Madeleine mit Feuer normalerweise etwas Lebensförderliches assoziiert. Sie wird das Bild zukünftig oft verwenden, um auszudrücken, wie sich das Evangelium ausbreitet. Hier, in diesem

52 La Route, 125/126.

Zusammenhang, hat das Feuer eine enge Verbindung zum Leben (und sie denkt dabei zweifellos an den brennenden Dornbusch des Mose). In diesem Feuer gibt es einen „rotglühenden Amboss, auf dem die Seelen geschmiedet werden"; das heißt, die Wüste bleibt der Ort einer Erprobung; er stärkt jedoch die Seelen und rüstet sie für den geistlichen Kampf und für den apostolischen Dienst. Die letzte Zeile der Strophe fällt aber überraschend aus dem Zusammenhang: Die Wüste wird zu einem „offenen Buch am Ufer des Nichts". Wir sollen in einem Buch lesen, das am Rand des Nichts liegt. Was ist das für ein Buch – und was ist mit dem Nichts gemeint?

Das Buch liegt offen da, das heißt: Es dient nicht zur Zierde; es will gelesen werden, denn es ist aufgeschlagen und bietet sich zur Lektüre an. Ist die Wüste selbst – als Ort der Erprobung – ein Buch, das entziffert werden muss, wie der Text zunächst nahelegt? Oder fasst Madeleine es weiter und spricht einfach vom Evangelienbuch, oder überhaupt vom Wort Gottes, von dem sich Jesus in der Wüste nährt (vgl. Mt 4,4)?

Doch das Buch liegt offen am Rand des Nichts. Es besteht also ein Risiko: Wer dieses Buch liest, kann ins Nichts fallen; da die Seelen aber auf dem Amboss vom Feuer des Wüsten-Ozeans geschmiedet worden sind, sind sie stark geworden.

Das Nichts ist eine Versuchung, die diejenigen, die in dem Buch lesen, verschlingen will: Heißt das, dass Madeleine in ihrer langen Zeit der Prüfungen die Versuchung des Nichts erfahren hat?

Es war nicht die Versuchung zum Suizid; eine solche Deutung würde das, was sie meint, auf eine rein individuelle Ebene reduzieren. Sondern die Versuchung, die Welt als leer und absurd zu empfinden. Dieser Versuchung gegenüber erscheint das Buch als Heilmittel. Madeleine hat an das Nichts gerührt, als sie die Leere empfunden hat, die Jean Maydieu hinterlassen hat und die durch ihre ausweglos erscheinende familiäre Situation verstärkt wurde. Von allen Seiten ist „das Nichts“ an sie herangebrandet; es ist das Nichts einer Welt, die sich selbst als absurd versteht – wie es für Madeleine früher gewesen war.

Aber die Wüste, in der sie voranschreitet, ist aus Feuer, und dieses Feuer schenkt Leben und stärkt die Seele; und das geöffnete Buch stiftet Sinn, auch wenn es sich immer am Rand des Nichts befindet. Gott hat die Welt dem Nichts entrissen, und auch Madeleine soll helfen, die Welt dem Nichts zu entreißen. So endet ihr Gedicht mit den Worten: „... deine Hymne an die Liebe wird die Wüste erfüllen“.

Diese Interpretation (die einen Zusammenhang mit ihrer Krise sieht) legt sich nahe, weil sie das Gedicht spätestens zum Jahresbeginn 1926 oder vielleicht sogar Ende 1925 noch einmal neu geschrieben haben muss, also kurz nach ihrer Rückkehr aus Chevreuse. Der Sully-Prudhomme-Preis wurde ihr nämlich im Juli 1926[53] verliehen, und man muss von einer gewissen Zeitspanne zwischen der Abgabe des Manuskripts und der Preisverleihung ausgehen.

Wenn die Deutung zutrifft, hat Bruder Jérôme de la Mère de Dieu, ein Karmelit, den sie im Sommer 1926 in Brügge getroffen[54] und dem sie ein Exemplar von „La Route“ geschickt hat, diese Passage des Gedichts nicht richtig verstanden. Er war darüber erschrocken, obwohl der Satz für Madeleine in Wirklichkeit eine Bestätigung ihres Glaubens war – auch wenn sie sich des Abgrunds bewusst blieb, dem sie entronnen ist. Er hat ihr geantwortet: „Das letzte Wort[55] ... – das darf ich doch sagen? – erschüttert mich. Ihre Verse sind unbestreitbar inspiriert, es gibt darin wahrhaft einen Hauch des Geistes. Aber an manchen

53 Am 18. Juli wurde sie davon benachrichtigt.

54 Madeleine hat sich mit dem Geld des Preises eine Belgienreise geleistet. Unterwegs machte sie auch Halt in Amiens, wo Jean Maydieu im Noviziat de Dominikaner war. Clémentine, die sie begleitete, erinnert sich, dass Madeleine lange in der Kapelle blieb, um zu beten, ohne dass sie einen Versuch unternommen hätte, Jean zu sehen.

55 Das Wort „Nichts“.

Stellen scheint es Sie zum Abgrund hinzuziehen, an einen Ort, an dem es keine Hoffnung gibt, weil es dort auch keinen Gott mehr gibt."[56] In Wirklichkeit übte das Nichts keine Anziehungskraft mehr auf Madeleine aus; denn sie las das Buch, und das Feuer hat sie stark werden lassen. Aber sie wusste um das Nichts, weil sie es erfahren hatte, und der Härtetest, den sie gerade bestanden hat und der sie noch weiter fordern wird – zumindest, was die familiäre Situation betrifft –, hat die Erinnerung daran wieder wachgerufen.

Und sie wusste auch, dass sie das Buch immer „am Ufer des Nichts" lesen wird, denn es ist dazu da, die Menschen diesem Nichts zu entreißen. Das ist die apostolische Situation schlechthin – eine andere ist gar nicht möglich. Wenn Madeleine acht Jahre später mit nichts anderem als dem Evangelium in ihren Händen in Ivry-sur-Seine mitten ins marxistische Milieu eintauchte, so hatte das genau diesen Sinn.

Abbé Jacques Lorenzo

Bis zu diesem Zeitpunkt ist Madeleine den Weg ihres neu gefundenen Glaubens allein gegangen, ohne Begleitung von außen. Es gibt keinerlei Hinweise darauf, dass sie während der ersten beiden Jahre nach ihrer Konversion eine regelmäßige geistliche Begleitung durch einen Priester erfahren hätte. Sicher hat sie den einen oder anderen Vortrag besucht, wie die Notizen in einem ihrer Hefte belegen, in dem sie auch Gedichte aufschrieb oder umformulierte;[57] mit Datum vom Juli 1925 gibt es zum Beispiel eine Notiz über einen Vortrag zum Thema Trinität. Aber das ist schon alles. Es ist keine Korrespondenz aus die-

---

56 Brief vom 6. Februar 1927 von Frère Jérôme de la Mère de Dieu OCD an Madeleine Delbrêl, in: AMD V.
57 Cahier bleu Nr. 6, AMD V.

ser Zeit erhalten. Auch der Briefwechsel mit ihrer Mutter und ihrer Tante, Alice Junière, wurde vernichtet.

Ihre Pfarrei, *St. Dominique* in der Rue de la Tombe-Issoire, war erst kurz zuvor errichtet worden. Die Kirche liegt ganz in der Nähe des Saint-Jacques-Platzes, wo Madeleine mit ihren Eltern wohnte. In dieser Pfarrei wurde im Herbst 1925 ein junger Priester eingesetzt, der bereits ein bewegtes Leben hinter sich hatte: Abbé Jacques Lorenzo.

Er wurde am 31. Juli 1893 in Fontaine/Isère geboren. Sein Vater war Offizier und seine Mutter die Tochter des Oberfinanzdirektors im Departement Isère. Er war das siebte von acht Kindern. Der beruflich bedingte Ortswechsel des Vaters führte die Familie nach Constantine (Algerien), wo Jacques zur Oberschule ging, und dann nach Le Mans, wo er im Jesuitenkolleg sein Abitur machte.

Schon in seiner Jugend fühlte er sich zum Priester berufen. Anfang Oktober 1910 trat er – im Alter von 17 Jahren – ins Priesterseminar von Issy-les Moulieaux ein, zunächst als Kandidat der Diözese Paris. Nachdem er 1914 zum Kriegsdienst eingezogen worden war, konnte er erst im Oktober 1918 seine Seminarausbildung fortsetzen und wurde am 29. Juni 1921 zum Priester geweiht. Von großem apostolischen Eifer erfüllt, bat er um Eintritt in eine von Pater Anizan neu gegründete Kongregation zur Evangelisierung der Pariser Vororte: die „Fils de la Charité“ (Söhne der Nächstenliebe).

Nach einem Jahr Noviziat legte er am 20. Dezember 1922 seine Gelübde ab und wurde zum Vikar in der Pfarrei *Notre-Dame Auxiliatrice* von Clichy ernannt. In dieser Pfarrei war die Erinnerung an den heiligen Vinzenz von Paul sehr lebendig, der dort im 17. Jahrhundert Pfarrer gewesen war. Nach drei Jahren aber trat P. Lorenzo aus der Kongregation aus und wurde wieder Diözesanpriester. Die Gründe für diese Kehrtwende bleiben im Dunkeln. Möglicherweise fühlte sich Jacques Lorenzo alsbald zwischen den Anforderungen des Ordenslebens und denen des priesterlichen Dienstes hin und her gerissen. Das ging auch anderen so, die sich dann genau wie er entschieden, zum Beispiel Abbé Godin. P. Anizan hatte das gemeinschaftliche Leben seiner neu gegründeten Kongregation tatsächlich sehr streng reglementiert; in dieser Regel gab es kaum einen Spielraum für die Begegnung mit den Menschen in Zeiten, in denen es für sie möglich war. Teilweise hatte er die Usanzen einer anderen Kongregation – der Brüder vom heiligen Vinzenz von Paul – übernommen, deren Generaloberer er gewesen war. Er war dort ausgetreten, nachdem man ihn aufgrund von Denunzierungen im Zusammenhang mit dem Beginn der Modernismuskrise abgesetzt hatte. Nach der Rehabilitierung durch Papst Benedikt XV. konnte er die „Fils de la Charité" gründen.

Abbé Lorenzo, nun wieder Diözesanpriester, wurde also Vikar von *St. Dominique* und Kurat des Pfadfinderstamms der Pfarrei. Genau in dieser Zeit, im Herbst 1925, nahm Madeleine Delbrêl, die sich gerade mühsam von ihrer schweren Krise erholte, Kontakt mit der Pfadfinderbewegung auf. Ihre Lebensgeister erwachten allmählich; sie hatte wieder begonnen, Gedichte zu schreiben oder umzuformulieren; fünf von denen, die später in die Sammlung „La Route" aufgenommen werden, wurden schon im März 1926 in der Zeitschrift „Nos poètes" veröffentlicht.

„Die Kunst ist eine Weise der Liebe"

Im Juni schrieb sich Madeleine in der *Académie de la Grande Chaumière*[58] in der Rue de la Grande Chaumière im Montparnasse-Viertel ein. Sie nahm Unterricht bei dem Maler Louis-François Biloul und Zeichenunterricht bei Lucien Simon. Dort lernte sie auch Louise Salonne kennen,[59] die eine ihrer engsten Freundinnen wurde und mit der sie sich bis kurz vor ihrem Aufbruch nach Ivry im Jahr 1933 brieflich austauschte. Im Juni hielt sie für einen studentischen Literaturkreis – den Pascal-Kreis – einen Vortrag über „Abbé Brémond und die reine Poesie".[60] Zur selben Zeit begann sie, einen Essay über die Kunst und die Mystik zu schreiben.

Madeleine machte sich also an die Arbeit und nahm vor allem ihre literarische Tätigkeit wieder auf. Auch ihre zeichnerischen Talente wollte sie weiter entfalten. Sie vertiefte sich in die Lektüre ganz unterschiedlicher Autoren, darunter auch Claudel, den sie mit Begeisterung zu lesen begann. Wenn sie die Gelegenheit dazu hatte, sprach sie mit anderen über ihre Entdeckungen, denn sie wollte sie nicht für sich behalten, sondern mit anderen teilen und sich mit ihnen darüber auseinandersetzen.

Zugleich widmete sie sich auch dem Dienst an den Nächsten. Warum sie sich gerade der Pfadfinderbewegung angeschlos-

---

58 Die *Académie de la Grande Chaumière* ist eine Pariser Kunstkademie, die von der Schweizer Malerin Martha Stettler 1904 gegründet wurde. Zu den Schülern, die dort Unterricht nahmen, zählen Calder, Giacometti und Modigliani.

59 Louise Salonne, 1903 geboren, stammt aus einer Familie aus Morlaix in der Bretagne, wo ihr Vater Notarsgehilfe war. Sie hatte eine Schwester, Marie-Paule, die 1902 geboren wurde, in dem Jahr, in dem die Familie nach Plancoët bei Dinan zog. Marie-Paule wurde Schriftstellerin. Louise hat in Paris Malerei studiert, musste das Studium aber krankheitshalber unterbrechen. In dieser Zeit schrieb Madeleine ihr regelmäßig. Vgl. OC I und Deine Augen in unseren Augen, 43-67.

60 Abbé Brémond, Autor der elfbändigen „Histoire littéraire du sentiment religieux en France depuis la fin des guerres de religion jusqu'à nos jours" (Paris 1911–1933), hatte unter zahlreichen anderen Werken auch einen kleinen Essay mit dem Titel „Die reine Poesie" (1926) geschrieben, der zu einer heftigen Auseinandersetzung in Literatenkreisen führte.

sen hat, bleibt offen; jedenfalls konnte sie dort in den folgenden Jahren ihren glühenden Wunsch, den Glauben zu leben und weiterzugeben, fürs Erste verwirklichen.

Auch im mündlichen oder schriftlichen Austausch mit ihren neuen und alten Freundinnen ergab sich diese Möglichkeit. Madeleine erwies sich für eine junge Frau ihres Alters als eine erstaunlich gute Zuhörerin, und sie hatte die Gabe, andere zu ermutigen und aufzubauen und dabei vor allem auch die Geister zu unterscheiden. So stand sie Hélène Jüng in ihrer Suche nach Gott verlässlich zur Seite, ohne sie zu vereinnahmen; sie wies sie auf einen Priester hin, der ihr helfen könnte. So fühlte sie mit Louise Salonne mit, als diese mit gesundheitlichen Problemen zu kämpfen hatte, ohne sich im Mitleid zu verlieren.

Offensichtlich war ihr aus ihren eigenen Kämpfen eine Erfahrung zugewachsen, aus der heraus sie andere begleiten konnte – mit einem untrüglichen Gespür für den Glauben und einer inneren Freiheit, die sie ihr Leben lang an den Tag gelegt hat. In diesem Sinne für andere da zu sein verstand sie als echtes Apostolat, wie so manche ihrer Briefe bezeugen. Und als Louise Salonne im Jahr 1970 dem Archiv die Briefe überließ, die Madeleine ihr geschrieben hat, bemerkte sie: „Ich habe Gott sei Dank etwa fünfzig Briefe von Madeleine, vor allem aus den Jahren 1926–1929; sie sind so kostbar in ihrer geistlichen Tiefe und in der Zuneigung, die in ihnen zum Ausdruck kommt und in der wir verbunden waren. Sie war so zugewandt! 1928 wurde ich sehr krank. Fast zwei Jahre lang hat Madeleine mir zwei Mal und später ein Mal wöchentlich geschrieben.“[61]

Am 18. Juli 1926 erhielt Madeleine die höchst erfreuliche Nachricht, dass sie die Preisträgerin des Sully-Prudhomme-Preises für Nachwuchsdichterinnen und -dichter ist. Sully Prud-

61 OC I 59 (Anmerkung A. S.).

homme, der erste Nobelpreisträger für Literatur, hatte das Preisgeld in die Gründung einer Stiftung investiert, die jedes Jahr einen jungen Dichter unterstützen sollte. Es ist nichts darüber bekannt, ob die Beziehungen Dr. Armaingauds womöglich dazu beigetragen haben, dass Madeleine diesen Preis erhielt. Wie dem auch sei: Madeleines Arbeit wurde gewürdigt und von der Jury anerkannt. Schließlich war sie keine Dilettantin im Schreiben. Immer wieder hat Madeleine ihre Gedichte überarbeitet und neu formuliert. Die Auszeichnung stimmte sie überglücklich, wie sie Louise Salonne schreibt:

> „Entschuldige bitte, dass ich jetzt nur kurz schreibe. Aber es hat sich für mich etwas Wunderbares ergeben. Die Jury des Sully-Prudhomme-Preises hat mir für mein Manuskript ‚La Route' den Preis verliehen, der dieses Jahr 8000 Francs beträgt. Du kannst Dir denken, dass ich darüber sehr glücklich bin. Aber jetzt, wo ich mich ganz für diesen Weg [Schriftstellerin zu werden] entschieden habe, bin ich mit Besuchen und Behördengängen aller Art (14 Besuche pro Tag!) und mit Dankesschreiben buchstäblich bedient!"[62]

Madeleine hat ihre Entscheidung dann wieder zurückgenommen und ab 1928 eine andere Richtung eingeschlagen. Es ist allerdings sehr schwierig, ihren inneren Weg nachzuzeichnen, da es keine aussagekräftigen Dokumente darüber gibt. Am 18. Juli 1926 hatte sie Louise Salonne gegenüber bekannt, dass sie jetzt Schriftstellerin werden wolle; doch am 15. April 1927 schrieb sie ihrer Mutter:

> „Meine geliebte Miou,[63]
> nachdem ich tagelang nachgedacht, gebetet und mich geprüft habe, bin ich nun sicher, den Willen unseres Herrn zu

62 OC I, 69.
63 Vgl. oben S. 14.

erfüllen, wenn ich in der Welt bleibe, um dort für ihn zu arbeiten. Ich verspreche Dir also in Christus, dass ich Dich nie verlassen werde."[64]

Am Gründonnerstag, am 21. April, vertiefte und erklärte sie das noch einmal in einem längeren Brief.

Wenn sie ihrer Mutter schreibt, dass sie sich dafür entschieden habe, in der Welt zu bleiben, dann heißt das doch, dass sie daran gedacht hatte, die Welt zu verlassen. Möglicherweise wollte sie in den Karmel eintreten – so wurde jedenfalls immer wieder erzählt. Das bestätigt auch Christine de Boismarmin in ihrer 1982 veröffentlichten Biografie;[65] vermutlich hat sie es von Hélène Jüng erfahren.

Die Preisverleihung war für Madeleine im Sommer 1926 eine Bestätigung, die sie mit Freude erfüllte. Doch unterschwellig befand sie sich bereits in einem noch tieferen Prozess der Entscheidungsfindung, oder zumindest hat dieser Prozess damals begonnen. Wie es dazu kam und wer sie beeinflusst hat, muss offen bleiben. Man könnte spontan an Abbé Lorenzo denken, aber er war damals noch nicht ihr geistlicher Begleiter; das wurde er frühestens Ende 1927. Sie begegnete ihm jedoch im Kontext der Pfadfinderbewegung, und was er sagte, löste unweigerlich existenzielle Fragen in ihr aus.

Jedenfalls ist sie, wie sie selbst sagt, an Ostern 1927 zu einer ersten Gewissheit gelangt. Sie würde nicht in den Karmel eintreten, sondern in der Welt bleiben. Man hat das oft auf ihre schwache Gesundheit zurückgeführt. Aber hätte sie es dann nicht wenigstens versuchen können? Vielleicht wollte sie auch ihre Eltern nicht im Stich lassen, die sich wegen der Krankheit ihres Vaters in einer schwierigen Situation befanden und einan-

64 OC I, 89; vgl. Deine Augen in unseren Augen, 73.
65 Christine de Boismarmin, 27 (29).

der das Leben schwer machten. Viele Jahre später hat sie einmal einem jungen Mädchen geraten, nicht ins Kloster zu gehen, um so ihrer kranken Mutter beistehen zu können; denn die erste Pflicht sei es, sich um seine nächsten Angehörigen zu kümmern.

Wie auch immer: Madeleine besaß ein tiefes Gespür für die „Unterscheidung der Geister". In ihrem zweiten Brief an ihre Mutter versuchte sie ihr zu erklären, dass ihre Liebe zu ihr ihren Blick hätte trüben können und dass sie sich deshalb darüber klar werden musste, dass nicht eine Art „edler Egoismus" dahinterstand, wenn sie in der Welt blieb, sondern dass sie „für Ihn", das heißt für Gott, in der Welt bleiben und arbeiten würde. Sie hat also die Latte so hoch gehängt wie nur möglich: Der Wille Gottes war das Kriterium für ihre Entscheidungsfindung.

Damals war jedoch noch offen, wohin das führen würde. Hatte sie ihrer Mutter am 15. April gesagt, dass sie sie nicht verlassen werde, so ergänzte sie am 21. April: „Ich danke Dir, dass Du mich mein Leben so gestalten lässt, wie ich es in Zukunft möchte."[66] Diese Zukunft sah sie einigermaßen klar vor sich. Denn wenn sie die Welt auch äußerlich nicht verließ, so hatte sie sie doch innerlich verlassen. Die Wahl, die sie getroffen hat, war nicht irgendeine Wahl zwischen zwei Möglichkeiten; es war die Entscheidung für ein radikales christliches Leben:

> „Wenn ich mich darüber freue, dass ich Dir ganz nah bleiben werde, dann deshalb, weil ich weiß, dass ich Dir auch dann nah sein könnte, wenn ich außerhalb der Welt leben würde – ich wäre Dir nur dann nicht nah, wenn ich nicht in der Welt der Liebe leben würde. Vorurteile, Selbstsucht und ein ganzes Gespinst von Lügen durchziehen unsere Gesellschaft. Ich könnte mich nicht darauf einlassen, ohne das zu verleugnen, was mir am kostbarsten ist."[67]

66 OC I, 91; vgl. Deine Augen in unseren Augen, 74.
67 Ebd.

Wenn Madeleine sich entschied, *in* der Welt zu bleiben, so hat sie sich doch nicht *für* die Welt entschieden – um hier den doppelten Sinn von „Welt“ ins Spiel zu bringen, den er in der Bibel hat. Sie bezieht ihre Mutter in ihre tiefe Sehnsucht mit ein und schreibt:

> „P. Sanson würde sagen, dass Gott sich in alle Ewigkeit verschenkt und dass es unser Ziel ist, mit ihm eins zu werden und uns aus dieser Einheit heraus anderen zu schenken. Gibt es ein höheres Ziel auf dieser Welt? Und zittere ich deshalb nicht zu Recht bei dem Gedanken, dass Jean und ich auf tragische Weise unser Leben hätten verfehlen können? Wir waren für etwas anderes bestimmt, und es hätte ein böses Erwachen geben können.“[68]

Die Ehe war nicht mehr ihr Ziel. Sie hatte den großen Schmerz ihrer Jugend verarbeitet und wollte sich nun völlig Gott und darin *allen* Menschen hingeben. Sie wusste noch nicht, welche Gestalt diese Hingabe haben würde, aber sie wusste, dass sie allen gelten sollte, denen sie begegnen würde, denn sie sind das Ebenbild Gottes, der sich immer neu verschenkt. In dieser Entscheidung lag schon der Keim für alles, was sich im Leben Madeleines weiter entfaltet hat, ohne dass sie wusste, wie das konkret aussehen würde. Nach dem Tod Jean Maydieus im Jahr 1955 schrieb sie seiner Schwester Paulette:

> „Ich verdanke Ihrem Bruder zweierlei: dass er mich dazu gebracht hat, Gott zu begegnen – und dass er fortgegangen ist.“[69]

Wie wichtig die Entscheidung von Ostern 1927 war, kann man an der Gelassenheit erkennen, mit der sie es aufgenommen hat,

---

68 Ebd.

69 Brief Madeleines an Paulette Maydieu vom 5. Mai 1955, in: Stadtarchive Bordeaux, Private Stiftung von P. Jean Maydieu OP. Vgl. unten S. 259f.

dass ihr Buch über die Kunst und die Mystik mit dem Titel „Le Temps de Dieu“ [„Gottes Zeit“] vom Plon-Verlag abgelehnt wurde. Am 1. April schrieb sie an Louise Salonne:

> „Wenn ein Buch nicht erscheint, dann heißt das, dass es nichts taugt. Die Mühe, die darauf verwendet wurde, wird andere Früchte hervorbringen.“[70]

Dabei hatte sie einige Wochen zuvor noch Schriftstellerin werden wollen! Nun aber hat sie sich innerlich von der Veröffentlichung ihrer Schriften gelöst: Es gab für sie eine andere, wichtigere Ernte einzubringen.

* * *

Wie lässt sich Madeleines Leben während dieser Jahre von 1926 bis 1928 charakterisieren?

(1) Zunächst ist es ein Leben, das von *Reisen g*eprägt ist. Schon 1926 fuhr sie nach Quiberon in der Bretagne; von dort aus machte sie Ausflüge nach Carnac und nach Kergonan. In Arcachon verbrachte sie wieder die Ferien bei Dr. Armaingaud, mit Abstechern nach Mussidan, Lourdes und Les Landes. Sie unternahm Pilgerfahrten zu den Kathedralen, wie man den letzten Gedichten von „La Route“ entnehmen kann. Clémentine, die treue Seele, begleitete sie nach Belgien. Im Juli 1927 war sie mit ihren Eltern zur Erholung in Thones, in der Nähe von Annecy, aber auch in Sainte-Baume, von wo aus sie über Grenoble zurückreiste.

Es ist nicht leicht, ihren Weg in dieser Lebensphase zu verfolgen, in der sie vom Gehalt ihres Vaters und von dem Geld profitierte, das sie mit dem Sully-Prudhomme-Preis bekommen hatte. Diese Reisen machen deutlich, dass sie einer Schicht angehörte,

70 OC I, 87.

die es sich ohne Weiteres leisten konnte, zur Kur, zur Erholung und in die Ferien zu fahren oder einfach touristische Reisen zu unternehmen, ohne sich Gedanken um die Kosten machen zu müssen. Solche Details machen bewusst, wie groß der Graben war, den sie überwinden musste, als sie 1933 in einer proletarischen Vorstadt mit ihren prekären Lebensbedingungen ankam.

Noch genoss sie aber die Schönheit der Landschaften und der Bauwerke, die sie ihren Freundinnen in leuchtenden Farben schildert. Sie blieb jedoch nicht dabei stehen, dies alles in touristischer Sorglosigkeit zu bewundern; für sie spiegelte die Natur die Schönheit Gottes wider. Sie hatte das Empfinden, in einer natürlichen Ordnung, von der sich die Menschheit weitgehend entfernt hatte, auftanken und sich erholen zu können. Wenn sie später in die Menschenmenge in der Metro und in den Straßen von Ivry eintaucht, wird sie solche Gedanken lange hinter sich gelassen haben. Derzeit aber war sie noch zwischen ihrer radikalen Lebensentscheidung, die in ihr immer mehr Raum gewann, und ihren künstlerischen Betrachtungen hin und her gerissen.

(2) Das Leben Madeleines erscheint in dieser Zeit auch als ein Leben, das von *Krankheit* und von *Krankenpflege* gezeichnet ist. Die Krankheit ihres Vaters nahm sie sehr in Anspruch. Im Winter 1925/26 erlitt er einen Schlaganfall; im September 1926 war seine Leber angegriffen, „das einzige Organ, das noch in Ordnung war".[71] Auch ihr selbst ging es nicht besonders gut. Aufgrund von Magen- und Darmproblemen aß sie nicht genug. 1927 kamen weitere Probleme hinzu. Sie litt noch an den Folgen ihrer Grippe von 1919 und konnte nur mit Mühe laufen. Dann wurde sie auch noch am Blinddarm operiert.

Im Mai war ihre Mutter am Rande ihrer Kräfte und musste sich in Arcachon erholen. Madeleine blieb bei ihrem Vater, der

---

71 OC I, 74.

an einem Abszess litt. Am 28. Mai 1927 entdeckte der Arzt bei ihr eine Zyste an einem Eierstock, doch sie musste schließlich doch nicht operiert werden. Die ganze Familie verbrachte den Monat Juli in Luxeuil zur Erholung und zur Kur. Aber im Frühjahr 1928 brach Madeleine wieder zusammen und musste erneut zur Erholung nach Chevreuse.

Wenn man die Briefe liest, die sie in dieser Zeit an Louise Salonne schrieb, hat man das Gefühl, dass sie sich in einem einzigen Albtraum befand. Was da alles zusammenkam, ist unglaublich. So sollte es noch öfter in ihrem Leben sein: Oft war sie mit „Bruder Leib" beschäftigt; sie musste gegen ihre Müdigkeit ankämpfen, hatte Probleme mit ihren Zähnen, mit Migräneanfällen, die sie außer Gefecht setzten, und mit weiteren Krankheiten. Und dennoch ließ sie sich nicht unterkriegen. Auch damals nicht: Nach einer notwendig gewordenen Erholung, in die sie schließlich einwilligte, war sie wieder munter. Madeleine hat gelernt, mit ihrer schwachen Gesundheit zu leben.

Ihrer Mutter ging es nach der Trennung von ihrem Mann wieder besser; sie litt nicht mehr unter den depressiven Verstimmungen, die sie häufig gezwungen hatten, sich auszuruhen. Aber für ihren Vater begann schon in diesen Jahren 1927/28 der lange Leidensweg, der auch für seine nächsten Angehörigen, vor allem für Madeleine, ein wahrer Kreuzweg wurde. Er dauerte 25 Jahre lang.

Am erstaunlichsten ist vielleicht, wie Madeleine mit dem Leiden umgegangen ist, mit ihrem eigenen und mit dem ihrer Eltern. Obwohl sie noch sehr jung war, zeigte sich hier wie auch auf anderen Gebieten ihr überraschend reifer Glaube. Ihre Konversion hatte sie mit einer überströmenden Auferstehungsfreude erfüllt, doch sie wusste aus eigener Erfahrung, dass es in dieser Welt kein Entrinnen vor dem Leiden gibt und dass nur das Kreuz Christi dem einen Sinn zu geben vermag.

Auch wenn sie litt, so kapitulierte sie nicht vor Widrigkeiten; sie hat Resignation immer verabscheut und wusste sich tapfer zu schlagen. Madeleine hat versucht, dem Leiden ins Angesicht zu schauen und es anzunehmen, wenn es unvermeidlich war; sie sah sich dazu herausgefordert zu glauben, dass das Kreuz Christi die Kraft gibt, das Leiden zu ertragen, ja dass es eine geheimnisvolle Freude schenken kann, die nicht erfährt, wer resigniert und sich geschlagen gibt oder dagegen aufbegehrt und sich zu Gewalt hinreißen lässt.

> „Immer und überall müssen wir das Leiden selig nennen, auch wenn es uns wehtut, dem Leiden derer zuschauen zu müssen, die zu uns gehören",

schrieb sie am 11. September 1927 an Louise Salonne,[72] mitten in ihren persönlichen Problemen und denen ihrer Familie. Wie kann man in Bezug auf den Schmerz von „selig" sprechen? Der Schmerz, so Madeleine, meißele unsere Seelen, die sonst stagnieren und im Alltagstrott steckenbleiben würden. Er zwinge uns dazu, aus unserem Trott und aus unseren „Gräbern" herauszukommen, um die wahre Freude zu suchen:

> „Wie viele, die schon lebendig begraben waren, sind durch den Schmerz wieder zum Licht gekommen. Welche Freude ist das doch für die, die leiden, wenn ihnen bewusst wird, dass sie zu dieser Auferstehung gelangen und auch anderen dabei helfen können."[73]

Ist dies nicht genau das, was sie für Louise Salonne dank ihrer eigenen Leidenserfahrung getan hat? Madeleine hatte erkannt, dass die Auferstehungsfreude – die einzig wahre und vollkommene Freude – nur dann zu finden ist, wenn man innerlich in die Prüfung durch den Schmerz einwilligt. Sie sieht, dass sich so

72 OC I, 101.
73 Ebd., 101f.

auf dem eigenen Gesicht „das heilige Antlitz des Schmerzes – leuchtend vor Freude“ widerspiegeln kann, wie sie in einem ihrer letzten Gedichte aus dem Jahr 1928 schreibt.[74]

(3) Diese Phase im Leben Madeleines lässt sich drittens mit dem Wort „Weiterbildung“ beschreiben. Was sie an leiblichem und seelischem Leiden durchgemacht hat, mag zwar ein düsteres Bild abgeben, doch sie war auch von der „Dynamik der Auferstehung“ durchdrungen. Und so hat sie trotz allem genügend Zeit gefunden, sich künstlerisch weiterzubilden. Im Juni 1926 besuchte sie das Atelier von Lucien Simon in der Rue de la Grande Chaumière Nr. 14, im sechsten Arrondissement, um sich im Zeichnen fortzubilden. Das etwas raue Arbeitsklima, das dort herrschte, gefiel ihr allerdings nicht so gut. Von Biloul, einem anderen Lehrer, in dessen Atelier sie sich zuerst eingeschrieben hatte, lernte sie zu schauen, dann nachzusinnen, das heißt

> „ins Innere der Dinge einzudringen ..., in aller Demut und Einfachheit“, und schließlich „zu beten ..., einfach nur ‚am äußersten Punkt der Seele zu sein‘; sich einfühlen, sagt Biloul. Aber das ist es auch noch nicht; leben wäre das bessere Wort dafür; leben, wie die Heiligen Gott durch ihr Leben darstellen. Und wenn ein Künstler an diesen Punkt seiner Kunst gelangt, lebt er ein Bild Gottes“[75].

Madeleine setzt hier den künstlerischen Weg mit dem Weg eines Betenden gleich, der zuerst liest, dann meditiert und schließlich betet und sich in der Kontemplation ganz in Gott hinein verliert. Schon früh hat sie eine direkte Beziehung zwischen der Kunst und dem Glauben gesehen. Doch sie wird noch einen Schritt weiter gehen.

---

74 Vgl. unten S. 74. Vgl. auch Deine Augen in unseren Augen, 69 (Anmerkung A. S.).
75 OC I, 125f: vgl. Deine Augen in unseren Augen, 66.

Ein anderes Gebiet, auf dem sie ihre Studien betrieb, war die Literatur, aber auch die Philosophie und die Mystik. Ob sie jemanden um Rat gefragt hat, Abbé Lorenzo zum Beispiel? Oder war sie reine Autodidaktin? Auf dem Tisch in ihrem Zimmer befanden sich jedenfalls kunterbunt nebeneinander ihre „Idole aus Papier"[76], wie sie sie nannte: Werke von Teresa von Avila, Thomas von Aquin, Bossuet, Mauriac, Barrès, Cocteau, Psichari und ab 1928 auch Claudel, den sie in den Briefen an Louise Salonne immer wieder zitiert. Was für eine Mischung! Sie fügte dann noch eine „Intensivkur in Philosophie"[77] hinzu, ohne die Werke anzugeben, aus denen sie geschöpft hat.

Zunächst ging es ihr womöglich nur darum, ihr Wissen und ihre Allgemeinbildung zu vertiefen, um sich möglichst kompetent der literarischen Laufbahn widmen zu können, die sie anstrebte, nachdem sie den Sully-Prudhomme-Preis erhalten hatte. Doch schon bald kamen andere Motive hinzu: Sie wollte ihren Glauben besser verstehen, ihre Gedanken klarer strukturieren, die Erfahrungen der Mystiker aufnehmen und vor allem den Zusammenhang zwischen Kunst und Mystik tiefer erfassen – ein Thema, an dem sie offenbar leidenschaftlich interessiert war.

Im Vorwort zu „Le Temps de Dieu" schreibt sie: „Mein Prosa-Buch ist ein Essay über die Kunst und die Mystik."[78] Sie hielt einen weiteren Vortrag im Pascal-Kreis, dieses Mal über den Symbolismus in der Dichtung. Zudem nahm sie eine neue Gedichtsammlung in Angriff, die sie 1928 zu Ende gebracht hat. Doch schon 1927 erklärte sie: „Ich bin ganz schön ‚desillusioniert', was den alleinigen Wert des Geistes, der Bildung und des Intellekts angeht."[79] Die Zeit, in der die Vernunft ganz oben auf ihrer Werteskala stand, ging allmählich dem Ende entgegen.

76 OC I, 87; vgl. Deine Augen in unseren Augen, 58.
77 OC I, 80; vgl. Deine Augen in unseren Augen, 54.
78 OC I, 76. Dieses Buch wird von den Verlagen allerdings abgelehnt. Vgl. oben S. 62; 68.
79 Brief vom 11. Juni 1926, in: OC I, 63.

Diese bisher noch nicht veröffentlichte Gedichtsammlung hat paradoxerweise das abgeschlossen, was man „die literarische Lebensphase" Madeleines nennen könnte: jene Phase, in der sie offenbar noch Schriftstellerin werden wollte. In einem langen Gedicht beschreibt sie ihren Verzicht auf das Schreiben und auf eine künstlerische Laufbahn, den Übergang von der Kunst des Schreibens zur Kunst der Liebe. Als geborene Schriftstellerin konnte Madeleine nur schreibend ihren Verzicht aufs Schreiben bekunden.

Zwanzig Gedichte umfasst die Sammlung. Dem ersten dieser Gedichte gab Madeleine die Überschrift „Les Compatissants" [„Die Mitleidenden"][80]. Es sind die Künstler, die sie so nennt. Die Welt leidet, und der Künstler nimmt am Leiden dieser Welt teil: „Ihr Künstler, euch hat Gott dazu erwählt, die Frucht der Tränen einzusammeln". Das Leiden der Künstler quillt aus ihrer Liebe zur Welt: „Mit einer solchen Liebe sollt ihr lieben, was Gott schuf, dass alles Leiden euer Teil sein wird, der Menschen Leid und das der Dinge."

Und nach und nach leuchtet in ihren Worten auf – ohne dass sie es ausdrücklich so sagt –, dass das Leiden der Künstler mit dem Leiden Jesu Christi eins wird: „Aufstrahlen wird auf eurem Gesicht das heilige Antlitz des Schmerzes – leuchtend vor Freude". Immer deutlicher gelangt Madeleine in ihren Gedichten mit den Titeln „Die Heiligen der Kunst", „Die Gerechten", „Die Gelehrten", „Die Brüder und Schwestern der kleinen Dinge des Alltags", „Die Heiligen der Demut und der Armut", „Die Kontemplativen" zur Begegnung mit der Schönheit schlechthin. Und sie geht noch weiter, wenn sie schreibt: „Selig sind, die die Liebe gelobt haben." Das sind diejenigen, die zu Christus gehören, der in einzigartiger Weise das Leiden der Welt teilt, weil er diese Welt liebt. *Er* leidet mit jenem Schmerz,

80 AMD V. Vgl. auch Deine Augen in unseren Augen, 68f.

in dem – so Madeleine – auf geheimnisvolle Weise die Freude aufleuchtet. So hat die wahre, die höchste Kunst ihren Ursprung in der Liebe:

> „Erfülle, o Schönheit, mein ganzes Sein mit deiner Liebe, sei du das Höchste meiner selbst.
> All meine Lebenskräfte mögen, Abend für Abend, zu dir zurückfließen …
> An Tagen, an denen die Welt mir vorkommt wie ein lichtloses Krankenhaus …
> Wenn ich durch die Säle gehe und in den Augen nur Blut, Wein und Gold sehe und vergebens auch nur einen Schimmer deines Lichtes suche, o Schönheit …
> Schenk mir deine Liebe, auf dass ich den Abdruck küsse, den deine Finger unauslöschlich in den Seelen hinterlassen, in meiner Seele und in der Seele all der anderen.“[81]

Madeleine ist überzeugt, dass die Liebe uns in den Seelen den Abdruck Gottes, sein Ebenbild und seinen Widerschein erkennen lässt – und sie vermag die Seelen so zu formen, dass sie jeden Tag ein wenig mehr zu diesem Abdruck, zu diesem Ebenbild und zu diesem Widerschein werden.

Indem Madeleine dieses – ihr vielleicht schönstes – Gedicht schreibt, lässt sie zugleich die Dichtung hinter sich, denn sie hat etwas gefunden, was über die Poesie und die Kunst hinausgeht: die Liebe. Sie weiß: Der wahre Künstler ist von der Liebe durchdrungen und setzt sie im Dienst an seinen Brüdern und Schwestern ein. Eine solche Künstlerin zu werden, das wird im Laufe dieses Jahres 1928, das eine neue Etappe ihrer Entscheidungsfindung markiert, ihr großer Wunsch.

---

81 AMD V.

III

„Nicht mehr ich lebe, sondern Christus lebt in mir“ (1928–1935)

Madeleine ließ also eine literarische Laufbahn hinter sich, die sie 1926 – in ihrer Begeisterung über den Sully-Prudhomme-Preis, den sie gerade erhalten hatte – noch so entschlossen angehen wollte. Wie gezeigt, verschmolz ihre Suche nach der Schönheit mehr und mehr mit der Suche nach der Liebe. Sie wandte sich ganz dem zu, was sie für die höchste aller Künste hielt: in sich selbst und in anderen das Antlitz Jesu Christi Gestalt werden zu lassen.

Seit Ende 1926 engagierte sie sich in der Pfadfinderbewegung der Pfarrei *St. Dominique*, wo sie zusammen mit den anderen Gruppenleiterinnen ihre Arbeit reflektierte. Daraus erwuchs die Entscheidung, sich verstärkt dem Dienst an den Nächsten zu widmen. Ihnen genügte die pädagogische Arbeit in ihrer Pfadfindergruppe nicht mehr. Sie beschlossen, künftig arme und einsame Menschen zu besuchen, um ihnen ein wenig Freude und menschliche Wärme zu schenken.

Daneben bot ihnen Abbé Jacques Lorenzo ab 1930 eine regelmäßige christliche Weiterbildung an, in der er ihnen unter anderem nahebrachte, die Bibel zu lesen. Bei diesen Treffen kam der Gedanke an eine gründliche Lektüre der Apostelgeschichte auf, denn die jungen Frauen waren keine passiven Zuhörerinnen, und es gab lebhafte Debatten.

So verschob sich der Schwerpunkt von Madeleines Interessen allmählich in zwei Richtungen:

(1) Die eine ist *ein intensiveres apostolisches Leben*, in der die Armen ihren Platz bekommen. Am 10. Juni 1928 – dem letzten Datum, das sie in ihren Heften aufgezeichnet hat – hat sie ein Gedicht überarbeitet; es ist ein Gebet, das von der ersten Seligpreisung ausgeht und in dem sie sich von den Armen in Paris anrühren lässt:

„Sie schlafen unter einer Brücke
am Grund der Bögen
glänzt ein Stern
sie kauern auf den Stufen –
als Bettler stehen sie vor uns, o Herr,
und Bettler sind auch wir vor dir."[82]

Die Suche nach Gott ist nicht zu trennen von der Begegnung mit den Armen. „Sie stehen als Bettler vor uns", aber wir stehen selbst als Bettler vor Gott. Ausgespannt zwischen Gott und den Armen bedürfen wir der Liebe Gottes, um den Armen zu dienen, um ihre Würde zu achten. Dieses Gedicht mag theologisch noch nicht so ausgereift sein wie die späteren missionarischen Texte Madeleines, aber schon hier hebt sie ins Wort, worum es ihr ein Leben lang gehen wird: dass die Liebe zu Gott und die Liebe zu den Armen untrennbar zusammengehören. Man muss sich ganz auf Gott verwiesen wissen, um den Armen in Wahrheit dienen zu können. Und wenn „ein Stern" am Grund der Brückenbögen glänzt, wo die Armen Schutz suchen, heißt das

82 AMD V 2, „Carnet noir".

nicht, dass wir dort dem Fleisch gewordenen Wort in der Niedrigkeit seiner Geburt begegnen?

(2) Die zweite Richtung, die Madeleine einschlägt, ist *eine immer tiefere Innerlichkeit.* Am 8. August 1928 schrieb sie ihrer Freundin Louise Salonne. Diese war Malerin und hatte das Bedürfnis nach Stille; offenbar hatte sie eine Weile mit dem Malen aufgehört, um sich erholen zu können, wie aus Madeleines Brief hervorgeht:

> „Ich verstehe Dein Bedürfnis sehr gut, Deinen Pinsel mal eine Weile weglegen zu können. Oft scheint es mir, dass das Schweigen das höchste Lob der Schönheit ist, indem all das verstummt, was nicht sie selbst ist. Besteht der Lobpreis nicht darin, sie dafür zu preisen, dass sie existiert?“[83]

Bis hier belässt Madeleine es noch beim Verweis auf die Schönheit der Schöpfung, denn ihre Freundin hat Glaubenszweifel. Doch ihr apostolischer Eifer führt sie weiter:

> „Ja, Gott hat die Welt wunderbar erschaffen – doch was ist diese Schönheit angesichts der vollkommenen Schönheit, die er selbst ist? Auch ihm gegenüber ist es der vollkommene Lobpreis, ihn für sein Dasein zu preisen, und deshalb heißt das Leben, das von ihm ausgeht – der Sohn, der ihm gleich ist – das WORT.“

Und sie beendet ihren Brief mit den Worten:

> „Es gibt eine geistliche Kunst, die unsere Seele erlangt, wenn sie sich vor dem, was schön ist, verneigt; dieses Schweigen, von dem ich Dir vorhin geschrieben habe: es ist die Kunst par excellence.“

83 Dieses Zitat und die folgenden in: OC I, 153f.

Für Madeleine geht es dabei um das Schweigen, das sich vor der Schönheit Gottes verneigt; ein Schweigen, das sich hörend auf das WORT hin ausrichtet, das aus dem göttlichen Schweigen kommt. Madeleine konnte offenbar das, was ein anderer durchgemacht hat, nicht nur verstehen, sondern innerlich teilen – in einer Tiefe, als ob sie mit ihm bei Gott wäre, ohne dabei die konkrete Situation ihres Gesprächspartners aus den Augen zu verlieren. Es leuchtet hier auch auf, was das innere Schweigen – als Voraussetzung für die Betrachtung der Schönheit Gottes – für sie nun bedeutet.

Um innere Vertiefung ging es ihr auch, als sie am 1. Juni 1929 an P. Denys Forestier[84], den Pfadfinderseelsorger für die Region Westfrankreich, schrieb. Man hatte sie im Februar 1928 gebeten, daran mitzuwirken, dass sich die Pfadfinderbewegung im Süden von Paris ausbreitete. Sie sah, dass sich viele Gruppenleiterinnen ihrer Aufgabe mit echter Großherzigkeit widmeten, dass sie aber den Geist der Pfadfinderbewegung nicht genügend verinnerlicht hatten. Sie konzipierte deshalb eine Fortbildung und schuf entsprechende Strukturen. Dazu nahm sie auch Kontakt mit einigen Pfadfinderseelsorgern auf und lud sie ein, das Ganze auf eine breitere Basis zu stellen. P. Forestier gegenüber zählt sie die verschiedenen Bedürfnisse der Gruppenleiterinnen auf, wie sie sie wahrgenommen hat:

> „Schließlich gibt es unter ihnen viele, die in der [Pfadfinder-]Bewegung für sich einen Sinn, einen Halt suchen; das sind all diejenigen, die mutlos und orientierungslos sind. Ein umfassender Aktionsplan könnte sie zum Handeln motivie-

84 Marcel Denys Forestier (15. Juni 1896 – 5. Juli 1976) trat 1926 bei den Dominikanern in Amiens ein; 1935 wurde er Prior des Konvents *St. Jacques* in Paris. Nach dem Tod von Kanonikus Cornette war er ab 1936 zwanzig Jahre lang Seelsorger der Pfadfinder Frankreichs. Von 1955 bis 1961 war er Prior des Konvents von Le Saulchoir.

> ren, wenn man ihnen aufzeigen würde, dass jede äußere Aktion genau der Intensität entsprechen muss, mit der wir unser inneres Leben pflegen."

Weiter heißt es:

> „Man müsste die Gruppenleiterinnen dazu bringen, dass sie das leben, was sie verstehen, dass sie ihre ‚Gnade', die ihnen als Pfadfinderinnen geschenkt ist, nicht nur kennen, sondern auch leben."[85]

Madeleine lag also daran, dass das, wofür die Leiterinnen sich engagierten, in ihrem Innersten gründete, dass sie das entdecken konnten, was sie die „Gnade" nennt; und sie wollte ihnen helfen, daraus zu leben. Sonst würden die Aktivitäten sie schließlich auslaugen, auch wenn sie noch so großherzig wären.

Entscheidende Weichenstellungen

Im Lauf ihrer Jugendjahre formten sich somit die großen Grundlinien heraus, an denen entlang sich ihr Leben entfaltet hat und von denen sie nie abgewichen ist. Zweifellos verdankte sie diese Entwicklung zu einem großen Teil Abbé Lorenzo. Er kannte sie ja mindestens seit 1926, als sie begann, sich bei den Pfadfindern zu engagieren. Es ist schwierig, ein genaues Datum auszumachen, wann er ihr geistlicher Begleiter wurde. In ihren zahlreichen Briefen an Louise Salonne spricht sie an keiner Stelle von ihrer Beziehung zu ihm; in Dingen, die sie innerlich betrafen, war sie äußerst zurückhaltend. Die frühesten Briefe, die Abbé Lorenzos Familie gefunden hat, stammen erst aus dem Jahr 1930. Sie bezeugen etwas von der spirituellen Entwicklung Ma-

---

85 OC I, 162f.

deleines in der Zeit vor und nach ihrem Aufbruch nach Ivry-sur-Seine.[86] Indes dürfte sie sich wohl doch schon gegen Ende 1927 oder Anfang 1928 in seine Begleitung begeben haben. Denn am 14. Januar 1958 schrieb sie in einem Brief an den späteren Kardinal Veuillot, in dem sie ihm den plötzlichen Tod ihres geistlichen Begleiters mitteilte:

> „Ich hatte ihn zwei oder drei Jahre nach meiner Konversion kennengelernt, und er war seit dreißig Jahren mein Beichtvater.“[87]

Madeleine unterscheidet genau zwischen dem Zeitpunkt, an dem sie ihn kennenlernte, und dem, als er ihr Beichtvater wurde. „Zwei oder drei Jahre nach meiner Konversion“, das entspräche etwa der Zeit, in der sie in die Pfadfinderbewegung eingetreten ist, also 1926; die „dreißig Jahre“ führen an die Jahreswende 1927/28, denn Pfarrer Lorenzo ist am 6. Januar 1958 gestorben. Doch von Madeleines Beziehung zu ihm in den allerersten Jahren weiß man nichts.

Abbé Lorenzo war zweifellos der richtige Begleiter für Madeleine, die in der Umbruchszeit der Jahre 1928/29 nach größerer Tiefe und Verinnerlichung suchte. Er war selbst ein sehr innerlicher Mensch. In einem Nachruf über ihn, der im „Brief an die Gemeinschaften der *Mission de France*“ veröffentlicht wurde, schreibt Madeleine, dass er „keine großen Worte aufkommen ließ“.[88] Das heißt, dass das, was er sagte, ins Schweigen führte.

---

86 Die Familie Abbé Lorenzos hat das Anwesen in Loisail/Perche geräumt, wo Madeleine oft mit ihrer Pfadfindergruppe zelten war. Dabei wurde in einem Koffer ein Paket mit Briefen gefunden, die Madeleine zwischen März 1930 und Januar 1935 an Abbé Lorenzo geschickt hatte. Auf diese Briefe, die dem Archiv (AMD III) übergeben wurden, wurde ausführlich in dem Buch „Madeleine Delbrêl, Genèse d'une spiritualité“, S. 38–50 und S. 141–180, eingegangen.

87 Unveröffentlichte Korrespondenz Veuillot-Delbrêl, AMD III.

88 Lettre aux Communautés, August-September 1959, 21–27; dieser Artikel ist auch in OC X, 146–160 abgedruckt.

Er hatte eine außergewöhnliche Gabe, das Evangelium zu verkünden. Wenn er predigte, wurde das Wort Gottes für seine Zuhörer zu einem Ereignis:

> „Die Art und Weise, wie Abbé Lorenzo dieses Wort Gottes vermittelte, sein unendlicher Respekt vor ihm, die Liebe, die er in jedes einzelne Wort legte, führte dazu, dass man sich geradezu brutal eines Ereignisses bewusst wurde, von dem man nichts verpassen durfte."[89]

Wenn er das Wort Gottes verkündete, spürte man, dass er daraus lebte; und schon allein dadurch entfaltete es in denen, die es aufnahmen, seine Wirkung. Er hat nie versucht, etwas auszuschmücken oder näher zu beschreiben. Er teilte einfach das Wort Gottes aus und ließ es in jedem seinen Weg nehmen, ohne sich groß darum zu kümmern, was weiter daraus werden würde. Doch seine Worte hatten Sprengkraft: Madeleine hat davon gesprochen, dass er das „Evangelium in ihr explodieren"[90] ließ. Jeder und jede konnte dann den eigenen Weg gehen, die je eigene Berufung entdecken:

> „Das Evangelium, das Abbé Lorenzo verkündete, enthielt keinerlei Kommentare; er hat wohl auch keine weiteren Schlussfolgerungen daraus gezogen. Das, was die Einzelnen dann persönlich daraus gemacht haben, die tiefen Entscheidungen, die sie daraufhin getroffen haben, waren je eigene Reaktionen auf den alles fordernden Kontakt mit dem Wort Jesu Christi."[91]

Deshalb hat er wohl so gut wie nichts Schriftliches hinterlassen. Er hat sich auch kaum Notizen gemacht. Wozu auch: Das Wort

89 Ebd., 152f.
90 Madeleine Delbrêl, La sainteté des gens ordinaires, Paris 2009, 193. Im Folgenden: OC VII; vgl. auch NK, 100 (Anmerkung A. S.).
91 Ebd.

Gottes kann nicht festgeschrieben werden, es ist für die aktuelle Situation derer da, die es hören. Dabei hatte er durchaus die Gabe, etwas zu Papier zu bringen, wie man an einigen Gelegenheitsvorträgen sieht. Doch die Predigt war etwas anderes. Keiner konnte daraus besser als er ein Ereignis werden lassen, das die Menschen im Innersten berührte: Das Wort Gottes „richtete sich an sie persönlich, in ihrer ganz persönlichen Situation“, wie Madeleine weiter schreibt. Vermutlich war es in der Begegnung mit ihm während der geistlichen Begleitung ähnlich: Er wird das Evangelium so zu Gehör gebracht haben, dass Christus darin zu Wort kommen konnte.

Das war wohl auch der Grund dafür, dass Abbé Lorenzo manchmal selbst überrascht, ja fassungslos war, wenn er erlebte, was das Wort Gottes, das er so machtvoll verkündete, bei anderen auslöste. Was seine Zuhörer in ihr Leben übersetzten, wenn sie sich mehr vom Wort Gottes als von ihm leiten ließen, konnte sich durchaus von seinen eigenen Erwartungen unterscheiden. Diese unvorgesehene Diskrepanz führte später einmal zu einem schmerzlichen Missverständnis mit Madeleine.[92]

Im Augenblick aber waren die beiden auf einer Wellenlänge: die junge Frau, die nach der Liebe Gottes dürstete, und der Priester, der sich hinter dem Wort Gottes völlig zurücknahm. Madeleine brauchte diese Beziehung umso mehr, als ihre Gesundheit sehr angegriffen blieb und das Befinden ihrer Eltern sie dazu zwang, ab August 1929 monatelang auf jegliche Aktivität zu verzichten.[93]

Die Briefe, die die Familie Abbé Lorenzos gefunden hat, ermöglichen es, ihren spirituellen Weg während dieser Jahre ziemlich genau zu verfolgen. Man kann die Bedeutung dieser Briefe gar nicht hoch genug einschätzen. Es sind die einzigen ihrer Art, die bekannt sind. Ein paar Briefe aus dem Jahr 1958

92 Vgl. unten S. 265 (Anmerkung A. S.).
93 Vgl. ihre Korrespondenz mit Louise Salonne, OC I, 166.

an den späteren Kardinal Veuillot, in denen sie ihm von ihrer persönlichen Entwicklung erzählt, kommen dem noch in etwa nahe; aber sie sind nicht so persönlich und nicht so konkret.

Die ersten dieser Briefe stammen wie gesagt aus dem Jahr 1930; in ihnen kommt eine intensive Suche nach der Einheit mit Gott zum Ausdruck. Sie sind aus der Zeit, als um Abbé Lorenzo jene kleine Gruppe junger Frauen entstand, die zum Schmelztiegel für Madeleines Aufbruch mit zwei Gefährtinnen im Oktober 1933 nach Ivry-sur-Seine wurde.

Die Frage ist, warum Madeleine ihrem geistlichen Begleiter solche Briefe geschrieben hat, wenn sie sich doch problemlos mit ihm treffen konnte. Es war für sie wohl eine Möglichkeit, solche Treffen vorzubereiten, und entsprang zugleich dem inneren Bedürfnis, die gemachten Erfahrungen schriftlich festzuhalten. Am 11. Oktober schrieb sie:

> „Ich habe das tiefe Bedürfnis aufzuschreiben, was Jesus mir in diesen Tagen gesagt hat, um dem noch besser entsprechen zu können."

Madeleine konnte also nicht aufhören zu schreiben; sie hatte zwar die literarische Arbeit hinter sich gelassen, aber nun fühlte sie sich in einer anderen Weise zum Schreiben herausgefordert, die viel persönlicher ist, wenngleich nicht weniger drängend. Es ging ihr um das, was Jesus ihr sagte. Ihre Antwort bestand darin, ihm zu folgen, sein Wort sollte sich in ihr Leben einprägen. Aber sie schrieb auch für ihren geistlichen Begleiter, damit er ihre Erfahrung bestätigte, denn sie war sich ihrer selbst nicht sicher; zu sehr war sie sich der psychischen Labilität ihrer väterlichen Verwandtschaft bewusst, als dass in ihr keine Selbstzweifel aufgekommen wären.

Aus dem Jahr 1930 gibt es drei Serien von Briefen, die über die Monate März, Juni und Oktober verteilt sind; im März und im

Juni sind es je vier, im Oktober drei Briefe. Es geht darin vor allem um das Thema Kreuz. So schrieb sie am 10. März:

> „Mon Père, ich bitte Sie darum, dass Sie Jesus fragen, ob es sein Wille ist, dass ich mich ausruhe. Diese Müdigkeit ist ein so sanftes Kreuz, und wie gut ist es, dass ich es zu tragen habe: Niemand sieht es. Wer könnte auch erraten, dass allein schon aufrecht auf einem Stuhl zu sitzen mich in den letzten Tagen mehr gekostet hat als so manche großen Opfer meines Lebens. Und ich hätte Ihnen, mon Père, auch sagen müssen, dass Jesus mir die Gemeinschaft mit seinem Kreuz ans Herz gelegt hat und dass ich sein Kreuz ebenso wenig wie seine Keuschheit und seine Freude aufgeben darf. Und dass ich mich dann ja von ihm trennen würde, wenn ich das Kreuz aufgebe. Père, wenn Sie glauben, dass ich dieses bescheidene Kreuz auf mich nehmen soll, dann sagen Sie es mir bitte, damit Jesus nicht warten muss. Ich wäre froh, wenn Sie mir heute Abend sagen würden, wann ich etwas wiedergutmachen kann.“[94]

Es ist nicht klar, um welche „Wiedergutmachung“ es sich hier handelt. Doch das Wesentliche ist die Frage nach dem Kreuz, ein Thema, das Madeleine schon lange vertraut ist und in ihren Briefen an Louise Salonne immer wieder auftaucht. Sie deutet diese Präsenz des Kreuzes an, wenn sie von den „großen Opfern meines Lebens“ spricht; das ist nichts Neues. Neu ist es, dass ihr aktuelles Kreuz so verborgen ist: Nur sie allein weiß um diese zermürbende Müdigkeit. „Niemand sieht“, welche Schmerzen es ihr bereitet, aufrecht auf einem Stuhl zu sitzen. Muss sie das aushalten oder darf sie sich ausruhen? Eines ist für sie klar: Jesus hat sie verstehen lassen, dass sie ihr Kreuz – das heißt das Kreuz Christi, an dem sie teilhat – genauso wenig aufgeben darf wie

94 Unveröffentlichter Brief vom 10. März 1930 an Abbé Lorenzo, AMD III. Auch die folgenden Zitate stammen aus diesem Brief.

ihre Keuschheit und ihre Freude. Doch muss sie gerade dieses Kreuz tragen? Es erscheint ihr als zu ihr passend, weil es so verborgen ist: Der Stolz kann sich da nicht einmischen. Das erklärt, warum sie die Müdigkeit „ein so sanftes Kreuz“ nennt: Weil es so verborgen ist, bildet es kein Hindernis für ihre Gemeinschaft mit Christus.

Von außen betrachtet kann die etwas kindliche Sprache befremden, und ihre Leidenssehnsucht erscheint durchaus als ambivalent. Doch man kann darin auch die Anzeichen einer immer innigeren Liebe erkennen, wie auch die Bereitschaft, sich den Weisungen ihres Beichtvaters zu fügen.

Dem folgenden Brief – vom 12. März – lässt sich entnehmen, dass Abbé Lorenzo als vernünftiger Begleiter nicht nachgegeben hat; er hat ihr vielmehr nahegelegt, sich auszuruhen. Daran soll es für Madeleine nun nicht liegen!

> „Ich werde Ihnen ewig dafür dankbar sein, dass Sie mir […][95] gestern mein Kreuz weggenommen haben – ich habe in dem Moment, als ich es nicht mehr hatte, erkannt, was Jesus mir darin geschenkt hat.“

Indem sie eingewilligt hat, konnte sie ihr Kreuz besser verstehen und wertschätzen, als wenn sie eigenmächtig daran festgehalten hätte. Jesus geizt nicht mit seinen Gaben.

Noch etwas anderes leuchtet in diesen Briefen von 1930 auf: die Torheit der Liebe. Eine Torheit, die durch die Angst hindurch muss; Madeleine vertraut auf Gott, aber dennoch steht sie „große Angst“ aus. Es ist die Angst vor dem Unbekannten, das sich vor ihr auftut, die Angst vor dem, was Jesus ihr an Schwerem zumutet, die Angst vor der „größeren Einsamkeit“, die ihr innewohnt und die sie zu einer „vollkommeneren Begegnung

95 Hier sind im Original des Briefes einige Worte unleserlich.

mit Gott allein" führt. Später wird sie sagen, dass die Erfahrung der Einsamkeit zur inneren Erkenntnis führt, dass „Gott der Einzige" ist, dem man sich völlig ausliefern kann – niemandem sonst. Aber dieses ungetrübte „Gott allein" führt unweigerlich zu jenem „Alles für die anderen", wie sie es zu nennen pflegte, denn es gibt Gott nicht ohne die Menschen. Ihre Angst kapituliert schließlich vor dieser unendlichen, überfließenden Liebe; ja sie kann beinahe verrückt vor Liebe werden, wenn sie meint, Jesus könnte sich von ihr nicht lieben lassen wollen.

Madeleines Erfahrung ist intensiv und vielschichtig zugleich. Man kommt nicht umhin, in ihrer Sprache eine gewisse seelische Regression zu erkennen: Sie nennt Jesus nicht „gütig", sondern „reizend"; in seiner Liebe zu ihr schenkt er ihr „eine Unmenge kleiner Dinge". Es hat fast den Anschein, als ob sie wie ein Kind mit dem Jesuskind spielen würde. Diese Form der Beziehung zu Jesus hängt zweifellos mit ihrer Beziehung zu Abbé Lorenzo zusammen, in dem sie eine Art zweiten Vater sieht, dem sie in Freiheit alles sagen kann; ihre Briefe an ihn unterschreibt sie deshalb auch mit „Ihr Kind". Der Rückgriff auf eine kindliche Sprache könnte aber auch bedeuten, dass sie zu einer neuen Freiheit gelangt ist, einer Freiheit, in der „die Torheit der Liebe" Raum bekommt.

Eine Stelle des Briefes vom 12. März spricht für diese Vermutung; sie schreibt, dass Jesus „vernünftig" sein müsse, das heißt, dass er sich von ihr lieben lassen soll; wenn nicht, könnte sie „ganz und gar unvernünftig" werden, das heißt „eine Närrin der Liebe und des Kreuzes". Offensichtlich spielt sie hier auf die „Torheit des Kreuzes" bei Paulus an.[96] Aber das Kreuz, das den Juden ein Ärgernis und den Heiden eine Torheit ist – in den Augen der Welt ein durchaus vernünftiges Urteil – ist die unvernünftige Weise, wie sich Gott den Menschen gegenüber

96 Vgl. 1 Kor 1, 18: „Denn das Wort vom Kreuz ist denen, die verloren gehen, Torheit; uns aber, die gerettet werden, ist es Gottes Kraft" (Anmerkung A. S.).

verhält und wie er seine Gerechtigkeit walten lässt. Wenn Madeleine zur „Torheit der Liebe und des Kreuzes" gelangt, ist das eine Annäherung an die Weise, wie Gott liebt? Womöglich ist hierin auch der Grund ihrer kindhaften Vertrautheit mit Jesus zu sehen:

> „Jesus will dieses, Jesus will jenes überhaupt nicht ... Ich sage zu Jesus ... Ich war bei Jesus, der mir gesagt hat ..."

Jesus scheint sie in großer Einfachheit direkt anzusprechen – und sie antwortet ihm genauso. Das, was Jesus will, teilt sie ihrem geistlichen Vater mit; dabei versucht sie allerdings, seine Entscheidung auf subtile Weise zu beeinflussen – wenn nicht gar, ihn zu überreden –; denn das Wort Jesu hat für sie eine Autorität, an der er nicht vorbeikommt:

> „Warum hat Gott so seltsame Ideen? Er könnte Ihnen doch genauso gut selbst sagen, was er will."

In einem dieser Briefe gibt es eine erstaunliche Stelle, wo Madeleine Abbé Lorenzo im Auftrag Jesu etwas sagt, das ihn ganz persönlich betrifft; im Brief vom 20. Juni heißt es:

> „Heute hat er zu mir über Sie gesprochen. Mon Père, ich gäbe alles dafür – wenn ich etwas zu geben hätte –, damit Sie das erfahren könnten, was ich über die Sünde erfahren habe: wahrscheinlich könnten Sie dann nie wieder eine begehen. Ich würde Sie am liebsten inständig darum bitten, um der Liebe Jesu willen ganz und gar heilig zu sein, aber ich glaube, das ist gar nicht nötig, wenn Jesus selbst uns das so laut zuruft."

Wenn man weiter in den Briefen liest, wird deutlich, worauf Madeleine Abbé Lorenzo hier anspricht: dass er anderen nämlich vielleicht zu wenig vor Augen hält, wie ernst ihre Sünden zu nehmen sind. Er wird ihrer Meinung nach damit seinem priesterlichen Auftrag nicht gerecht. Was für eine Kühnheit vonseiten dieser jungen Frau! Doch sie tut nichts anderes als das, was sie auch später – während der langen Krise der Arbeiterpriester – tun wird: Sie gibt „Aufträge weiter“.[97] Das ist für sie die Rolle der Frauen in den Evangelien. Hier, in diesem Fall, sieht sie sich direkt von Christus dazu beauftragt, ihrem geistlichen Begleiter etwas zu sagen, was für ihn nicht besonders angenehm ist.

Zusammen mit der unendlichen Liebe Gottes hat Madeleine also auch die Dimension der Sünde entdeckt, und vor allem ihre eigene Sündhaftigkeit ist ihr bewusst geworden:

> „Ich war mit Jesus zusammen, der mir unendlich schmerzhaft vor Augen geführt hat, was ich alles außerhalb seiner geliebt und wie oft ich ihn – in Gestalt der Hostie – gekränkt habe. Und dann hat er mir auf einmal die größte Sünde gezeigt, an der ich schon am längsten gehangen habe: meine Selbstliebe.“

Die Liebe zu Gott ist exklusiv. Wenn man etwas oder jemanden außerhalb von Gott (und nicht in ihm) liebt, bedeutet das, dass man Gott nicht wirklich liebt. Und die größte Sünde ist die Selbstliebe. Dessen ist sich Madeleine bewusst, und es tut ihr unsagbar weh. Sie weint darüber wie die Sünderin im Evangelium. Auch die Eucharistie kommt ins Spiel, wenn sie davon spricht, dass sie Jesus „in Gestalt der Hostie“ gekränkt habe; denn er zeigt ihr seine Liebe am deutlichsten in seiner eucharistischen Gestalt. Die Erkenntnis ihrer Lieblosigkeit ist für Madeleine äußerst schmerzhaft; sie kann sie nur unter dem Blick der Liebe aushalten, sonst würde es sie geradezu vernichten:

> „Meine ganze Treulosigkeit stand mir vor Augen: all das Vergnügen, das mir wichtiger war als die Freude an Jesus; all

97 Das schreibt sie am 8. Dezember 1953, in: OC X, 108. Vgl. auch Deine Augen in unseren Augen, 220.

> die hohle Eitelkeit, die mir mehr wert war als die Herrlichkeit Jesu; mein Äußeres, das mir mehr bedeutet hat als die Beziehung zu Jesus; dieser ganze Egoismus, dieser Stolz, diese Rückfälle. Ich habe dennoch geglaubt, dass Jesus mir damit nahebringen wollte, was ich war: ein Nichts bis zum heutigen Tag.“

Madeleine ist „diese Liebe mit ihren tausend Spielarten“ bewusst geworden, die – wie sie schreibt, „mich dazu gebracht hat, mehr als zwanzig Jahre lang Tag für Tag – und wie viele Male am Tag – mich selbst Jesus vorzuziehen“. Ihr war, als würde sie mitten in einer Welt voller Sünde umherirren, so wie Maria von Magdala am Ostermorgen verloren im Garten stand und nicht wusste, an wen sie sich hätte wenden können:

> „Mon Père, wenn man sein Leben dafür hingäbe, dass man eine einzige Sünde nicht begehen würde: das wäre dann doch nicht zu teuer erkauft, oder? Mon Père, ich bin so voller Schmerz, und ich sehe noch kein Ende davon.“

Die Erfahrung der Liebe führte sie unwillkürlich zur Erkenntnis der eigenen Lieblosigkeit. Von einer unendlichen Liebe umfangen, konnte Madeleine den Abgrund ermessen, dem sie entronnen war und an den sie mit unbeschreiblichem Schmerz zurückdachte. Als ihr dann das Erbarmen Gottes bewusst wurde, wusste sie, dass es nicht nur ihr gilt:

> „Aber ich bin darin ja nicht allein“, schreibt sie. „Jesus hat mir diese furchtbare Missachtung seiner Liebe vor Augen geführt, die immer wieder neu in den menschlichen Seelen aufkommt. Es verlangte mich danach – wie man nach einem Glas Wasser verlangt, wenn man großen Durst hat – eine einzige Seele zu finden, über die er sich freuen würde.“

Doch sie findet keine solche Seele. Hier wurzelt ihr Verlangen nach dem Kreuz – dem Kreuz, das die Sünder überwältigen kann.

> „Wenn Sie wüssten, mon Père, wie sehr ich mich nach dem Kreuz sehne, wenn Jesus damit einverstanden ist. Es bräuchte so viel dafür ... Ich glaube, heute Abend werde ich todtraurig sein. Es ein einziges Mal verhindern können, dass Jesus verraten wird: das wäre es wert, hundert Jahre zu leben.“

Gott umfängt sie aber wieder machtvoll mit seiner Liebe:

> „Ich habe ganz vergessen, Ihnen zu sagen, dass Jesus mich gestern mit seiner Zärtlichkeit geradezu überflutet[98] hat. Immer neu sagte er: ‚Ich bin Jesus‘, und er hat das dann weiter erläutert: ‚Ich bin arm, ich liebe die Menschen, ich bin demütig, ich bin sanft‘– und nicht: ‚Ich war ...‘ Und dann rief er mich beim Namen, und mein Name war wie das Echo seines Namens.“

Sie besteht darauf, dass Jesus *heute* gegenwärtig ist; dabei bezieht sie sich wahrscheinlich auf die „Ich-bin-Worte“ im Johannesevangelium und auf die Begegnung Gottes mit Mose am brennenden Dornbusch, wo Gott ihm seinen Namen offenbart: „Ich bin, der ich bin“. Jesus ruft sie mit Namen und beweist ihr so seine Freundschaft. Und ihr Name klingt im Namen Jesu nach, wie ein Echo: Madeleine-Jesus. Es ist, als sei sie mit ihm vermählt worden:

> „Er hat mich gefragt, ob ich seine Frau werden will. Er hat mir dazu erklärt, dass es dann nicht reicht, ohne Sünde zu sein oder nach den Tugenden der Heiligkeit zu streben, auch wenn das alles an sich schon lobenswert ist. Doch die Ehe

98 Madeleine hat dieses Wort, das hier gesperrt gedruckt ist, unterstrichen; dieser Abschnitt stammt aus dem Brief vom 20. Juni 1930, in: AMD III.

> setzt voraus, ihn als Schwester und sogar als Braut zu lieben, je nachdem, wie nah man seinem Herzen ist. Aber letztendlich kann man mit Jesus nur im Kreuz vermählt werden. Im Kreuz geben wir zusammen mit ihm das Leben weiter. Am Kreuz erst schenkt man ihm die wahre Freundesliebe."[99]

In diesem Brief vom 11. Oktober 1930 kommt sie also wieder auf das Kreuz zurück. Aber sie fasst es nun viel weiter. In den Briefen vom März ging es ihr um die Teilhabe am Geheimnis des Kreuzes Christi; nun versteht sie das Kreuz als notwendige Bedingung dafür, mit Christus verbunden zu sein, wie eine Braut mit dem Bräutigam verbunden ist, um so auch Anteil an seiner Leben spendenden Kraft zu bekommen.

Sich den anderen zuzuwenden, heißt nun für Madeleine, sie „mit mütterlicher Liebe" zu lieben, heißt, ihnen das Leben zu schenken.[100] Deshalb ist ihr apostolisches Leben nicht einfach die Frucht von Großherzigkeit, so lobenswert das auch schon wäre; und ihr Gebet ist nicht nur die Freude darüber, mit dem Geliebten zusammen zu sein, sondern durch das Kreuz hindurch die inständige Bitte für das Heil der Menschen:

> „Das Gebet ist nicht nur meine Freude; diese Freude musste angesichts dessen, was andere von mir erbeten haben, in den Hintergrund treten. Das Gebet ist eine der starken Waffen Jesu für das Heil der Menschen; man muss sich seiner immerfort und unermüdlich bedienen."

Diese Zeilen hat Madeleine hastig hingeworfen; es gelingt ihr nicht wirklich, die Erfahrung ins Wort zu heben, die dahinter

---

99 Unveröffentlichter Brief vom 11. Oktober 1930, in: AMD III.

100 Später wird sie aber auch davon sprechen, dass es einer Beziehung auf Augenhöhe bedarf. Denn „praktizieren wir eine Liebe, die sich das Recht herausnimmt zu bemuttern, zu erziehen, zu bessern, so schlittern wir vom festen Boden der Wirklichkeit ab: Wir sind nicht mehr Brüder und Schwestern" (OC VIII 150; NK 253; Vgl. auch Prophetin einer Kirche im Aufbruch, 105f). (Anmerkung A. S.)

steht – eine Erfahrung, die ohnehin nur schwer zu vermitteln ist. Dennoch ahnt man beim Lesen, wie entscheidend dieses Jahr 1930 für ihre spirituelle Entwicklung wurde. Man ahnt auch, warum die Entdeckung dieser Briefe – dieser zufällige Fund – ein unermesslicher Schatz ist. Ohne diese Briefe bliebe ein wesentliches Element ihres geistlichen Weges verborgen. Im Lauf dieser wenigen Monate sind ihr die eigentlichen Erkenntnisse zugewachsen, die ihr nie wieder abhandengekommen sind. Sie war erst 26 Jahre alt – und doch war sie auf dem geistlichen Weg schon weit gekommen.

Ihre so aussagekräftigen Texte zum Thema Mission, auch die eine oder andere Einschätzung einer Gruppe oder einer Situation, die sie später vornehmen wird, sind ohne den Bezug zu der tiefen Erfahrung nicht wirklich zu verstehen, die sie in der Gemeinschaft mit dem gekreuzigten Christus gemacht hat. Da ist der Quellgrund, aus dem ihre Leben spendende Kraft fließt. Kardinal Veuillot[101] hat das später einmal so formuliert: „Das Geheimnis von Madeleines Leben ist die Vereinigung mit Jesus Christus, aus der all ihre Kühnheit und Freiheit entspringt. Deshalb ist ihre Liebe allen Menschen gegenüber auch so konkret und so wirkmächtig geworden.“[102] Dieser Würdigung ist nur ein Wort hinzuzufügen: das Wort „gekreuzigt“, denn es ging ihr um die Einheit mit dem *gekreuzigten* Jesus Christus.

Die Anfänge der Gruppe „La Charité“

Im August 1930 brach Madeleine mit anderen Gruppenleiterinnen in den Südwesten Frankreichs zu einem Wandertheater auf. Im September verbrachte sie ein paar Tage in ihrem Ge-

101 Pierre Marie Joseph Veuillot (1913–1968) stand ab 1949 im Dienst des vatikanischen Staatssekretariats; 1959 wurde er Bischof von Angers und 1966 Erzbischof von Paris; 1967 wurde er von Pius XII. zum Kardinal erhoben (Anmerkung A. S.).
102 La joie de croire, 5.

burtsort Mussidan, der zwischen Bordeaux und Périgueux liegt. Und am Sonntag, den 12. Oktober 1930, fand das erste Treffen der „Patrouille St. Dominique"[103] statt; am Vorabend hatte sie den oben erwähnten Brief an ihren Beichtvater geschrieben.

Diese Gruppe bestand aus mehreren Gruppenleiterinnen, die „nach einem intensiveren christlichen Leben suchen"; dazu wollten sie sich durch ihren Seelsorger „geistlich anregen" lassen und sich dem „Liebesdienst an ihren Nächsten" widmen. Alle zwei Wochen fand eine Versammlung statt, in der Abbé Lorenzo ihnen die Apostelgeschichte auslegte. Von Dezember 1930 bis Mai 1932 gelangten die jungen Frauen so durch alle 28 Kapitel bis ans Ende dieses Buches, ohne dass irgendetwas ausgelassen worden wäre.

Daneben besuchten sie die Armen ihres Viertels; einer jeden wurden einige zugeteilt, es gab klare Aufgaben, und jede musste bei den vierzehntägigen Treffen von ihrem Dienst berichten. Das wurde auch sorgfältig aufgeschrieben, die Hefte mit diesen Berichten sind bis heute erhalten.

Eine Frau, die damals zu einer der Versammlungen eingeladen war[104], hat sich 70 Jahre später an ihre Eindrücke erinnert: Madeleine lag auf einem Sofa, weil sie gerade gegen Diphtherie geimpft worden und davon noch erschöpft war; dennoch war sie es, die durch die Versammlung führte, und alle orientierten sich an ihr. Sie hatte eindeutig die Leitung inne; Abbé Lorenzo, der neben ihr saß, hielt sich sehr zurück. Der Einfluss, den sie ausübte, stand in eigenartigem Kontrast zu ihrer schlechten körperlichen Verfassung.

Die Gruppe war aus dem Empfinden eines Mangels entstanden: Madeleine hatte gespürt, dass der Pfadfinderbewegung etwas fehlte, wie sie in dem schon erwähnten Brief an P. Forestier

---

103 Das war der erste Name, den sich die Gruppe um Madeleine Delbrêl gab; er wurde nach Pfingsten 1931 in „La Charité" umgeändert, s. unten S. 97 (Anmerkung A. S.).

104 Es handelt sich um Louise Brunot, die später ein Mitglied der Equipen wurde.

geschrieben hatte.[105] Abbé Lorenzo pflichtete dieser Analyse bei. In einem Referat, das er am 10. Mai 1933 vor der „Patrouille St. Dominique“ hielt, erinnerte er an den Ursprung und die Entwicklung der Gruppe und sagte, dass „die Pfadfinderbewegung als eine interessante, aber unvollständige Idee“ erschien; sie ermöglichte keine „tiefer gehende und langfristige Arbeit“.[106]

An Pfingsten 1931 befand sich die Gruppe in einem Zeltlager in Loisail/Perche, auf dem Grundstück der Familie Abbé Lorenzos. In diesen Tagen ist in der „Patrouille St. Dominique“ etwas Entscheidendes geschehen. Am Schluss des ersten Tagebuchheftes heißt es: „Mehrere Mitglieder unserer Gruppe wurden vom Heiligen Geist inspiriert und suchten jede für sich das Gespräch mit Abbé Lorenzo in ein und derselben Frage: dem Wunsch, gemeinsam ein noch entschiedeneres Leben nach dem Evangelium zu leben.“[107]

Offenbar hatten sich die jungen Frauen vorher nicht abgesprochen. Das Tagebuch stellt es jedenfalls als das Wirken des Heiligen Geistes in jeder Einzelnen von ihnen dar, dass sie mit Abbé Lorenzo über ihren Wunsch sprachen. Madeleine selbst hatte bereits ihre Entscheidung getroffen. Später, in einem Brief vom 12. Januar 1932, schrieb sie an Abbé Plaquevent[108]:

> „Jede von uns hat nach einigen Kämpfen mit Abbé Lorenzo gesprochen. Für mich war die Sache schon seit Langem klar,

105 Vgl. oben S. 80f.

106 AMD III, „Cahier III de la patrouille Saint- Dominique, 1932–1933“.

107 AMD III, „Cahier I de la patrouille Saint-Dominique 1930“. Das Heft beginnt im Dezember 1930. Deshalb muss es sich um Pfingsten 1931 handeln.

108 Abbé Plaquevent war von Kardinal Verdier, Erzbischof von Paris, beauftragt worden, junge Pariser Akademiker zu begleiten. Er wohnte im Haus des Guten Hirten in Pau, am Fuß der Pyrenäen. Seine Begleitung erfolgte hauptsächlich in Form von Briefen, weil er aus gesundheitlichen Gründen in einem Gebirgsklima leben musste. Madeleine hatte mit ihm wegen eines jungen Mannes Kontakt aufgenommen, der sich in ein Mädchen der „Patrouille St. Dominique“ verliebt hatte. Dabei erzählte sie ihm von ihrem Vorhaben. Vgl. OC I, 178.

aber ich dachte daran, in dieser Weise alleine zu leben, sobald es mir möglich wäre."[109]

Als die Ferien vorüber waren, kam es zu einer ersten Auswirkung dieses Ereignisses: Die Gruppe änderte ihren Namen; fortan nannte sie sich „La Charité". Sie sah sich nicht mehr in direkter Verbindung zur Pfadfinderbewegung, sondern stellte sich unter das Patronat des heiligen Vinzenz von Paul. Abbé Lorenzo war ja Vikar in Clichy gewesen (wo Vinzenz von Paul als Pfarrer gewirkt hatte) und hatte wie erwähnt zu den „Fils de la Charité" gehört, einer Kongregation im Geist Vinzenz von Pauls, deren Gründer P. Anizan einmal Generaloberer vom Orden des heiligen Vinzenz von Paul gewesen war.[110]

Der Aktionsradius der Gruppe im Dienst an den Armen reichte über ihr Viertel hinaus. Sie machten immer wieder Abstecher in die Bezirke von Ivry und Villejuif, im Süden von Paris, in Gebiete also, die man „die Zone"[111] nannte, wo die Ärmsten der Armen dicht zusammengedrängt hausten.

Im Jahr 1931 begann Madeleine ihre Ausbildung zur Krankenschwester und danach zur Sozialarbeiterin. Damals mussten alle Sozialarbeiterinnen ein Diplom als Krankenschwester vorweisen; deshalb war das ihr erster Ausbildungsabschnitt. Diese Entscheidung Madeleines hat einiges Gewicht; sie verdient es, näher betrachtet zu werden.

Bislang war sie finanziell noch von ihrer Familie abhängig. Diese verfügte über die Mittel, für Madeleines Lebensunterhalt zu sorgen; sie hatte daher keinen Beruf erlernt und konnte sich

---

109 Ebd., 179.

110 Vgl. oben S. 60f.

111 Damit sind die sozialen Brennpunkte der Vororte gemeint, in denen es miserable Wohnungen gab, die auf den Erdaufschüttungen der letzten Befestigungsanlagen von Paris vor ihrer Zerstörung im Jahr 1919 gebaut worden waren; nach der Zerstörung dieser Anlagen wurden sie an deren Stellen gebaut.

ehrenamtlich betätigen. Da sie ihre literarische Arbeit hinter sich gelassen hatte, konnte sie nicht mehr darauf hoffen, dadurch eine gewisse Unabhängigkeit zu erlangen. Und die Ehe kam für sie, wie gesehen, seit Längerem nicht mehr in Frage. Klar war, dass sie sich dem Dienst an den Armen widmen wollte, doch in welcher Form? Sie wusste es noch nicht. Sie spürte nur, dass das Ehrenamt nicht mehr genügte und dass sie sich Kompetenzen für einen Einsatz unter den Menschen erwerben musste. Ein Jahr später, am 23. November 1932, klingen diese ihre Überlegungen in einem Brief an Abbé Lorenzo an:

> „Zunächst müssen wir uns völlig zurücknehmen und zulassen, dass Christus durch seinen Geist in uns Gestalt annehmen kann – die Gestalt unserer Tage. Der heute lebende Jesus. Der heute lebende Jesus, dessen Aufmerksamkeit nicht so sehr dem Aussatz oder der Besessenheit gilt, sondern den h e u t i g e n Übeln. Wir verbringen unsere Zeit dann nicht damit, die Lebensbedingungen des ersten Jahrhunderts zu rekonstruieren, sondern tauchen ohne Umschweife in den heutigen Lebensrhythmus ein, so wie Jesus damals in den Lebensrhythmus des Judentums eingetaucht ist. Wenn er heute den barmherzigen Samariter ins Spiel brächte, würde er nicht von einer Wundversorgung durch Wein und Öl sprechen, und der Verwundete würde nicht in eine Herberge gebracht werden, sondern ins Krankenhaus.“[112]

Madeleines Entscheidung war nicht nur pragmatischer Art; sie war die Frucht ihres Bemühens um eine geistliche Unterscheidung: Sie wollte auf alles verzichten, was von ihr selbst stammen könnte, um dem Heiligen Geist die Möglichkeit zu geben, sie mehr und mehr zu einem „heute lebenden Jesus“ zu formen. Darauf war Madeleine geradezu fixiert. Die Formulierung „der

112 OC I, 190. Vgl. auch Deine Augen in unseren Augen, 84.

heute lebende Jesus“ hat mit ihrer Sehnsucht zu tun, alles abzustreifen, was einem authentischen Glauben im Wege stand und einer eigentlich überwundenen Vergangenheit angehörte, um diesen Glauben in der heutigen Situation von Kirche und Welt leben zu können.

Damit meinte sie nicht, dass man den Glauben einfach an den Zeitgeist anpassen müsse; davon ist sie weit entfernt. Was sie vielmehr umtrieb, war die Sorge, dass die Kirche an alten Gewohnheiten und Handlungsmustern festhalten könnte, die sie der Gesellschaft und ihrer Entwicklung entfremden, sodass ihre Botschaft nicht mehr oder nur noch verzerrt gehört werden kann.

In dem Maße, in dem „der heute lebende Jesus“ durch das Wirken des Heiligen Geistes in ihr Gestalt annahm, wurde Madeleine bewusst, dass sie sich Kompetenzen erwerben musste, und zwar die Kompetenz einer Sozialarbeiterin. Das schien ihr am passendsten zu sein.

Dass sie diese Richtung einschlug, ist bemerkenswert, weil sich die „Charité“ nach wie vor dem Dienst in der Pfarrei verschrieben hatte, um die Priester zu unterstützen. Dafür brauchte es nicht unbedingt spezielle berufliche Qualifikationen. Wie Madeleines Entscheidung genau zustande kam, muss offen bleiben, denn sie hat diesbezüglich nichts hinterlassen. Ihr Brief an Abbé Lorenzo aber gibt zumindest einen Anhaltspunkt, warum sie an eine professionelle Arbeit dachte:

> „Nicht den Beruf des Zimmermanns als solchen hat Jesus während seines verborgenen Lebens geheiligt, sondern alle menschlichen Berufungen, alles, was zum irdischen Leben gehört. Ich glaube, dass wir von ihm her deshalb über den Sinn unserer Arbeit nachdenken und uns ihr nicht entziehen sollen und dass aus unserer übernatürlichen Aufgabe die

> menschliche Arbeit folgt: Jeanne d’Arc war eine gute Heerführerin und gab sich nicht damit zufrieden, zu beten und für Frankreich zu sterben. Der heilige Thomas war ein guter Philosoph und gab sich nicht damit zufrieden, zu beten und das Allerheiligste Altarsakrament zu verehren; der Pfarrer von Ars hat sich dem Studium gewidmet und war nicht nur Beichtvater. Ohne das Gebet und ohne das Kreuz wäre ihre Arbeit nicht fruchtbar geworden; aber dieses Gebet und dieses Kreuz haben ihnen die Bedeutung ihrer menschlichen Berufung erschlossen.“

Madeleine geht noch einen Schritt weiter: Sie stellt sich vor, dass alle Mitglieder der „Charité“ zumindest elementare Kenntnisse der sozialen Arbeit erwerben sollten, weil ihr – nach innerer Befragung – eine gewisse Kompetenz auf diesem Gebiet sinnvoll erschien, wenn man sich in einem von Armut geprägten Milieu engagieren will.

Aber das war nur eine Zielsetzung unter anderen, die sich diese Gruppe junger Frauen geben wollte. Unter Madeleines Impuls gingen die Überlegungen weiter. Zwei Artikel von P. Doncœur, einem Jesuiten, die in der Zeitschrift *Études* erschienen,[113] erregten ihre Aufmerksamkeit. Er schreibt über die Berufung neuer Kongregationen, die den französischen Klerus unterstützen wollten, weil viele der Meinung waren, dass der Rückgang der priesterlichen Berufungen das religiöse Leben in Frankreich gefährden werde. Das war damals genau die Perspektive der Gruppe: den Pfarrklerus zu unterstützen. Auf drei Seiten fassten die Mitglieder der „Charité“ die Artikel von P. Doncœur zusammen; sie unterstrichen den „sehr engagierten missionarischen Geist“ der neuen Kongregationen, der auf die Formel ge-

113 „Le clergé français de 1900 à 1930“ (dt.: Der französische Klerus von 1900 bis 1930), erschienen am 8. und am 20. August 1931.

bracht wurde: „für Christus arbeiten"[114]. Dieser Artikel löste unter ihnen eine Debatte aus, an der auch Abbé Lorenzo beteiligt war. Daraus entstand eine Art erstes Leitbild, in dem sie sich von den von P. Doncœur beschriebenen Kongregationen abgrenzen:

„Die Gruppe ist nicht so sehr von einem sehr engagierten missionarischen Geist inspiriert, sondern möchte so leben wie Charles de Foucauld. Sie will auch nicht ‚für Christus arbeiten', sondern ‚Christus sein, um das zu tun, was Christus getan hat'.

Das erfordert keine besonderen Voraussetzungen ihrer Mitglieder. Gesunde und Kranke können hier ihren Platz finden, und der Bildungsstand spielt keine Rolle. Diejenigen, die sich nur durch ihr Gebet und die Annahme ihres Leidens einbringen können, werden damit einen besonders wertvollen Beitrag leisten.

Ein ungeteiltes Leben nach dem Evangelium ist die Grundlage ihres Handelns; Methoden des Apostolats kommen erst an zweiter Stelle, ohne dass sie vernachlässigt würden.

Das geistliche Leben soll von großer Flexibilität geprägt sein; es richtet sich streng nach den Tugenden des Evangeliums, reduziert aber die Observanzen auf ein Minimum [...].

Aus dem Pfadfinderleben übernimmt die Gruppe einige wesentliche Grundsätze: Einfachheit, Geschwisterlichkeit, Jugendlichkeit, Freude ... usw."[115]

Mehrere Aspekte werden in dieser Absichtserklärung der „Charité" deutlich.

Als Erstes: Das Leben, das ihnen vor Augen steht, passt nicht zum Ordensleben, wie es damals gelebt wurde. Es entspricht eher dem Laientum.

---

114 AMD III. Es ist allerdings nicht die Schrift Madeleines.

115 Das sind die ersten fünf Punkte, mit denen sich die Gruppe selbst definiert hat, in: AMD III.

Sodann fällt die Gegenüberstellung von „für Christus arbeiten“ und „Christus sein“ auf. Daraus kann man schließen, wie entscheidend die spirituellen Erfahrungen, die Madeleine im Lauf des Jahres 1930 gemacht hat, für die Entwicklung der Gruppe „La Charité“ wurden.

Und schließlich zeigt der Text, dass die Gruppe sich noch in einer Suchphase befand. Es fehlen genauere Angaben über das, was sie konkret vorhaben, was ihre Arbeit sein soll. Man erfährt nur, dass die Türen für alle weit offen stehen, was auch immer sie an Fähigkeiten und gesundheitlichen Voraussetzungen mitbringen.

Bemerkenswert ist außerdem, dass sie sich auf Charles de Foucauld beziehen. Es ist das erste Mal, dass er in den Texten von Madeleine oder ihrer unmittelbaren Umgebung auftaucht. Man weiß, dass sie sich sehr mit ihm identifiziert hat.[116] In seinem Kielwasser haben sie sich von einem Missionsverständnis freigeschwommen, das nicht genügend im christlichen Leben verankert ist.

Abbé Lorenzo blieb allerdings lange Zeit skeptisch. In dem bereits erwähnten Brief Madeleines an Abbé Plaquevent berichtet Madeleine vom lang andauernden Widerstand ihres geistlichen Begleiters. Abbé Lorenzo war offenbar nicht besonders auf Abenteuer aus. In einem Brief Madeleines an Jacques Loew, den sie am Todestag von „Monsieur l'abbé“ – wie Lorenzo immer respektvoll genannt wurde – abschickte, schrieb sie:

---

116 Vgl. z. B. ihren Artikel über ihn, den sie 1946 in der Zeitschrift „La Vie spirituelle“ veröffentlicht hat, und ihren Vortrag, den sie 1950 in Rambouillet hielt. Beide sind auch im siebten Band der Gesamtwerke Madeleine Delbrêls abgedruckt: OC VII, 101–131. Charles de Foucauld ist am 1. Dezember 1916 gestorben. Der Schriftsteller René Bazin hat ihm eine Biografie gewidmet, die 1921 veröffentlicht wurde; zehn Jahre später hat Madeleine sich von ihm inspirieren lassen.

„Unsere Familie ist sozusagen trotz M. l'abbé zustande gekommen, aber ohne ihn hätte sie natürlich auch nicht existiert."

Während eines Einkehrtags der Gruppe in Loisail gab es eine ziemlich lebhafte Auseinandersetzung: „M. l'abbé sieht zugegebenermaßen nicht gerade glücklich aus", berichtet die Schriftführerin. „Wir sollen ins Kloster gehen! ... Aber das war nicht unser Weg. Stattdessen ist eine ganz eindeutige Berufung ans Licht gekommen."[117] Abbé Lorenzo schien also durch das, was er selbst ausgelöst hatte, in Verlegenheit geraten zu sein. Aber die Gruppe nahm gegen alle Schwierigkeiten eine neue „Gründung" mit nach Hause, die nicht zu den gewohnten Regeln passte. Und Abbé Lorenzo war gezwungen, ihren Bitten nachzukommen. Gegen Ende des Jahres 1931 fragte er M. Boisard, den stellvertretenden Generaloberen der Priestergemeinschaft von Saint-Sulpice, um Rat; dieser gab ihm zur Antwort: „Das ist ein Werk Gottes. Gehen Sie auf diesem Weg weiter, aber machen Sie keine religiöse Kongregation daraus."[118]

Denselben Rat gab auch Kardinal Verdier, als er das Vorhaben approbierte: „Sehr gut, aber vor allem: keine religiöse Kongregation. Etwas Flexibles, eine Hilfe für den Klerus, ein Liebesdienst."[119]

Zu Beginn des Jahres 1932 wollte die Gruppe eigentlich nichts überstürzen und sich erst einmal – nach Madeleines eigenen Worten – auf eine Art „Seminarzeit" einlassen, ohne dabei ihre jeweiligen Familien zu verlassen. Doch während sie auf eine günstige Gelegenheit warteten, überschlugen sich die Ereignisse.

---

117 AMD III, Cahier de la patrouille Saint-Dominique, Band 3, 1932–33, vom 4. Oktober 1932 bis 25. Juni 1933, redigiert am 10. Mai 1933, wo auf das Pfingstlager 1931 in Loisail Bezug genommen wurde.

118 Ebd.

119 Ebd.

Im September differenzierte sich in der „Charité" eine kleinere Gruppe heraus. Sie waren zu acht und nannten sich „La Charité de Jésus". Sie machten ein Praktikum in einem Krankenhaus in Mussidan, das von Ordensschwestern betrieben wurde.

Zwischen den beiden Weltkriegen entwickelte sich die Sozialhilfe; in den Fabriken wurden Sozialdienste eingesetzt; es entstanden der Kinder- und Jugendschutz und die Tuberkulosehilfe. In diesem Kontext wollten die acht jungen Frauen Paris verlassen, um sich den Armen in der Banlieue zu widmen.

Abbé Lorenzo, der im Dezember 1932 zum Vikar in Notre-Dame des Champs ernannt worden war, hielt nach einem Ort Ausschau, der sich für einen Einstieg eignen würde. Er hatte zwei Varianten vor Augen: im Norden Clichy, das er gut kannte, weil er in seinen ersten Dienstjahren dort Vikar gewesen war, und im Süden Ivry-sur-Seine, wo ein befreundeter Pfarrer ein zur Pfarrei gehörendes soziales Zentrum gründen wollte. Er tendierte zu Clichy. Aber der Plan war noch zu unausgereift. Und im Sommer 1933 schrumpfte die Gruppe der acht Frauen zusehends.

Das lag daran, dass die Eltern alarmiert waren und Angst bekamen, weil ihnen das Vorhaben der jungen Frauen zu waghalsig erschien und mit zu wenig Garantien verbunden war. Sie übten massiven Druck auf sie aus, um sie an einem Aufbruch zu hindern. Fünf von ihnen gaben deshalb auf. Abbé Lorenzo verlor den Mut und schrieb an Madeleine: „Clichy wird damit zu einem Luftschloss." Angesichts der kleinen Zahl von Freiwilligen lag nun eher Ivry nahe.

Eigentlich wollte Madeleine selbst nicht schon 1933 dorthin aufbrechen. In einem Brief an Abbé Lorenzo vom 23. November 1932 erwähnte sie das Thema Leitung der Gruppe; dass sie dieses Thema in aller Freiheit ansprechen konnte, begründete sie damit, dass sie nicht betroffen sei:

„Da ich, wenn nicht noch ein Wunder geschieht, bei diesem ersten Aufbruch nicht dabei sein werde, spreche ich diese Dinge freimütig bei Ihnen an. Ich habe erst gezögert, ob ich das tun soll, aber es drängt mich sehr stark."[120]

Was waren die Gründe für ihre Zurückhaltung, wo sie doch diejenige war, die das Ganze am stärksten vorangetrieben hatte? Vielleicht wollte sie vor einem Aufbruch zuerst ihr Studium der Sozialarbeit abschließen. Denn nach ihrem Ausbildungsjahr zur Krankenschwester besuchte sie seit Oktober 1932 die *École pratique du service social* (Fachhochschule für Soziale Arbeit) in der Rue Notre-Dame des Champs, einer vom evangelischen Pastor Paul Doumergue gegründeten Einrichtung. Madeleine hat sich wegen der Qualität der dortigen Ausbildung für sie entschieden.

Während des ersten Ausbildungsjahres kamen die Studierenden durch den Wechsel von Kursen und Praktika immer wieder für längere Zeit aus Paris heraus. So hat Madeleine im Mai 1933 auf einer Dänemark-Reise eine neuartige Organisation des Sozialdienstes kennengelernt; im Juli machte sie ein Praktikum in den Alpen, in einer Fabrik von Kuhlman[121] in Brignoud im Département Isère.

Aber es war sicher vor allem die familiäre Situation, die Madeleine Sorgen machte: Durfte sie ihre Eltern zu einer Zeit verlassen, in der sich ihre Lage zusehends verschlechterte? Das Verhalten Jules Delbrêls wurde für seine Umgebung, vor allem für seine Frau, immer unerträglicher. Bald nach Madeleines Aufbruch nach Ivry wollte er Bernadette, eine junge Frau, die er

120 OC I, 193.
121 Das war eine Chemiefabrik, wie es sie auch in Ivry gab. Die Kuhlman-Fabriken fusionierten später mit einer der größten französischen Industriegruppen: Péchiney-Ugine-Kuhlman. Madeleine hat in der *Revue des Jeunes* vom 15. April 1934 einen Bericht über ihr Praktikum veröffentlicht.

kennengelernt hatte, zu Hause aufnehmen; das hat die Trennung des Ehepaares, die dann 1935 erfolgte, vorangetrieben.

Madeleine zögerte, während der sich zuspitzenden Krise von zu Hause wegzugehen. Sie fühlte sich dazu verpflichtet, ihrer Mutter beizustehen. Ein Brief Lucile Delbrêls an eine Freundin zeigt, wie großherzig beide waren, Mutter wie Tochter, und in welches Opfer sie einwilligten: „Sie (= Madeleine) brachte es nicht übers Herz, mich in dieser meiner traurigen Situation im Stich zu lassen, aber ich war davon überzeugt, dass ich ihr Opfer nicht annehmen durfte. Sie ist 29 Jahre alt geworden und soll sich nicht länger opfern müssen. Auch wenn ihr Platz fürchterlich leer sein wird, tröste ich mich zumindest damit, dass ich zu ihrem Glück beigetragen habe, denn ich glaube, dass der Ort, an den sie gehen musste, für sie der richtige ist. Sehen Sie, wenn man viel gelitten hat, will man sich nicht vorwerfen, dass man nicht alles dafür getan hat, dass die, die man liebt, glücklich werden. Man weiß nur allzu gut, was dieses Glück kostet, als dass man es ihnen nicht gönnen würde.“[122]

Dieser Brief lässt die zärtliche Liebe durchscheinen, die Lucile Delbrêl ihrer Tochter entgegenbrachte; ihre Beziehung wurde in diesen schwierigen Zeiten nur umso tiefer.

Schließlich ist Madeleine dann doch aufgebrochen. Im September machte sie ihre erste Pilgerfahrt nach Rom, von der sie – leider nur sehr knapp – einer Freundin berichtete.[123] Abbé Lorenzo hielt bei den Dominikanern von Saint-Maur im Val-de-Marne einen Einkehrtag zum Aufbruch nach Ivry. Zu dritt saßen sie zusammen mit ihm in dem riesigen Saal, den man ihnen zugewiesen hatte: Madeleine, Suzanne Lacloche aus der Pfarrei Saint-Léon und Hélène Manuel, die erst kurz zuvor zur Gruppe gestoßen war. Madeleine war die Einzige aus der ursprünglichen Gruppe.

122 AMD III, erhaltene Briefe.
123 Brief an Anne-Marie Roux vom 19. September 1933, in: OC I, 213.

Die jungen Frauen, die in der Pfarrei *St. Dominique* zurückblieben, machten sich Gedanken: Was soll aus der Gruppe werden ohne Madeleine und ohne Abbé Lorenzo, der künftig Vikar in Notre-Dame des Champs sein würde? Aber es ging jetzt nicht darum, rückwärts zu blicken. Madeleine schrieb einer ihrer Freundinnen, Madeleine Tissot:

> „Ja, Sie werden eine ‚Charité de Jésus' vorfinden, die sich durch unseren Aufbruch sehr verkleinert hat. Sie tun gut daran, Gott dafür zu danken – wie ich es auch tue –, dass er Ihnen ermöglicht, mit vollen Segeln zu ihm aufzubrechen. Wir können nichts dafür. Seine Gnadengaben haben das alles bewirkt, sie haben in uns und in den Unsrigen ihr Werk getan. Wir können nur darin einwilligen: Die Kraft stammt nicht von uns und gehört uns auch nicht – sie ist ein wunderbares Geschenk.“[124]

Am Vorabend des Aufbruchs nach Ivry legten die drei jungen Frauen ein privates Gelübde ab; denn die Gruppe hatte ja keinerlei kirchenrechtlichen Status. Vermutlich fand die Feier im Atelier einer engen Freundin Madeleines, Anne-Marie Roux, einer Künstlerin, statt, die auch zur Gruppe „La Charité de Jésus“ gehörte.[125]

Formal nahm man Anleihen bei der Pfadfinderbewegung: Es gab einen geistlichen Begleiter (Abbé Lorenzo) und eine Leiterin (Madeleine), doch wurden auch Formulierungen aus dem klösterlichen Leben aufgegriffen: Man spracht z. B. von „Novizinnen“. Das Ritual begann mit dem Lied „Veni Creator“, dann folgten ein Vaterunser und ein „Gegrüßet seist du, Maria“, dazwischen gab es jeweils eine Zeit der Stille. Schließlich bat die

---

124 Brief an Madeleine Tissot vom 24. September 1933, in: OC I, 215.

125 Anne-Marie Roux ging nicht mit nach Ivry – aus familiären Gründen und weil sie ihrer künstlerischen Berufung nachgehen wollte. Zwischen ihr und Madeleine gab es einen recht intensiven Briefwechsel. Mehrere Briefe Madeleines sind erhalten und im ersten Band der Gesamtwerke Madeleine Delbrêls (OC I) veröffentlicht worden.

„Novizin" den geistlichen Begleiter: „Mon Père, ich bitte darum, in die ‚Charité de Jésus' aufgenommen zu werden."

Der geistliche Begleiter beschrieb darauf die Grundlinie der „Charité de Jésus": „Die ‚Charité de Jésus' will Gott, der Kirche und Frankreich Seelen zur Verfügung stellen, die entschlossen sind, das Evangelium ohne Einschränkungen zu leben und den Priestern und den Pfarreien zu dienen." Dann zählte er einzelne Anforderungen auf: „Ein Mitglied der ‚Charité' zu sein heißt arm sein wie der Menschensohn, der nicht einmal einen Stein hatte, wo er sein Haupt hinlegen konnte; es heißt keusch sein als Braut Christi; es heißt gehorsam sein wie der Menschensohn bis zum Tod am Kreuz. Es heißt, sich der Liebe Jesu hingeben." Das entspricht den evangelischen Räten, wie sie im Ordensleben versprochen werden (Armut, Ehelosigkeit, Gehorsam); sie werden zusammengefasst in dem Satz: „Es heißt, sich der Liebe Jesu hingeben."

Anschließend stellte der geistliche Begleiter die Frage: „Bleiben Sie bei Ihrer Bitte?" Nach der Antwort „Ja!" fragte er diejenige, die den Dienst der Leitung ausübte, also Madeleine, ob sie einverstanden sei, dann teilte er der Kandidatin, die um Aufnahme gebeten hatte, mit, dass sie in die „Charité de Jésus" aufgenommen war, und fügte hinzu: „Möge Ihr Leben das Leben Christi sein."

In alldem leuchten die großen Themen auf, die Madeleine in den Jahren zuvor geprägt hatten.

Das künftige Mitglied der Gruppe erklärte dann: „Ich übergebe mich der ‚Charité de Jésus', um dort den Willen Christi, der Kirche und meiner Vorgesetzten zu tun."

Daraufhin wurde ihr mit folgenden Worten des Evangeliums ein Kreuz überreicht: „Nehmt mein Joch auf euch und lernt von mir; denn ich bin gütig und von Herzen demütig; so werdet ihr Ruhe finden für eure Seelen. Denn mein Joch drückt nicht und meine Last ist leicht " (Mt 11,28-30). Diesen Text haben die drei Gefährtinnen in ihrem „Tagebuch von den ersten Anfängen der Charité“[126] kommentiert: „‚Nehmt mein Joch auf euch und lernt von mir‘; das Joch, das ist Jesus selbst, der uns mit seinen Armen liebevoll umfasst, wenn wir das Kreuz umarmen.“

Die Feier schloss mit der gemeinsamen Lesung der Seligpreisungen, die zu einer Art Magna Charta der „Charité“ wurden.

Danach vertraute der geistliche Begleiter die neue „Rekrutin“ der „Leiterin“ an, die sie aufnahm, ihr ihren Auftrag mitteilte und sie darum bat, ihre „Leiterin“ und ihre Mitschwestern zu lieben – nachdem alle das „Gebet der Charité“ gesprochen hatten, dessen Wortlaut leider verloren gegangen ist. Zum Schluss sangen alle das Lied „Ubi Caritas“.[127]

Diese Mischung aus pfadfinderbewegtem und klösterlichem Vokabular wirkt heutzutage leicht antiquiert. Dennoch kann man darin die geistliche Erfahrung Madeleines wiedererkennen, wie sie in diesem Kapitel beschrieben wurde, vor allem das Geheimnis des Kreuzes, das die Herzmitte der Aufnahmefeier bildet.

Aufbruch nach Ivry

Aufgebrochen sind die drei Frauen dann am Abend des 15. Oktober 1933 mit der Straßenbahn, und weiter mit dem Bus.[128] Die räumliche Entfernung war nicht groß, aber der kulturelle Abstand war immens. Es war das Fest der heiligen Teresa von Avila. Madeleine hatte eine Statue der Muttergottes mit dem Kind im Arm, die Anne-Marie geschnitzt hatte. Ob ihr bewusst war, dass die heilige Teresa eine kleine Statue des

126 „Journal des débuts de la Charité“, in : AMD III.
127 „Ubi caritas et amor, Deus ibi est“: „Wo die Liebe wohnt, da wohnt Gott.“
128 Die Metro fuhr damals noch nicht zur Haltestelle „Mairie d’Ivry“.

Jesuskindes mitgenommen hat, wenn sie zu einer neuen Klostergründung aufbrach?

Gegen 20:30 Uhr kamen sie an. Drei Zimmer waren in der oberen Etage des kleinen „Sozialzentrums der Pfarrei“ hergerichtet worden, einem Neubau neben der Kapelle *Saint-Jean-Baptiste*, auf dem Gebiet von Ivry Plateau. Dort sollten sie „sich niederlassen“.

Gleich am nächsten Morgen trafen sich die drei jungen Frauen nach der Messe mit dem Pfarrer von Ivry, Abbé Soutif, einem Vikar der Pfarrei und dem Vorsitzenden der Vinzenz-von-Paul-Konferenz. Auf der Tagesordnung standen ihre künftigen Aufgaben. Man bürdete ihnen allerdings viel zu viel auf, und in ihrer Gutwilligkeit trauten sie sich nicht, Grenzen zu setzen. Also waren sie zuständig für die Katechese, die Jugendarbeit, den medizinischen Dienst und die Sozialhilfe, ganz zu schweigen von den Aufgaben in der Hauptkirche Ivry-Centre. Es ist schwer zu sagen, was alles genau dazugehörte, aber es war wohl mehr als das, was sie zu leisten vermochten, zumal sie mit ihrem wachen Sinn immer wieder neue Ideen gehabt haben dürften, wie sie sich einbringen konnten.

Am Abend dieser ersten Kontaktnahme mit den Pfarreiverantwortlichen kamen sie wieder in der Kirche vor dem Tabernakel zusammen. In ihrem Tagebuch notierten sie danach: „Hier begreift man die Berufung der ‚Charité‘: mit der Eucharistiefeier der Pfarrei verschmelzen, das von ihr aufnehmen, was sie ausmacht – Heiligkeit, Leben, Liebe – und ihr zeichenhaft zu dienen. Vom verborgenen Gott ergriffen werden, um ihn sichtbar werden zu lassen.“ Was Madeleine später in ihren Texten über den Platz der Eucharistie im Leben der Christen schrieb, ist hier schon sehr dicht zusammengefasst.

So begann nun ihr Leben unter Menschen, die Christus nicht kennen. Sie bekamen auch Hilfe von außen: Clémentine Laforêt unterstützte sie im Haushalt; Louise Brunot schloss sich ihrer Arbeit an, ohne vor Ort zu wohnen.[129] Ansonsten nahmen die Beziehungen zu der Gruppe ab, die in *St. Dominique* geblieben war; dieser fehlte sozusagen die Seele, nachdem Abbé Lorenzo und Madeleine weggegangen waren.

Die ersten Schritte in Ivry führten zu ersten Entdeckungen. Die Leute konnten ins Sozialzentrum kommen, aber die drei Gefährtinnen suchten sie auch zu Hause auf, um sie zu pflegen. Ihre Kleidung, die der Pfadfindertracht ähnelte, befremdete die Menschen. Sie gaben sie deshalb bald auf.

Eine kleine Episode, die sie in ihrem Tagebuch notierten, machte ihnen die Kluft zwischen ihnen und der Bevölkerung deutlich; diese war von dem allgegenwärtigen Kommunismus geprägt, dessen Aktivitäten mit denen der Pfarrei in Konkurrenz standen. Am 8. November notierten sie: „Der Herr schickt uns zu Mr Le Bot.“[130] Dieser war ein militanter Kommunist; seine Frau lag im Krankenhaus, und er selbst war auch schwer krank. Jeden Tag brachten die „Kameraden“ ihm die Zeitschrift *L'Humanité*. Hélène kümmerte sich um ihn, und sie notierten voller Stolz: „Mr Le Bot ist unser erstes verlorenes Schaf.“[131] Am 9. November heißt es weiter: „Mr Le Bot hat sich noch nicht bekehrt, und man hat den Eindruck, dass die heilige Therese und Schwester Tod um die Wette laufen. Wer wird zuerst ins Ziel gelangen?“[132]

Die Szene zeigt sonderbare Parallelen mit einem berühmten Theaterstück aus der Vorkriegszeit, das in den katholischen Mi-

129 Obwohl Louise Brunot von Anfang an in das Abenteuer Ivry eingebunden war, trat sie erst im Oktober 1937 in die „Charité“ ein; ihre Eltern waren zunächst noch zu sehr gegen ihr Vorhaben.

130 Madeleine Delbrêl, La vocation de La Charité, Paris 2015, 38. Im Folgenden: OC XIII.

131 Ebd., 39.

132 Ebd,. 40.

lieus aufgeführt wurde. Der Held von „Notre-Dame de la Mouise"[133] ist ein Priester, der zum Dienst in der „Zone" ernannt worden ist, um dort eine Kirche zu bauen. Auch er kommt mit der Straßenbahn an. Am Ende des Stücks hat er einen alten Mann bekehrt, der an der Schwelle des Todes stand.

Aber ein Theaterstück entspricht eben nicht immer der Wirklichkeit. Am 11. November, „als wir mit Blumen und einer Fleischbrühe wiederkommen, liegt er [Mr Le Bot] schon ganz erkaltet in seinem Bett"[134]. Hélène und Louise kleideten ihn an, legten Blumen in Form eines Kreuzes auf seine Brust und zündeten Kerzen an. Der Angestellte des Beerdigungsinstituts machte sie aber darauf aufmerksam, dass dies nicht im Sinne seiner Familie sei. Die Situation war heikel, weil gerade die Ehefrau des Verstorbenen eintraf, die aus dem Krankenhaus entlassen worden war; auch Leute aus seinem Viertel kamen nach und nach ins Haus. Schnell wurden die Kerzen gelöscht und die Blumen anders arrangiert; und Madeleine hielt spontan eine kleine Rede, in der sie von der Freiheit jedes Menschen sprach und sagte, dass Kerzen ja an sich neutral seien. Am Ende umarmten sich alle. Aber die Lektion saß tief.

Im Tagebuch wird ausführlich über diese Geschichte berichtet; Christine de Boismarmin hat sie in ihrer Biografie mit noch weiteren Details ausgeschmückt. Das zeigt, dass die Episode in den Equipen als eine Art Schlüsselerlebnis weitererzählt wurde: Zum ersten Mal wurde ihnen bewusst, wie sehr es auf den Respekt vor den Menschen ankommt, denen die Mentalität der Christen aus der Pfarrei fremd geworden ist.

Denn diese befand sich in einer Frontalopposition gegenüber den Kommunisten, was auf Gegenseitigkeit beruhte. Es

133 Grégoire Leclos, Notre-Dame de la Mouise (dt.: Unsere Liebe Frau vom Elend), Paris 1932. Dieses Theaterstück war von den Büchern von P. Lhande SJ inspiriert, der sich in hohem Maße über das Ausmaß der Entchristlichung in den Pariser Vororten im Klaren war.

134 OC XIII, 41.

waren zwei Welten, die wie durch eine Mauer voneinander getrennt waren. Angeblich war die Pfarrei Ivry nicht sehr aktiv; doch es gab im Gegenteil sehr bedeutsame und lebendige Aktivitäten. Der Dialog mit den Marxisten gehörte allerdings normalerweise nicht dazu.

Das alles hat Madeleine von Anfang an erstaunt, denn sie kam aus einem von Offenheit und Weite geprägten künstlerischen und intellektuellen Milieu. Sehr bald wurde ihr klar, dass sie sich von einigen unzeitgemäßen oder zumindest unpassenden Haltungen verabschieden musste, um mit Menschen jeder Weltanschauung in einen wirklichen Kontakt treten zu können. Und nur so konnte sie auch ungezwungen von ihrem Glauben sprechen.

Ende 1933 verließ Abbé Soutif Ivry, weil er zum Pfarrer des Pariser Stadtviertels La Villette ernannt worden war. Das beunruhigte die drei Frauen: Würde der Nachfolger ihrem noch so frischen Experiment ebenso wohlwollend gegenüberstehen? Nun war Abbé Soutif mit Abbé Lorenzo befreundet, und vielleicht hat er ein Wort dafür eingelegt, dass dieser zum Pfarrer von Ivry ernannt wurde. Eine solche Ernennung war damals ungewöhnlich; bevor jemand mit dem Pfarramt beauftragt wurde, musste er normalerweise eine längere Zeit Erfahrungen als Vikar sammeln.

Möglicherweise hat es bei der Beauftragung Abbé Lorenzos durch den Erzbischof auch eine Rolle gespielt, dass die unmittelbare Begleitung der kleinen Gruppe „La Charité" als notwendig erachtet wurde. Jedenfalls wurde Abbé Lorenzo Pfarrer von Ivry und am 28. Januar 1934 in der Pfarrei *Saints-Pierre-et-Paul* installiert.

Auf den Straßen von Paris hatte es seit einigen Monaten zahlreiche Demonstrationen gegeben. Die Wut auf das Parlament kochte hoch, und es bestand die Gefahr, dass es von Aufständischen eingenommen würde. Die Spannung erreichte am 6. Februar ihren Höhepunkt. Die drei Frauen berichten davon auch in ihrem Tagebuch; sie waren sich bewusst, dass die Demonstrationen, die es auch in Ivry gab, in erster Linie die Wut der Armen widerspiegelten, vor allem der eingewanderten Italiener. Die Proteste richteten sich unter anderem gegen die Abschaffung der Armenküche.

In diesen bewegten Zeiten setzte Madeleine ihr Studium der Sozialarbeit fort; zugleich investierte sie Zeit und Kraft in ihre Arbeit in Ivry. Im Studium war sie sehr erfolgreich. Ihre Persönlichkeit hatte sich gefestigt, und ihre Professoren erkannten bald, dass sie die Grundlinien der sozialen Arbeit zutiefst erfasste und gedanklich durchdrang, so wie es auch schon in der Pfadfinderarbeit gewesen war. Nicht von ungefähr schrieben sie ihr in ihr Zeugnis: „Sie hat das Zeug zur Elite.“

Die Zeitschrift *Revue des Jeunes* bat sie um eine Artikelreihe über den neuen Beruf der Sozialarbeiterin, mit der potenzielle Interessentinnen darauf aufmerksam gemacht werden sollten. Fünf Artikel hat sie zwischen März und September 1934 veröffentlicht.[135] Madeleine stellte darin ihre Arbeit vor, vor allem anhand ihrer Beobachtungen in den verschiedenen Praktika, die sie seit 1932 absolviert hatte. Im Septemberartikel formulierte sie „einige abschließende Überlegungen“, in denen sie den inneren Zusammenhang zwischen ihrem Beruf und ihrer christlichen Überzeugung darlegen wollte.

Madeleine kannte ja die Spannungen zwischen den Ehrenamtlichen, die sie zum Beispiel in der Vinzenz-von-Paul-Konferenz in Ivry besuchte, auf der einen Seite und den professionell Arbeitenden, zu denen sie selbst gehörte, auf der anderen Seite.

135 Diese Artikel wurden in der *Revue des Jeunes* unter dem Titel „Travailleuses sociales“ („Sozialarbeiterinnen“) veröffentlicht; sie sind im sechsten Band der Gesamtwerke neu herausgegeben worden: Le Service social entre personne et société, Paris 2007, 65–115. Im Folgenden: OC VI.

Weil sie davon überzeugt war, dass eine berufliche Kompetenz wichtig ist, schrieb sie:

> „Sie [die Heiligen], die nichts anderes wollten als einfach die Liebe zu Gott, haben eine profunde Kenntnis ihrer Zeitgenossen und ihrer Zeit erlangt. Man könnte ein schönes Buch mit dem Titel ‚Der Heilige Geist und die soziale Berufung der Heiligen' schreiben."[136]

Für Madeleine war klar, dass die Liebe die Quelle jedes echten Dienstes ist, dass sie aber auch dazu drängt, sich Kompetenz und Erfahrung zu erwerben: Großherzigkeit allein genügt nicht, mag sie noch so edel sein. Die Heiligkeit schließt Wissenschaft und Forschung nicht nur nicht aus; um einer authentischeren, tieferen Liebe willen führt sie vielmehr sogar dorthin. – Im Grunde geht es dabei um das Mysterium der Inkarnation.

Aber wenn die Liebe auch zu Wissenschaft und Forschung anregt, so übersteigt sie diese doch auch. Das Glück des Menschen kann nicht auf die bloße Befriedigung seiner menschlichen Bedürfnisse reduziert werden:

> „Der Sozialdienst schließt das ewige Heil nicht per definitionem aus seinem Programm aus. Er muss es vielmehr mit integrieren, um bei der Suche nach dem Gemeinwohl nicht in einer Sackgasse zu landen; einer Sackgasse, in der der Moralist landet, wenn er das moralische Wohl außerhalb der Liebe sucht. Der Sozialdienst, der sich auf die irdische Ebene beschränkt, ist für uns kein vollständiger Sozialdienst; aber eine Liebe, die sich auf die stets bleibenden menschlichen Bedürfnisse beschränkt, scheint uns ebenfalls keine vollkommene Liebe zu sein."[137]

136 Ebd., 108.
137 Ebd.

1957 hat Madeleine in ihrem Buch „Ville marxiste terre de mission“ dazu noch mehr gesagt. Die zitierten frühen Formulierungen waren noch nicht so glücklich. Sie könnten zu dem Missverständnis führen, dass ein Christ nur innerhalb einer christlichen Institution einen sozialen Beruf ausüben kann. Madeleine selbst hat es später anders gemacht, als sie für den kommunalen Sozialdienst gearbeitet hat. Ihre Gedanken waren also noch etwas unausgereift.

Sie wollte vor allem sagen, dass ein Christ sich niemals damit zufriedengeben darf, sich nur um die menschlichen Bedürfnisse zu kümmern, sondern sich bewusst sein muss, dass der Sozialdienst, dem er sich verschrieben hat, seine wahre Dimension erst erreicht, wenn der Mensch seine ewige Bestimmung entdeckt. Hier kommt für Madeleine das persönliche Glaubenszeugnis ins Spiel.

Auch dann, wenn die strukturellen Bedingungen, unter denen Christen und Christinnen arbeiten, mit dem Glauben nichts zu tun haben, sind sie nicht davon dispensiert, ihren Glauben dadurch zu bezeugen, dass sie „gegen den Trend“ leben, wie Madeleine später sagen wird, und dass sie gegebenenfalls auch Rede und Antwort stehen. Auf diese Formel lässt sich das gesamte apostolische Leben Madeleines unter Marxisten bringen.

Mit diesen fünf Artikeln kam Madeleine wieder zum Schreiben. Sie hatte zwar ihre literarische Arbeit hinter sich gelassen, nicht jedoch ihr Bedürfnis zu schreiben. Wenn es einen Anlass gab, kam die Schriftstellerin in ihr wieder zum Vorschein, wenngleich in einer anderen Form. Niemals wird sie ohne das Schreiben auskommen können. Sie wird dabei auch immer betonen, dass sie lediglich von ihrer Erfahrung spricht und nichts verallgemeinern will. Doch wie in diesen fünf Artikeln hilft ihr das Schreiben dabei, ihre Erfahrung tiefer zu reflektieren und so die großen Grundlinien ihrer Spiritualität zu entfalten.

Im Sommer 1934 war sie wieder auf dem weitläufigen Grundstück in Loisail; sie organisierte ein Ferienlager für die Kinder aus Ivry – dort, wo so viele Pfadfinderlager und Versammlungen der „Patrouille St. Dominique" stattgefunden hatten.

Hélène Jüng, die Freundin, mit der sie viele Abende Gedichte lesend in der Familie verbracht hatte, war zum Glauben gekommen und besuchte Madeleine und ihre Gefährtinnen regelmäßig in Ivry, um durch ihr Leben für Christus in ihrem eigenen Glauben bestärkt zu werden, der noch in den Kinderschuhen steckte. Viele Jahre später schrieb sie darüber:

„Ich habe sie wieder getroffen, als sie gerade in Ivry Plateau angefangen hatte; sie trug einen dunkelblauen Pullover und hatte ihr kleines Holzkreuz um den Hals. Ich kam jede Woche für einen Tag zu ihnen, um ‚im Verborgenen zu beten und Geschirr zu spülen', vor allem aber, um von der geschwisterlichen Atmosphäre zu profitieren, die die drei ‚Erstlinge' mit ihrer ursprünglichen Frische und Begeisterung ausstrahlten.

Wenn ich in der kleinen behelfsmäßigen Kapelle betete, kam Madeleine leise herein und kniete sich neben mich; mit gefalteten Händen und geschlossenen Augen war sie so in die Anbetung vertieft, dass ich sie um ihre glühende Hingabe beneidete, denn ich selbst hatte immer wieder das Bedürfnis, mich zu bewegen oder mich hinzusetzen. Wenn sie dann wieder hinausging, hat sie mir oft einen Satz aus dem Evangelium mitgegeben, der sie wohl innerlich genährt hatte ..."

In Madeleines Familie spitzte sich die Lage weiter zu. Am Ende des Sommers 1934 beschloss Jules Delbrêl, zusammen mit Bernadette nach Mussidan zu ziehen, ohne sich darum zu kümmern, welchen Skandal das in dieser Kleinstadt auslöste, in der Madeleines Familie mütterlicherseits gut bekannt und geschätzt war. Er wohnte in einem Haus genau gegenüber der Fabrik von

Familie Junière, wo seine Schwägerin noch lebte. Das war eine Provokation. Er hatte zudem eine Streitschrift in Gedichtform verfasst, in der er sie allesamt niedermachte: seine Frau, Clémentine und Abbé Lorenzo; nur Madeleine wurde einigermaßen verschont. Madeleine hat dieses Pamphlet ihr Leben lang in ihrem „Herbarium“ aufbewahrt (so nannte sie ihr Messbuch, in dem sie Briefe und Andenken sammelte). Jeden Tag brachte sie es zusammen mit anderen Anliegen mit in die Eucharistiefeier, als Ausdruck ihres Anteils am österlichen Geheimnis: Die familiäre Situation zählte zu den tiefen Schmerzen ihres Lebens.

Madeleine versuchte nun, ihrem Vater begreiflich zu machen, dass es unpassend wäre, ihn unter den Bedingungen, unter denen er in Mussidan lebte, zu besuchen:

> „Du bist doch der Erste, der versteht, dass es für mich schwierig ist, unter den derzeitigen Umständen nach Mussidan zu kommen.“[138]

Sie verurteilte niemanden, weder ihn noch Bernadette; sie sprach sogar davon, dass sie sich ihr „freundschaftlich“ verbunden fühle. Aber sie könnte in Mussidan nur zu ihrer Tante oder zu ihrem Cousin Jean Moquet gehen. Ihr Vater müsste das doch verstehen.

Es kann sein, dass ihr liebevoller Brief bei Jules Delbrêl etwas bewirkt hat. Jedenfalls kehrte er Anfang November wieder nach Paris zurück. Und Madeleine konnte nun ihre an Krebs erkrankte Tante besuchen, ohne sich Gedanken machen zu müssen. Doch der Sinneswandel ihres Vaters war nur von kurzer Dauer. Nachdem seine Schwägerin ein Jahr später, am 13. Dezember 1935, verstorben war, kehrte er wieder nach Mussidan zurück und zog in dasselbe Haus. Damit war die Trennung des Ehepaares Delbrêl endgültig.

---

138 Brief vom 17. September 1934, in: OC I, 243.

Im Septemberartikel der Zeitschrift *Revue des Jeunes* schrieb Madeleine:

> „Wenn wir uns anderen zuwenden, dann tun wir das, um ihnen ein wenig ihren Schmerz zu erleichtern. Aber leider ist es meist so, dass wir ihnen nur helfen können, Schmerzen zu ertragen, die nicht zu ändern sind. Wir Menschen sind so beschaffen, dass unser Schmerz erträglicher wird, wenn wir wissen, warum wir leiden: Was aber könnten wir anderen auf diese Warum-Frage antworten, wenn wir sie für uns selbst nicht beantwortet haben?“[139]

Madeleine weiß, dass Christus sie durch ihren Schmerz hindurch in das Geheimnis seiner Auferstehung hineinnehmen will. Sie weiß auch, dass sie ihren Schmerz und den Schmerz derer, die ihr nahestehen, nur so aushalten kann. Das sagt sie sich selbst, das sagt sie auch anderen; so schreibt sie an ihre Freundin Madeleine Tissot aus der Gruppe *St. Dominique*, die erkrankt ist:

> „Nehmen Sie in Liebe an, was Ihr Leib Ihnen zumutet, und verbinden Sie sich darin mit dem wunderbaren Geheimnis Jesu, der am Kreuz ausgebreitet ist.“[140]

Madeleine schreibt dies ganz selbstverständlich. Wenn man aber nicht darauf vorbereitet ist, können solche Texte die Frage aufwerfen, ob sie nicht eine ambivalente Leidenssehnsucht kultiviert hat. Doch sie hat nicht versucht, Schmerzen heroisch auszuhalten; sie ist zum Arzt gegangen und hat das auch anderen geraten. Madeleine hat nicht das Leiden geliebt, sondern Christus, der für uns leidet. Und wenn ihr unvermeidbares Leiden aufgebürdet wurde, konnte sie darin einen Sinn finden, indem sie sich der Liebe Christi auslieferte: Seit ihrer Konver-

139 OC VI, 112.
140 Brief vom 4. Juli 1934, in: OC I, 236.

sion hatte sie sich vom Gedanken an die Absurdität verabschiedet.

Ende 1934 und zu Beginn des Jahres 1935 geriet sie in eine seelische Krise, die in einigen Briefen an Abbé Lorenzo anklingt.[141] Ihr wurde bewusst, dass das Verhalten ihres Vaters mit einer psychischen Störung zu tun hatte; und da sie das im Zusammenhang mit anderen ähnlichen Erkrankungen in ihrer Herkunftsfamilie sah, kamen bei ihr Fragen in Bezug auf sie selbst auf:

> „Mein Vater ist psychisch krank: Kann ich dann mit einer solchen erblichen Belastung gesund sein? Schon viele Verrückte hatten das Gefühl, einen Auftrag zu haben. Auch ich glaube, dass ich einen Auftrag habe: Bin ich dann nicht auch verrückt?"

Es waren naheliegende Gedanken. Sie fragte sich, was es mit ihrem Aufbruch nach Ivry auf sich hatte: Hat sie sich aufgrund einer unbewussten seelischen Gespaltenheit einen Auftrag ausgedacht, der sie nach Ivry führte? Sie erfuhr auch immer mehr die Spannungen zwischen ihrer Art, den Glauben zu verkünden, und der pastoralen Ausrichtung der Pfarrei. Sie lebte mit ihrer Gruppe etwas unerhört Neues in der Kirche, ohne kirchenrechtlichen Status, als Laien, die dem Ordensleben nahestanden, ohne selbst Ordensleute zu sein.

Dazu kam noch die Belastung durch die Arbeit. Viele Menschen suchten sie auf, und sie spürte erste Anzeichen der Überforderung, die fast schon zu ihrem Leben gehören sollte. In dieser Situation, in der so vieles neu war und ihr Sorgen machte, wurden Fragen in ihr wach.

141 Drei dieser Briefe – sie wurden alle in Loisail gefunden – wurden von Gilles François und Bernard Pitaud in ihrem Buch Madeleine Delbrêl, Genèse d'une spiritualité, 117 und 180-187 ausgewertet. Die im Folgenden zitierten Briefe sind vom 4. Dezember 1934 sowie vom 19. und 29. Januar 1935, in: AMD III.

> „In mir ist eine große Unruhe und zugleich ein großer Friede. Der Herr ist immer derselbe, aber meine Seele ist vor lauter Fragen wie lahmgelegt“,

schrieb sie ihrem geistlichen Begleiter. Sie zweifelte also nicht an Gott, seiner ist sie sich sicher; doch ihrer selbst ist sie sich nicht sicher. Für sich genommen ist dies eher ein Zeichen für eine stabile seelische Verfassung, doch weist ihre Unruhe auf eine psychische Verletzbarkeit hin, die viele Jahre später wieder in Erscheinung getreten ist: Als die Equipen in den Jahren 1956–1958 in eine große Krise geraten, sieht sie auch sich selbst zutiefst in Frage gestellt.[142] Ihrer tiefsten Sehnsucht ist sich Madeleine aber immer bewusst:

> „Ich sehne mich so sehr danach, mich in nichts anderem zu verankern als im Wesentlichen; nichts anderes als den Glauben zu haben – ja, durchaus auch einen strahlenden Glauben, wenn es dem Herrn zur Ehre gereicht – aber nichts sonst. Für alles andere habe ich keine Kraft.“[143]

Sie bat Abbé Lorenzo um seinen Rat, ob das denn so sein dürfe. Sie konnte es nicht selbst klären; sie musste sich ganz dem Gehorsam überlassen:

> „Es ist nur Ihr Glaube, der mich jetzt aufrecht hält. Ansonsten kenne ich mich aber nicht mehr wieder: In dieser seelischen Unsicherheit liegt eine wundersame Einsamkeit, die ich auskoste.“

Im Gehorsam gegenüber ihrem geistlichen Begleiter fand sie wieder zu ihrer eigenen Sicherheit, wie auch immer seine Antwort ausfallen würde. Sie ahnte zugleich, dass sie dabei war,

142 Vgl. unten S. 262–272.
143 Vgl. auch Deine Augen in unseren Augen, 146.

über ihren bisherigen Weg hinaus eine weitere Schwelle zu überschreiten:

> „Ich kann Ihnen, glaube ich, versprechen, dass ich Sie mit alldem nicht mehr behelligen werde. Ich habe den Eindruck, dass ich ‚hinaus ins Weite' geführt werde. Ein Seil hält mich noch zurück: Das sind all diese Zweifel. Doch ob Sie nun ja oder nein sagen werden: das Seil wird durchtrennt, und es wird nichts mehr geben als nur noch den Willen Gottes.“

Ihre Unsicherheit bringt Madeleine dazu, alles in Zweifel zu ziehen,

> „was aus mir selbst stammt, und als Einziges nur Jesus gelten zu lassen, der immer derselbe ist. Aber um da weiter zu gehen, brauche ich genaue Anweisungen, denn sie sind das einzige Licht, das ich habe“.

Man kann hier gut erkennen, auf welcher Ebene ihre innere Auseinandersetzung stattgefunden hat, die durch diese schmerzhafte Prüfung hervorgerufen wurde. Sie überließ den Händen Gottes ihre ganze Angst, ihre ganzen Selbstzweifel; sie zählte nur noch auf Jesus, der allein unveränderlich und sicher ist. Indem sie alles hinter sich ließ, hat sie sich auf „ins Weite“ gemacht.

Dies bedeutete für sie aber nicht, die eingeschlagene Richtung zu ändern. Es bedeutete vielmehr, all das zu durchtrennen, was rückwärtsgewandt war, alles, was sie an sich selbst band, auch und vor allem ihre Sorge um ihre geistige Gesundheit. Gewiss musste Abbé Lorenzo sie darin bestätigen; er knüpfte dabei an ihre Suche nach einem gewöhnlichen, einfachen und bescheidenen Leben an, um die er wusste. Vor allem aber hat sie eine neue und entscheidende Schwelle zur Freiheit überschritten.

Diese neu gewonnene Freiheit äußerte sich dann auch in einem Umzug innerhalb von Ivry. Im April 1935 mietete Abbé Lorenzo für die „Charité de Jésus" ein Haus mitten im Zentrum von Ivry, in der Rue Raspail Nr. 11. Das eröffnete Madeleine die Möglichkeit, mit der kommunistischen Welt noch tiefer und ungehinderter in Kontakt zu kommen als erwartet.

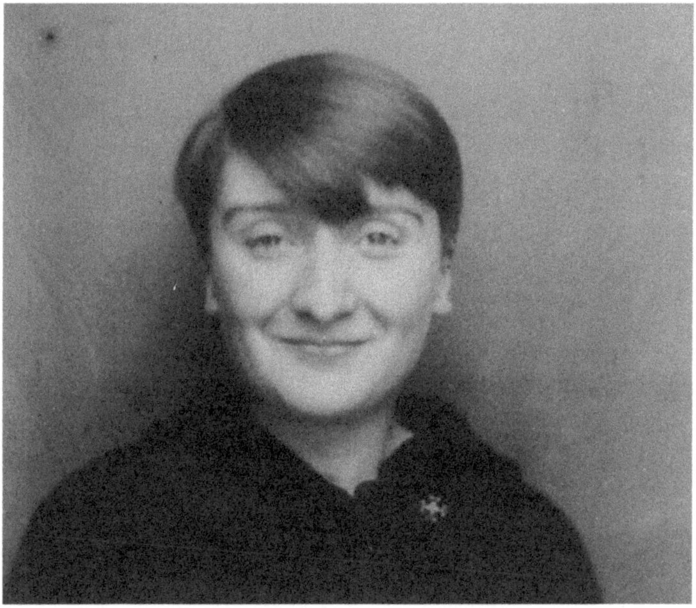

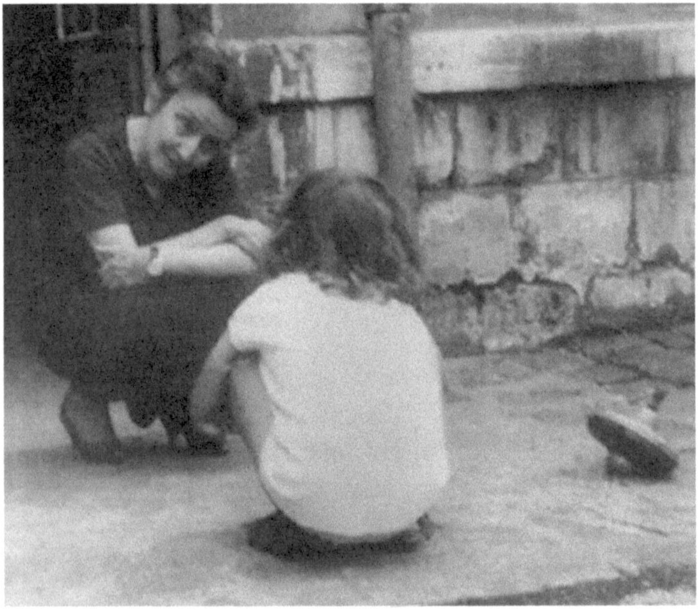

IV

AN DER SEITE DER ARMEN
(1935–1945)

Als Madeleine mit ihren Gefährtinnen nach Ivry kam, zählte die Stadt etwa 50 000 Einwohner. Ihr Stadtbild ist mit dem heutigen kaum zu vergleichen. Es war eine Industriestadt mit dem Qualm und Lärm von nicht weniger als 300 Fabriken und Betrieben; die Metallverarbeitung und die Chemieindustrie standen dabei ganz vorne.

Die Arbeitsbedingungen waren miserabel und schadeten massiv der Gesundheit. In den Jahren 1925–1927 hat sich ein Theologiestudent, der Pastor werden wollte, in verschiedenen Fabriken der Pariser Banlieue anstellen lassen, unter anderem auch in Ivry, weil er das Arbeiterleben hautnah erleben wollte. Das, was er vorfand, hat er so beschrieben: „Die Bedingungen des Arbeiterlebens waren schrecklich. Wir haben täglich elf oder sogar zwölf Stunden gearbeitet. Es gab keine Sozialversicherung: Ich habe eine Mutter von drei Kindern an einer einfachen Blinddarmentzündung sterben sehen, weil ihr Mann die Operation nicht bezahlen konnte; und einen tuberkulosekranken Vater, der sich die Lunge aus dem Leib hustete und damit seine Frau und seine fünf Kinder ansteckte, weil er sich kein Sanatorium leisten konnte ... Eines Tages, als ich auf Arbeitssuche war, las ich auf einem Plakat: ‚Ausfeger gesucht'. Ich ging hin, erledigte die Formalitäten und bat darum, dass man mir einen Besen geben und zeigen möge, was ich zu tun habe. Zu meinem Erstaunen sagte man mir, ich solle nur für ein paar Tage – vor der eigentlichen Arbeit, die für mich vorgesehen sei – Scheinwerfer mit Schwefelsäure abbeizen. Ich wurde in einen kleinen Raum ohne Lüftung geführt, in dem etwa ein Dutzend hustende Frauen beschäftigt waren. Ich habe gleich gesehen, warum: Mit Gummihandschuhen nahmen sie die Scheinwerfer aus Messing in die Hand und weichten sie in einem Bottich mit 200 Litern Schwefelsäure ein. Die Handschuhe, die ich bekam, hatten Löcher, sodass ich mir mehrere Finger schwer verätzte. Am dritten Tag lösten sich meine Kleider in Fetzen auf, und am fünften Tag drohte meinen Lungen etwas Ähnliches. Ich begriff, dass all diese Frauen ausnahmslos provisorisch als ‚Ausfegerinnen' angestellt worden waren. Diese Fabrik verließ ich als kranker Mann."[144]

Die wirtschaftliche Entwicklung lief auf Hochtouren. Aus der Provinz kamen viele Arbeitssuchende, ebenso Migranten aus Italien, Polen und Nordafrika; sie erhielten für ihre Arbeit einen Hungerlohn und waren in unhygienischen Massenquartieren untergebracht. Doch nach dem 24. Oktober 1929, dem „Schwarzen Donnerstag", kam es in Nordamerika bekanntlich zu einem schwerwiegenden Börsenkrach. Frankreich konnte der Krise länger als andere Länder standhalten, weil es ein Kolonialreich und noch sehr ländlich geprägt war; doch bald schon wurde es ebenfalls von den Unruhen erfasst. Die Zahl der Arbeitslosen stieg in diesen Jahren rapide an.

In dieser Lage kamen Madeleine und ihre Gefährtinnen in Ivry an. Sie spürten die zunehmende Unzufriedenheit der Men-

144 Arnold Brémond, Une explication du peuple ouvrier, Sonderausgabe von *Revue du christianisme social*, 1927, Saint-Étienne.

schen und hielten wie gesagt in ihrem Tagebuch die Aufstände vom 6. Februar 1934 in Ivry Plateau fest, zu denen es offenbar gekommen war, weil die Armenküche abgeschafft werden sollte.

Bei ihren Hausbesuchen kam ihnen die Armut, ja vielmehr das Elend entgegen, in dem viele Familien lebten. Deshalb verließen sie jetzt häufiger das Sozialzentrum, um die Menschen dort zu besuchen, wo sie zu Hause waren. Damit gerieten sie aber in eine Spannung; denn ihre Aufgaben innerhalb der Pfarrei drohten sie fast völlig in Beschlag zu nehmen. Gewiss, sie waren gekommen, um den Priestern zu helfen; aber nun drängten sich allmählich andere Erfordernisse in den Vordergrund, auf die sie reagieren wollten.

Die Stadt wurde seit 1925 kommunistisch verwaltet. Sie entwickelte sich rasch zur Hauptstadt des französischen Kommunismus. Maurice Thorez, der Generalsekretär der Partei, wohnte dort. Die Kommunisten konnten den Christen gegenüber auf eine lange Tradition zurückgreifen, die vom Freidenkertum und von einem äußerst kämpferischen Laizismus geprägt war: „Von 1908 bis 1913 sind die Kämpfe besonders heftig. Bei jeder zivilen Beerdigung bekräftigt der Bürgermeiste aufs Neue: ‚Nicht Gott hat den Menschen erschaffen, sondern die Menschen haben Gott erschaffen.‘ Zugleich entsteht in dieser Zeit die ‚Ziviltaufe‘, deren Feierlichkeiten an bedeutsamen Festtagen stattfinden: Weihnachten, Aschermittwoch, Christi Himmelfahrt ... Bei diesen Taufen legen die Paten und Patinnen einen Eid ab, dass sie das Kind außerhalb jeder Konfession erziehen werden.“[145]

Diese Mentalität führte zu ganz konkreten Feindseligkeiten: Kinder bewarfen sich mit Steinen; man gab Madeleine, Suzanne und Hélène eine Liste mit „guten“ Händlern, das heißt

145 Martine Langignon, Communistes et chrétiens entre les deux guerres, in: Les communistes et les chrétiens. Alliance ou dialogue? Madeleine Delbrêl (1904–1933–1964) = Le Supplément 173, 59.

mit christlichen, bei denen sie möglichst einkaufen sollten. Solche Gegensätze waren für sie, die aus offenen und toleranteren Milieus stammten, neu und überraschend.

Und das umso mehr, als auch die Priester mit ihren Äußerungen nicht gerade zimperlich waren. 1930 schrieb ein Vikar der Pfarrei, Abbé Bourceret, im Pfarrbrief: Die Mitglieder der Stadtverwaltung „haben Sie mit ihren kriminellen Befehlen, den örtlichen Streiks, der Inbesitznahme von Fabriken und der Zerstörung von Material in Schach gehalten ... Schlucken Sie die Lügenmärchen, die sie Ihnen das ganze Jahr über in Versammlungen, Zeitungen und Illustrierten auftischen, nicht wie Zuckerdragees!“[146]

Keine Seite war bereit zu differenzieren. Wie sollten die Armen bei solchen Äußerungen glauben, dass die Kirche auf ihrer Seite und nicht auf der Seite der Reichen stand? Auch Madeleine hat später bekannt, dass sie das, was sie da erlebte, nicht nachvollziehen konnte:

> „Die Christen vor Ort schienen an das, was mich bestürzte, ziemlich gewöhnt zu sein. Die drei Fabriken, die die geringsten Löhne bezahlten, hatten als Arbeitgeber und Besitzer ortsansässige Katholiken.“[147]

Die Politik der ausgestreckten Hand[148] wirkte sich kaum mäßigend auf das Verhalten beider Lager aus. Die Christen blieben

---

146 Archiv der Stadtverwaltung Ivry, Pfarrblatt der Pfarrei *Saints-Pierre-et-Paul,* Ivry, 27. März 1930.

147 „La leçon d'Ivry" („Was Ivry mich gelehrt hat"), letzter Vortrag von Madeleine, wenige Wochen vor ihrem Tod, in: OC X, 213 und in NK, 263. Dass sie am Ende ihres Lebens noch einmal auf dieses Unverständnis zu sprechen kam, zeigt, wie sehr sie davon betroffen war.

148 Die Politik der ausgestreckten Hand („La main tendue") ist eine Aktion, die damals von Maurice Thorez – zusammen mit Georges Marrane und Venise Gosnat – ausging: Nach jahrzehntelangen Feindseligkeiten zwischen Christen und Kommunisten rief er in einer Radiobotschaft vom 17.4.1936 zur Zusammenarbeit gegen den drohenden Faschismus und die sozialen Missstände auf (Anmerkung A. S.). Vgl. unten S. 134f.

misstrauisch. Erst mit der Ankunft von Abbé Lorenzo im Jahr 1934 bahnte sich ein vorsichtiger Dialog an. Aber der neue Pfarrer wurde weder von seiner Gemeinde noch von seinen Vikaren wirklich unterstützt. Madeleine hat das später auch am eigenen Leib zu spüren bekommen.

Ihr wurde jetzt bewusst, dass ohne das Bemühen um Dialog beide Seiten auf ihren Positionen beharren würden – die Pfarrei und die Stadtverwaltung mit ihren je eigenen Aktivitäten. Noch mehr beschäftigte es sie aber, dass all diese Menschen das Gespür für Gott verloren hatten; das war für sie das schlimmste Elend überhaupt: „Gott scheint von nichts und niemandem vermisst zu werden“[149], schreibt sie. Und das würde sich nicht ändern, wenn die Streitereien weitergingen und wenn man sich nicht wirklich austauschte und das Leben mit seinen alltäglichen Sorgen und Hoffnungen nicht miteinander teilte.

Das war für sie der eigentliche Grund, in die Rue Raspail Nr. 11 mitten im Stadtzentrum zu ziehen, abgesehen davon, dass im Sozialzentrum nicht genügend Platz war. In der Rue Raspail wären sie zumindest mitten unter den Menschen, dort könnten sie Beziehungen knüpfen, ohne eine Absicht damit zu verbinden, dort könnten sie das Projekt eines „Hauses der offenen Tür“ verwirklichen.

Was Madeleine und ihre Gefährtinnen anstrebten, hatte genau genommen verschiedene Facetten und konnte sogar in sich widersprüchlich erscheinen. Auf der einen Seite brauchten sie Abstand zur Pfarrei, um mitten unter den Menschen leben zu können. Aber auf der anderen Seite suchten sie nach größeren Räumlichkeiten für eine Art „Seminar“, nach einem Ort, an dem sich diejenigen, die sich der Gruppe anschließen wollten, in dieses Leben einüben konnten. Den Ausdruck „Seminar“ ver-

149 OC X, 221; NK, 269.4

wendete Madeleine selbst in ihrem Brief an Abbé Lorenzo vom 4. Dezember 1934.[150] Der Garten in der Rue Raspail Nr. 11 erschien in ihrer Korrespondenz ein wenig wie ein mythischer Ort, „Les Beátitudes" („Die Seligpreisungen") genannt. In einem Brief vom 15. Mai 1935 schrieb sie an Madeleine Tissot, eine enge Freundin der „Charité":

> „Ivry Plateau ist geräumt, und in den ‚Béatitudes' tönt es auf vielerlei Weise: Hier wird gebetet, es gibt Fortbildungen, und die Vögel singen."[151]

In der bedrückenden Atmosphäre der Stadt Ivry erschien der Garten in der Tat als ein Hort des Friedens, der zumindest in der warmen Jahreszeit zu Erholung und Besinnung einlud.

Bald schon war das Haus in der Rue Raspail vor allem von Gesprächen mit den Menschen erfüllt, die dort vorbeikamen. Nach ihrer Ankunft in Ivry verfasste Madeleine einen ihrer frühesten Texte mit dem Titel „Nous autres gens des rues" („Wir Leute von der Straße"), der der ersten Textsammlung, die nach dem Tod Madeleines veröffentlicht wurde, ihren Namen gab.[152] Madeleine vergleicht darin das Leben derer, die

---

150 Dieser Brief wurde auch im vorhergehenden Kapitel schon einmal zitiert, vgl. oben S. 120f. In „Madeleine Delbrêl, genèse d'une spiritualité", 117 und 180–187, wird ausführlich darauf eingegangen.

151 OC I, 259. Ivry Plateau ist der Ort, an dem sie sich zuerst niedergelassen haben und wo sich das Sozialzentrum befindet, das sie zeitweise weiterhin betreiben. Dennoch mussten sie von dort ausziehen, weil es zu klein geworden war, um neue Mitglieder aufzunehmen.

152 Der Text wurde 1938 in den „Études carmélitaines" veröffentlicht. Er verbreitete sich erstmals während des Krieges durch die Arbeiterjugend und durch das Seminar der Mission de France in Lisieux. Dann wurde er 1966 wieder neu in dem Buch „Nous autres gens des rues" veröffentlicht und gab der Textsammlung, die vom Verlag Du Seuil herausgegeben wurde, ihren Namen. Er wurde auch in OC VII, 29 abgedruckt. In einer deutschen Übersetzung erschien das Buch „Nous autres gens des rues" unter dem Titel „Wir Nachbarn der Kommunisten", Einsiedeln 1975.

mitten in der Welt apostolisch wirken, mit dem Leben der Mönche: Diese schließen die Tür hinter sich, während jene ihre Tür offen lassen.

Unwillkürlich stellt sich der Gedanke an das Johannesevangelium ein, wo Christus „die Tür zu den Schafen" (10,7) genannt wird. Die Mönche schließen ihre Tür, um Christus zu begegnen; das ist ihre Berufung. Die anderen lassen ihre Tür offen, um Christus ebenso zu begegnen – in Gestalt der Menschen, die sie auf der Straße treffen oder die sie bei sich aufnehmen. [153]

So wurde das Haus Nr. 11 in der Rue Raspail bald schon von all denen aufgesucht, die wussten, dass sie hier Hilfe bekommen würden: ein offenes Ohr und Unterstützung in ihren materiellen oder seelischen Nöten.

Aber Madeleine ging in ihrer Rolle als Sozialarbeiterin auch auf die Menschen zu; sie blieb nicht in den Zentren, an denen Lebensmittel und Kleidung ausgegeben wurden; denn dort ging es immer ein wenig anonym zu. Lieber ging sie zu den Familien nach Hause. In den Archiven von Val-de-Marne findet sich noch ein Schreiben Madeleines, in dem sie darum bittet, die zentralen Ausgabestellen für Kleidung durch eine häusliche Verteilung zu ersetzen; denn dies „würde es erleichtern, viele Familien wirklich zu erreichen"[154].

Bei einem dieser Besuche machte sie eine ihrer ersten wegweisenden Erfahrungen; sie begann ziemlich bitter, endete jedoch fröhlich und war der Beginn einer dauerhaften Freund-

153 Auf diesen grundlegenden Text Madeleines wird noch ausführlich eingegangen werden, s. unten S. 148ff. – Die Gastfreundschaft war natürlich auch den Mönchen wichtig; vgl. z. B. Art. 53 der Benedikt-Regel: „Alle Fremden, die kommen, sollen aufgenommen werden wie Christus; denn er wird sagen: ‚Ich war fremd, und ihr habt mich aufgenommen'" … Man „verehre so in ihnen Christus, der in Wahrheit aufgenommen wird" (Anmerkung A. S.).

154 Archiv des Départements Val-de-Marne, 6 C 31; die Bitte Madeleines stammt vom 24. Mai 1934. Vgl. die Recherchen von M. Rault, 100e anniversaire de l'Association du Moulin vert, 2202.

schaft. Dieses Ereignis ist in der Erinnerung der Equipen geradezu symbolträchtig geworden. Im Auftrag einer Kollegin, die ebenfalls Sozialarbeiterin war, sollte Madeleine einer Familie ein Paket mit Kleidern bringen. Sie stieg die Treppen hinauf und klingelte an der Tür; ein kleiner Junge öffnete ihr, sie überreichte ihm das Paket und sagte, er solle es seiner Mutter geben. Sie stieg die Treppen wieder hinunter, doch die Kleider kamen schneller unten an als sie; denn die Hausherrin hatte sie ohne viel Federlesens durchs Treppenhaus hinuntergeworfen. Tatsache ist, dass die Kleider nicht kontrolliert worden waren: Sie waren alle schmutzig. „Mademoiselle, ich ziehe meinen Kindern normalerweise so einen ... nicht an!" Das Wort, das sie gebrauchte, wurde beim Weitererzählen diskret ausgelassen.

Madeleine ließ sich nicht aus der Fassung bringen. Zwanzig Minuten später stieg sie wieder die Treppen hinauf, dieses Mal mit einem wunderbaren Rosenstrauß. Die Wut verrauchte, und unter Umarmungen und Küssen entstand eine Freundschaft, die der kleine Junge immer aufrechterhalten hat.[155] Der Vater war ein militanter Kommunist, von dem Christine de Boismarmin sagte, dass er „Madeleine die ersten Unterrichtsstunden in Geschichte und Auftrag der Partei erteilte"[156].

Diese Episode wurde von Madeleines Anhängern so oft erzählt, dass sie fast schon klischeehaft wirkt. Dennoch wirft sie ein Licht auf ihre Fähigkeit, sich auf die Umstände einzustellen, aus einer verfahrenen Situation das Beste zu machen und aus ihren Fehlern zu lernen. Ja, mehr noch: Der Rosenstrauß lässt etwas von der überfließenden Liebe des Evangeliums aufleuch-

155 Die Freundschaft zwischen seiner Familie und Madeleine führte dazu, dass der Junge – René Martineau – sich taufen lassen wollte. Madeleine hat ihn sowohl darauf als auch später auf seine kirchliche Trauung vorbereitet. Bis zu seinem Tod im Jahr 2016 blieb er innerlich mit ihr und ihrer Gemeinschaft verbunden (Anmerkung A. S.).

156 Christine de Boismarmin, a. a. O. 46 (52).

ten; er weist darauf hin, dass sie nicht nur gekommen war, um Kleidung oder etwas zu essen zu bringen, sondern um das „Umsonst" einer Liebe zu bezeugen, die sie selbst übersteigt.

Madeleine und ihre Gefährtinnen absolvierten also ihre Lehre in einer Stadt, in der sich der Kommunismus mehr und mehr als die einzige Zukunft für das Proletariat präsentierte, zumal nach dem Erfolg der Linken bei den Kommunalwahlen im April 1935. Sozialisten und Kommunisten vermochten offenbar auf die Bedürfnisse der Arbeiter zu antworten und waren deshalb allgemein gestärkt aus diesen Wahlen hervorgegangen. Die Stadt Ivry war von nun an in Frankreich keine isolierte kommunistische Hochburg mehr. Nun musste sich Madeleine mit der wohl heikelsten Frage ihres Lebens auseinandersetzen: ob sie sich der kommunistischen Partei anschließen sollte.

Die „Versuchung des Kommunismus"

Über diese Episode im Leben Madeleines ist bisher noch wenig geschrieben worden. Christine de Boismarmin hat sie zwar in ihrer Biografie[157] erwähnt, aber sie deutet es nur an. Madeleine selbst hat erst sehr spät davon gesprochen: 1957, als sie in ihrem Buch „Ville marxiste terre de mission" von den Erfahrungen mit dem Apostolat in Ivry berichtet. Dort schreibt sie:

> „All dies brachte mich allmählich dem Kommunismus näher" – und zwar, so Madeleine, „um 1935".[158]

Es gibt keinen Zweifel an dieser Datierung, auch wenn man lange Zeit davon ausgegangen ist, dass die „Versuchung des Kommunismus" viel später angesetzt werden müsste. Die Historiker

---

157 Christine de Boismarmin, 52f (59f.).

158 Ville marxiste, terre de mission, Paris 1957, 155f; Auftrag des Christen in einer Welt ohne Gott, 147.

waren davon überzeugt, dass sich Madeleine hier im Datum geirrt habe.[159] Doch es gibt keinen Grund, den Zeitpunkt dieser Auseinandersetzung zu verschieben. Man muss Madeleine glauben und diesen entscheidenden Zeitpunkt, an dem sich ihre Haltung gegenüber dem Kommunismus klärte, 1935 bzw. in der ersten Jahreshälfte 1936 ansetzen.

Was meint Madeleine, wenn sie schreibt: „*All dies* brachte mich allmählich dem Kommunismus näher"? Worauf bezieht sie das? Vielleicht zunächst einmal auf die Zusammenarbeit von kirchlich und kommunal angestellten Sozialarbeiterinnen; die Arbeiten von Michèle Rault, die als Archivarin in Ivry tätig ist, legen das nahe. Vor allem aber wurde Madeleine zutiefst von den Erfahrungen im Komitee zur Unterstützung der Arbeitslosen geprägt, das von der Stadtverwaltung organisiert wurde; die erste Versammlung fand am 13. März 1936 statt. Es ging darum, in der ganzen Stadt zu einer großen Kleider- und Lebensmittelsammlung sowie einer Geldspende aufzurufen, um den Arbeitslosen zu helfen, deren Zahl aufgrund der weltweiten Krise rasch anstieg. Auch Abbé Lorenzo, der noch keine zwei Jahre Pfarrer in Ivry war, schrieb sich in dieses Komitee ein, ebenso Madeleine und etwa 40 weitere Christen; das zeigt, dass die christliche Fraktion vielleicht doch nicht so unzugänglich war wie sie nach außen hin erscheinen mochte.

Dieser Teilnahme von Christen an einer von Kommunisten ins Leben gerufenen Aktion folgte wenige Wochen später, am 17. April 1936, die berühmte Radio-Botschaft von Maurice Thorez, Generalsekretär der Kommunistischen Partei und Ab-

159 Vgl. dazu das Kolloquium von Oktober 1988: „Les communistes et les chrétiens, alliance ou dialogue", in: Le Supplément Juni 1990. Étienne Fouilloux war der Auffassung gewesen, dass die Broschüre, die Madeleine zitiert, nicht vor 1949 erschienen ist. Doch das ist nicht haltbar: Diese Broschüre, eine Sammlung von Briefen und Artikeln Lenins, die nach Themen sortiert ist, gibt es schon 1933; sie wurde mehrfach neu aufgelegt. Étienne Fouilloux und Claude Langlois konnten diesen Punkt inzwischen klären.

geordneter von Ivry: „Wir reichen dir die Hand, Katholik: dem Arbeiter, Angestellten, Handwerker, Landwirt – wir gehören nicht zur Kirche, doch du bist unser Bruder, und uns bewegen dieselben Sorgen …"

Das Komitee zur Unterstützung der Arbeitslosen, das in Ivry ins Leben gerufen worden war, war für die Kommunisten ganz offensichtlich ein Test, wie weit die Christen bereit waren, sich ihrem Kampf für das Arbeiterproletariat anzuschließen. Madeleine hat in einem Leserbrief der katholischen Wochenzeitschrift *Sept* deutlich beschrieben, warum sie sich damals darauf eingelassen hat; dieser Leserbrief wurde am 24. April 1936 veröffentlicht:

> „Damals hatten sich in der öffentlichen Meinung in Ivry auf beiden Seiten Hindernisse aufgetürmt, die eine Begegnung unmöglich machten […] Wir hingegen waren davon überzeugt, dass wir zusammen Spenden einwerben, eine Kleidersammlung durchführen und diese Hilfsangebote bestmöglich den Bedürftigen zukommen lassen könnten, ohne deshalb unseren Glauben aufzugeben und ohne deshalb unser apostolisches Engagement zu vernachlässigen. Wir gingen davon aus, dass mit den Kommunisten zusammenzuarbeiten nicht heißt, kommunistisch zu werden: Das käme einem Glaubensabfall gleich; dass es aber nicht christlich wäre, unsere Freundschaft dort zu verweigern, wo Christus seine Liebe nicht verweigern würde."

Dieser Text ist eindeutig. Madeleine hat bereits die Position eingenommen, die sie später in ihrem Buch „Ville marxiste" und am Ende ihres Lebens in dem Text „La leçon d'Ivry"[160] klar vertreten wird. Doch worin bestand genau die Versuchung, die in dem Satz anklingt „All das brachte mich allmählich dem Kom-

160 Vgl. oben S. 128, Anmerkung 147.

munismus näher"? Das Wort „allmählich" weist darauf hin, dass die Zusammenarbeit mit den Kommunisten sie wohl Stück für Stück dazu brachte, sich ihnen innerlich anzuschließen.

Man hat sie diesbezüglich sicher herausgefordert: Die Kommunisten kamen ja nicht umhin, zu erkennen, dass diese junge Frau höchst talentiert war, sowohl in der praktischen Arbeit als auch auf der Ebene der geistigen Auseinandersetzung. Irgendwann einmal musste sie Farbe bekennen, wo sie nun eigentlich stand. Als sie nun Anfang 1936 einwilligte, sich zusammen mit Abbé Lorenzo im Komitee zur Unterstützung der Arbeitslosen zu engagieren, hat sie sich dazu entschieden, mit den Kommunisten zusammenzuarbeiten, ohne irgendeinen Punkt ihrer Doktrin zu übernehmen.

Das war keineswegs eine naiv-vereinfachende Sicht der Dinge, denn sie verlangte bei jeder Anfrage eine neue „Unterscheidung der Geister". Madeleine wollte ja nie den Eindruck erwecken, dass sie der marxistischen Lehre zustimmte, wenn sie sich an einer Aktion beteiligte. Sie musste deshalb einerseits sachgerecht handeln, andererseits aber jede Zweideutigkeit vermeiden. Das hat sie später auch den Pariser Studenten in ihrem Text „La leçon d'Ivry" klargemacht.

Als sie 1962 zu dem Empfang eingeladen wurde, der Präsident Chruschtschow zu Ehren gegeben wurde, hat sie sich geweigert teilzunehmen, um nicht den Eindruck zu erwecken, dass sie die Verfolgung der Christen in der UdSSR guthieß.[161] Es war für sie allerdings nicht immer leicht, ihrer inneren Richtschnur zu folgen; am 26. April 1936, zwei Tage nach dem Erscheinen ihres Leserbriefs in der Zeitschrift „Sept", bezog sich die kommunistische Tageszeitung „L'Humanité" auf diesen Text und nannte Madeleine als Beispiel dafür, dass eine Zusam-

161 Vgl. unten S. 303.

menarbeit möglich sei – ohne auf ihre Differenzierungen und Vorbehalte einzugehen. Es bestand also immer die Gefahr, dass man sie vereinnahmte.

In Bezug auf die marxistische Lehre brauchte Madeleines Entscheidung ein stabiles Fundament; dieses basierte auf einer zweifachen Überzeugung:

(1) Zum einen wurde ihr klar, dass der Marxismus ganz offensichtlich die Abschaffung der Religion wollte; durch die Lektüre einer Broschüre, die die Schriften Lenins zu dieser Frage zusammenfasste, ist ihr dies bewusst geworden.[162]

Wenn man die entsprechenden Ausführungen Madeleines darüber in „La leçon d'Ivry" liest, könnte man den Eindruck gewinnen, dass sie sich intellektuell intensiv mit dem Marxismus auseinandergesetzt hätte. In Wirklichkeit hat sie nur einige zentrale Texte gelesen, doch zumindest so viele, dass sie daraus schließen konnte, dass der „Tod Gottes" zum Aktionsprogramm des Marxismus gehörte. An diesem Punkt aber konnte sie sich selbst nicht verleugnen. Sie konnte sich unmöglich der marxistischen Doktrin anschließen, sich aber auch auf nichts einlassen, was einen solchen Eindruck hätte erwecken können, wie zum Beispiel ein Parteieintritt:

> „Mit einem Schlag war alles entschieden. Ich erinnere daran, dass ich eine Neubekehrte war. Ich war von Gott überwältigt worden und bin es noch. Es war und ist mir unmöglich, in die eine Schale der Waage Gott zu legen, in die andere alle Güter dieser Welt, mögen es die meinen oder die der ganzen Welt sein."[163]

---

162 Vgl. die Anmerkung 125 im Kolloquium vom Oktober 1988; vgl. dazu oben S. 134, Anmerkung 159.

163 OC X, 216–217. Vgl. auch NK, 266 und Prophetin einer Kirche im Aufbruch, 140.

(2) Die zweite Überzeugung gründete im Evangelium. Madeleine schreibt, dass sie es noch einmal von vorn bis hinten gelesen habe, nicht nur die Texte, in denen es um die soziale Gerechtigkeit geht. Diese aufmerksame Lektüre führte sie zur Gewissheit, dass man kein wahrer Jünger Christi sein kann, wenn man einige Menschen hasst, um dafür andere lieben zu können. Jesus verlangt sogar, die Feinde zu lieben. Deshalb konnte sie sich nicht dem Klassenkampf anschließen; sie war davon überzeugt, dass es einen anderen Weg gibt, die soziale Gerechtigkeit zu erreichen.

Jesu Wort von der Feindesliebe führte ihr aber auch ihre Verantwortung gegenüber den Marxisten vor Augen: Es galt, ihnen in Freundschaft zu begegnen. Sie durfte ihre Freundschaft dort nicht verweigern, wo Jesus seine Liebe nicht verweigert hätte. Waren die Marxisten nicht die unglücklichsten aller Menschen, wenn sie Gott zurückwiesen? Hat Christus sein Leben nicht auch für sie hingegeben? Und diese Freundschaft konnte möglicherweise eben so weit gehen, dass man sich Seite an Seite mit ihnen für die Gerechtigkeit einsetzt.

An dieser inneren Leitlinie hat Madeleine sich zeitlebens orientiert. Es steht nun auch fest, dass sie sich ihrer bereits in den Monaten März/April 1936 vergewissert hat. Aus den wenigen verfügbaren Dokumenten lässt sich allerdings nicht schließen, was sie konkret zu dieser Entscheidung veranlasst hat. Gut ersichtlich sind die inneren Kämpfe, die sie zu bestehen hatte; das bringt sie deutlich zum Ausdruck. Man weiß auch, was ihr bei der „Unterscheidung der Geister" geholfen hat. Doch ist sie unter Druck gesetzt worden? Hat man ihr konkrete Vorschläge gemacht, wie sie sich noch intensiver zusammen mit der Partei engagieren könnte? Oder hatte sie einfach das Bedürfnis, eine Position zu finden, die sie mit ihrem Gewissen vereinbaren konnte – in einer Zeit, in der der Kommunismus durch seinen

Kampf für die soziale Gerechtigkeit und durch seine unleugbare Wirksamkeit eine echte Faszination ausüben konnte, wie sie es später in „Ville marxiste" beschrieben hat? Und dies umso mehr, als sie es in Ivry mit Menschen zu tun hatte, die aufrichtig waren und sie durch ihre Menschlichkeit überzeugten? Genau wird man das nie wissen.

Manche mögen die Frage aufwerfen, ob Madeleine es sich mit ihrer Entscheidung nicht allzu einfach gemacht hat; so habe sie sich ja mit dem Marxismus gar nicht gründlich auseinandergesetzt. Doch sie hat nie beansprucht, ein theoretisch fundiertes, umfassendes Urteil über die Beziehung zwischen dem Marxismus und dem christlichen Glauben abgeben zu können. Im Gegenteil: Sie hat immer hervorgehoben, dass sie nur von ihrer eigenen Erfahrung sprechen könne und dass sie die Lösungen, die sie fand, keineswegs auf andere Situationen übertragen wolle. Sie suchte für sich selbst und für die, die zu ihr gehörten, nach einer Haltung, die am meisten dem Glauben entsprach, den sie unter den konkreten Bedingungen lebte, die sie in Ivry vorfand. So gesehen ist sie mit ihrer Erkenntnis um mehr als zehn Jahre den Fragen voraus, die sich später vor allem den Arbeiterpriestern und all den Christen stellten, die in einem marxistischen Milieu lebten und arbeiteten.

Das, was ihre Entscheidung so kraftvoll erscheinen lässt, ist Madeleines Gabe, zum Wesentlichen vorzudringen und sich nicht in Details zu verlieren; es ist ihre Klarheit in Bezug auf die Ziele des Marxismus, besonders auf dessen Unvereinbarkeit mit dem Glauben an Gott sowie mit einer Liebe zu *allen* Menschen. Ihre Treue dem Evangelium gegenüber zeigte sich etwa in ihrer Weigerung, Ja und Nein zugleich gelten zu lassen. Wenn sie zum Evangelium Ja sagte, konnte sie nicht gleichzeitig zu etwas Ja sagen, was ihm widersprach. Ja zum Evangelium zu sagen, hieß aber eben auch, die Marxisten mit der gleichen bedingungslosen Liebe zu lieben, die sie allen anderen entgegenbringen wollte, denen sie begegnete. Es hieß, die Verbundenheit anzuerkennen, die jeden Menschen zum Bruder, zur Schwester macht, weil Gott jeden liebt und beim Namen ruft. Daher waren die Entscheidungen, die Madeleine im alltäglichen Leben treffen musste, so komplex: Sie erforderten von ihr, frei zu bleiben in der Freiheit des Evangeliums, und das heißt: zu lieben. Eine Liebe, die es mit sich bringen kann, dass man sein Leben verliert, ohne den Glauben zu verlieren. In diesem Sinne war Madeleine wahrhaft eine Pionierin.

Das hat ihr auch die Autorität verliehen, in den Krisenjahren 1953–1955 sowohl mit den Arbeiterpriestern als auch mit den Bischöfen zu sprechen. In ihrem Buch „Ville marxiste terre de mission“ schreibt sie, dass die Texte des Heiligen Offiziums von 1949 inzwischen eine Richtlinie vorgäben, auf die sie sich seinerzeit, als sie selbst die Geister unterscheiden musste, noch nicht hatte beziehen können. Man müsse in diesen Texten, die „für uns eine Frage der Disziplin sind, den Geist, der sie inspiriert hat“, erkennen.[164] Und zwischen den Zeilen lässt sie ganz behutsam durchblicken, dass es Versuche wie der ihre waren, die das Zustandekommen dieser Texte gefördert hatten:

> „Die Erinnerungen, die ich hier anspreche, betreffen alle eine schon weit zurückliegende Zeit; ich hoffe aber, dass die Gesichtspunkte, die mir damals und später noch lange am meisten geholfen haben, aufrichtig und wahrhaftig in einem Milieu zu leben, das schwierige Entscheidungen verlangt, auch anderen helfen können, in diesen Texten den Geist zu spüren, der sie inspiriert hat, um so ihren Gehorsam zu stärken.“[165]

Es brauchte viel Mut und Demut zugleich, um so sprechen zu

---

164 Ville marxiste terre de mission, 159; vgl. auch Auftrag des Christen in einer Welt ohne Gott, 150f.

165 Ebd.

können. Madeleine hat sich dabei nie vor der Verantwortung für die jeweils neue Situation gedrückt, mit der sie sich konfrontiert sah. Sie hatte keine Anleitungen; deshalb hat sie sich selbst welche gegeben oder vielmehr: auf dem Weg der geistlichen Unterscheidung von Gott erhalten. Natürlich hat ihr geistlicher Begleiter sie dabei unterstützt, denn er war als Pfarrer von Ivry mit denselben Fragen konfrontiert. Unverkennbar ist aber auch, dass wohl nur die Intensität ihres Glaubens und ihre Treue zur Kirche diese wahrhaft wunderbare Klarheit hervorbringen konnten.

Diplom in Sozialarbeit

Es gehört zu den Schwierigkeiten einer Biografie, dass man nicht alles gleichzeitig thematisieren kann. Man spricht das eine oder andere an und muss andere Bereiche des Lebens zunächst außen vorlassen; bei Madeleine sind es ihr familiäres Leben, besonders die Schwierigkeiten, die ihre Eltern miteinander hatten, dann das Leben der kleinen Gruppe „La Charité“ und schließlich ihre Ausbildung zur Sozialarbeiterin, die sie erst im November 1936 abgeschlossen hat. Wie sie sich diesen so unterschiedlichen Bereichen, auf die nun einzugehen ist, zu stellen vermochte, ist erstaunlich.

1935 trennten sich Madeleines Eltern endgültig. Jules Delbrêl war wieder mit Bernadette nach Mussidan gezogen, doch diese war selbst krank und starb im Juni 1936. Madeleine konnte ihren Vater in einem wenige Kilometer von Mussidan entfernten Haus unterbringen, in einem Dorf namens „Le Chaupre“, wo er von einer zuverlässigen Frau – Eva Loncan – gepflegt wurde; Madeleine war ihr immer sehr dankbar dafür.

Dort besuchte sie ihren Vater regelmäßig, trotz ihrer vielfältigen Aufgaben und seines oft schrägen, ja verletzenden Humors. Ihre Familie hat berichtet, dass Madeleine so manches Mal eine Abfuhr von ihm erhalten hat. Zu anderen Zeiten kamen sie sehr gut miteinander aus. Aber das konnte man nie vorhersehen. Madeleine blieb zwar äußerst diskret, was die Beziehung zu ihrem Vater anbelangte. Doch sie war offenbar immer beklommen, wenn sie zum Bahnhof Austerlitz ging, um den Zug nach Mussidan zu nehmen. Einmal kam sie eine Stunde nach Abfahrt des Zuges wieder nach Hause. Ihren erstaunten Gefährtinnen gegenüber bekannte sie: „Ich habe mich nicht getraut"; so ist sie dann erst am nächsten Tag gefahren.

Wenn ihre Mutter ihre Wohnung am St.-Jacques-Platz verließ, dann nur, um zusammen mit Clémentine nach Ivry zu fahren.[166]

Inzwischen hatte sich die Gruppe „La Charité de Jésus" vergrößert. Am 23. Juli 1936 traten Marie-Aimée Jouvenet und Andrée Voillot ein. Im Juli 1937 folgte ihnen Christine Thomas de Boismarmin. Sie stand Madeleine sehr nahe, wurde später ihre Vertraute und galt bald als die „Zweite" der Gruppe; nach Madeleines Tod folgte sie ihr als Verantwortliche. Im September 1937 trat Andrée Saussac ein, und im Oktober desselben Jahres Louise Brunot.

Die Gruppe wuchs also zusehends, und das Haus in der Rue Raspail Nr. 11 erfüllte damit bestens seinen Zweck. Abbé Lorenzo war als Pfarrer von Ivry in ihrer Nähe; das machte eine Begleitung durch ihn einfacher. In dem Maße, wie sich die „Charité" von pfarreilichen Aufgaben distanzierte, wurde er damit zum einzigen „offiziellen" Bindeglied zwischen ihnen

166 Sie wohnte damals im 13. Arrondissement von Paris, das an Ivry angrenzt.

und der Kirche. Dennoch bezog Kardinal Verdier[167] ganz klar Position, als er am 8. November 1936 zur Einweihung der Kapelle Saint-Baptiste in Ivry Plateau kam: „Ersuchen Sie keine Approbation. Sie sind Vorreiterinnen eines Laien-Ordenslebens, das es in der Kirche so noch nicht gibt.“ So hat es P. Jean Guéguen berichtet, der es 1954 von Madeleine selbst gehört hat.

Wenn Madeleine es richtig in Erinnerung behalten hat, dann sind diese Worte zwiespältig, denn was bedeutet „ein Laien-Ordensleben“? Lange Zeit hat sich Madeleine damit auseinandersetzen müssen, dass sie so als Gruppe keinen kirchenrechtlichen Status hatten. Das löste sich erst 1958, als der Erzbischof von Paris, Kardinal Feltin, die offizielle Verantwortung für die Gruppe übernahm und diese Aufgabe gegenüber der „Charité“ Pierre Veuillot, damals Mitarbeiter im vatikanischen Staatssekretariat, übertrug.[168]

Aber unabhängig vom kirchenrechtlichen Status ging das Leben der jungen Frauen seinen Gang; entschieden beanspruchten sie ihre Zugehörigkeit zum Stand der Laien, führten aber dennoch ein ausgesprochen ordensähnliches Leben, da sie den evangelischen Räten in radikaler Weise folgten. Hier waren Madeleine und ihre Gefährtinnen tatsächlich Pionierinnen; sie sprengten die vorgegebenen Kategorien und versuchten, eine völlig neue Berufung mit Leben zu füllen.

Im November 1936 schloss Madeleine ihr Studium als Sozialarbeiterin ab. Das gelang ihr glänzend: Sie war Klassenbeste und hatte die höchste Punktzahl erreicht. Mehr noch: Ihre Abschlussarbeit wurde unter dem Titel „Ampleur et dépendance

---

167 Verdier, Generaloberer der Priestergemeinschaft von Saint-Sulpice und später Erzbischof von Paris, hatte sich, als sich die „Charité“ in Ivry niederließ, schon genauso geäußert, ebenso wie M. Boisard, der zuvor konsultierte stellvertretende Generalobere. Vgl. oben S. 103.

168 Vgl. unten S. 238f und 285f. Zu Pierre Veuillot vgl. oben S. 94, Anmerkung 101.

du service social“ veröffentlicht.[169] Sie führte darin weiter aus, was sie bereits 1934 in einem Text mit dem Titel „Service social et Charité“ skizziert hatte: Auf der einen Seite sah sie im „Sozialdienst das moderne Kleid der Nächstenliebe“.[170] Denn heutzutage, angesichts des ungeheuren sozialen Elends, könne man sich nicht mehr mit einer Wohltätigkeit zufriedengeben, die dem Engagement Einzelner überlassen bleibt; es brauche Kompetenz und Organisation. Auf der anderen Seite genügten bloße Kompetenz und Organisation nicht: „Die Nächstenliebe ist die Seele des wahren Sozialdienstes.“ Madeleine zeigt darüber hinaus auch auf, dass der Sozialdienst das Engagement der gesamten Gesellschaft braucht; er darf die Menschen nicht in der Hilfsbedürftigkeit belassen – er soll sie vielmehr wieder in eine Gesellschaft integrieren, die dazu auch bereit sein muss.

In dieser Zeit kam Madeleine in Kontakt mit Annette Coutrot, die selbst auch Sozialarbeiterin war. Ihr Mann, Jean Coutrot, war Polytechniker und Ökonom; sein Spezialgebiet war die Arbeitsorganisation nach wissenschaftlichen Kriterien. Er kam ins Kabinett von Charles Spinasse, der 1936 Wirtschaftsminister des *Front Populaire* war, und wurde Präsident des Komitees für Arbeitsorganisation. Die Coutrots waren weder Kommunisten noch Christen. Madeleine kam durch ihren Beruf mit ihnen in Kontakt.[171] Annette erkrankte Anfang 1938 an Tuberkulose und musste sich deshalb von ihrer Familie fernhalten. In dieser Zeit begann ihre Korrespondenz mit Madeleine.

Madeleine und Annette waren schon davor mit zwei ande-

169 „Weite und Begrenztheit des Sozialdienstes“, zuerst 1937 im Verlag Bloud et Gay veröffentlicht und wieder neu in: „Madeleine Delbrêl, Profession assistante sociale“, 71–110. Im Folgenden: OC V.

170 Ebd, 106.

171 Jean Coutrot wurde 1940 vom Vichy-Regime seiner Funktion enthoben; nach mehrfachem beruflichen Scheitern geriet er in eine Depression, die ihn am 19. Mai 1941 schließlich in den Suizid führte.

ren Sozialarbeiterinnen nach Deutschland gereist. Die offizielle Einladung dazu wurde ihnen vermutlich durch die Vermittlung der französischen Regierung ausgesprochen, der Jean Coutrot nahestand; deshalb konnten sie sie annehmen, ohne die zuständigen Behörden in Frankreich zu kompromittieren. Es gibt praktisch keine Aussagen Madeleines darüber, wie sie Deutschland anderthalb Jahre vor Beginn des Zweiten Weltkriegs wahrgenommen hat. Doch in einem Brief an Annette Coutrot vom 22. September 1938 kommt ihre Einstellung deutlich zum Ausdruck. Sie nimmt Bezug darauf, dass ihre Freundin aus nicht näher bekannten Gründen früher als die anderen zurückfahren musste:

> „Wir hatten Sie gerade zum Zug Berlin–Paris gebracht. Gaugnet [oder Gauguet?] hat Notizen in ein schönes großes Heft übertragen. Voisin war bei der Versammlung katholischer Franzosen und hat dort einen Vortrag gehört. Ich selbst war in einer Kapelle um die Ecke und weinte doppelt so viel wie Maria Magdalena darüber, dass allem, was mir lieb ist, der Glaube fehlt; und ich konnte geradezu mit Händen greifen, was man bei uns alles in Bewegung setzen müsste – auf einem geistigen Hintergrund, der unendlich weiter ist als all das Gerede von Rasse, Blut und Boden."[172]

Madeleine hat die erstickende, todbringende Enge des Nationalsozialismus erlebt, und ihr war bewusst, dass diese Welt nur überleben kann, wenn sie sich der geistgewirkten Bewegung des Glaubens und der Liebe überlässt. Hier, in diesem Brief, spricht sie vom Glauben, während in anderen Briefen mehr von der Liebe die Rede ist.

In einem weiteren Brief an Annette Coutrot, den sie am

---

172 Unveröffentlichter Brief in: AMD III. Dort sind auch die folgenden Briefe an Annette Coutrot zu finden.

27. Februar 1942, mitten in der Zeit der Besatzung, schrieb, beklagte sie den „allgegenwärtigen Egoismus", der ihr entgegenkam:

> „Ich wünschte so sehr mit allen Fasern meines Seins, dass dieses Land wieder aufersteht. Mir scheint, als bräuchte es dafür ein Wunder der Liebe, ein wahres Lauffeuer der Liebe. Man möchte sich selbst hingeben, um dieses Lauffeuer der Liebe in Gang zu setzen. Ich glaube, dass dies das Einzige ist, was noch helfen kann, und ich bin bereit, dafür alles zu opfern [...] Ich bin so bekümmert, dass das Feuer des christlichen Lebens kaum noch brennt. Wir haben die Liebe zu dem ‚einen Notwendigen' verloren, das die Ungläubigen von uns einfordern; denn für sie ist uns dieses kostbare Gut geschenkt worden. Sie wissen besser als wir, was wir zu tun haben. Ich würde mich freuen, wenn Sie für mich beten würden. Ich spüre, wie notwendig es ist, dass ich oder die anderen sich zutiefst wandeln; vor allem, dass es in Frankreich Menschen gibt, die frei von sich selbst sind und sich ganz dem Wohl aller hingeben."

Wenn man die Maßlosigkeit dieser Liebe so kraftvoll leben will, muss man sich aber dort verwurzeln, wo man ist. Wenige Wochen nach ihrer Rückkehr aus Deutschland schrieb Madeleine ihrer Freundin:

> „Ich war sehr froh, dass ich alles wiedergefunden habe und mich an dem Stückchen Erde festmachen konnte, an dem ich zu sein habe. Der Gedanke ist tröstlich, dass die Pflanzen durch ihre kleine Wurzel – fest verankert an einem Ort – mit der ganzen Erde verbunden sind, und dass selbst große Wolken nur einen kleinen Teil von ihnen verdecken können. Ganz da zu sein, wo man ist: Das ist das Geheimnis dafür, überall sein zu können."

In ihrem Brief vom 3. Januar 1940 zeigt sich Madeleine von dem Wunsch beseelt, dass die Welt und damit auch Frankreich heil werden mögen:

> „Ich glaube ganz fest, dass unsere eigene Treue zu der Liebe, die wir empfangen haben, diese Heilung beschleunigen kann. Das macht die kleinsten Unternehmungen gewichtig wie Blei."

Die universale Dimension der Liebe, ihre Kraft, sich auf der ganzen Welt auszubreiten, hängt davon ab, ob sie sich in unsere winzigen Akte und in jenen kleinen Ort einschreiben kann, an dem wir unser Leben zu leben haben. Madeleine ist keineswegs eine Träumerin: Liebe lässt sich nur verwirklichen, wenn sie den konkreten Menschen erwiesen wird, die hier und heute auf unsere Liebe warten.

Am 11. Oktober schrieb sie an Christine de Boismarmin, die es in Champigny-sur-Marne gerade schwerhatte:

> „Seien Sie eine kleine Zelle der Liebe da, wo Sie sind, und Sie werden für die Sache Gottes mehr bewirken als eine ganze Armee."[173]

Diese Überzeugung hinderte Madeleine jedoch nicht daran, am 17. März 1939 an ihre Gefährtin Hélène Manuel zu schreiben:

> „Ein Krieg gegen Hitler wäre so etwas wie ein Kreuzzug, und er wäre es wert, dabei den Tod zu finden."[174]

Wer Madeleines Briefe an Annette Coutrot liest, ist vielleicht überrascht, dass sie sich so ungezwungen einer Frau zuwendet, die sie an anderer Stelle als „religionslos, aber mit vielen Katho-

---

173 OC I, 320.
174 OC I, 308.

liken freundschaftlich verbunden"[175] beschreibt. Sie spricht unumwunden vom Glauben und von der Nächstenliebe, und sie wagt sogar, sie darum zu bitten, für sie zu beten. Man weiß, dass sich ihre Freundin bald nach ihrer Deutschlandreise mit Tuberkulose angesteckt hatte und mehrere Jahre lang schwer krank war.

Madeleine reagierte darauf ähnlich wie gegenüber Louise Salonne, der sie sich zehn Jahre zuvor zugewandt hatte. Sie schrieb auch dann, wenn sie keine Antwort bekam; sie hielt den Kontakt aufrecht und vertraute der Kranken an, was ihr selbst das Kostbarste war, einfach um sie in ihrem Kampf um das Leben zu unterstützen. Sie sprach von der Liebe Jesu in einer Weise, die nicht übergriffig war, denn die Sprache der Liebe versteht jeder und jede; und sie schrieb, dass diejenigen, die nicht an Gott glauben, diese Liebe von uns einfordern – und dass wir sie ihnen schulden.

„Wir Leute von der Straße"

Im Januar 1938, unmittelbar vor ihrer Deutschlandreise, hat Madeleine jenen bereits kurz erwähnten Text verfasst, der schlicht mit M. D. unterzeichnet ist. Er wurde im Namen aller Mitglieder der Gruppe „La Charité" geschrieben und wie gesagt im April in der Zeitschrift „Études carmélitaines" veröffentlicht.[176] Madeleine war gebeten worden, von ihren apostolischen Erfahrungen zu berichten, die sie seit vier Jahren in Ivry machte. Wie immer hat sie keinen abstrakten oder akademischen Text verfasst, sondern in Bildern gesprochen. Der Text mit der Überschrift „Nous autres gens des rues" („Wir Leute von der

175 Brief an Abbé Plaquevent vom 25. April 1938, in: OC I, 282.
176 Vgl. oben S. 130.

Straße") wurde ein enormer Erfolg; 1966 gab er der ersten posthumen Sammlung ausgewählter Texte ihren Titel.

Werfen wir einen Blick auf einige Schlüsselstellen ihrer Schrift:

> „Es gibt Orte, an denen der Geist weht.
> Aber es gibt auch einen Geist, der überall weht.
> Es gibt Leute, die Gott ‚aus der Welt herausnimmt'.
> Andere gibt es, die lässt er in der Masse,
> die zieht er nicht ‚aus der Welt zurück'.
> Es sind Leute, die eine gewöhnliche Arbeit verrichten, die gewöhnliche Verheiratete oder gewöhnliche Unverheiratete sind. Leute, die gewöhnliche Krankheiten und gewöhnliche Traueranlässe haben. Leute, die ein gewöhnliches Haus und gewöhnliche Kleider haben. Es sind Leute des gewöhnlichen Lebens. Leute, die man auf einer beliebigen Straße antrifft."[177]

Madeleine hat oft diese Vergleiche gewählt, um die Berufung der „Charité" zum Ausdruck zu bringen. Es gibt Leute, die Gott aus der Welt herausnimmt, und andere, die er in der Welt lässt. Mit den Erstgenannten meint sie vor allem die Mönche, wie der weitere Textverlauf zeigt. Sie verwendet dabei das bereits erwähnte Bild von der Tür:

> „Sie lieben ihre Tür, die sich zur Straße hin öffnet, so wie ihre der Welt unsichtbaren Schwestern und Brüder die Tür lieben, die sich endgültig hinter ihnen geschlossen hat."

---

177 OC VII, 23. Vgl. auch NK, 49 und Deine Augen in unseren Augen, 81. Der Text „Nous autres gens des rues" fand eine bemerkenswerte Resonanz. Er wurde größtenteils in der Zeitschrift der Christlichen Arbeiterjugend „Le Levain dans la pâte" veröffentlicht und inspirierte nach den Worten von P. Louis Augros, dem ersten Regens des Seminars der Mission de France, deren Ausbildungskonzept während der ersten Jahre in Lisieux.

Die Tür des Hauses Nr. 11 in der Rue Raspail öffnet sich zur Straße hin, und Madeleine und ihre Gefährtinnen lieben diese Tür, die sie mit ihren Brüdern und Schwestern auf der Straße in Kontakt bringt. Doch das Entscheidende ist, dass für die, die ihre Tür zur Straße hin öffnen, diese Straße der Ort ihrer Heiligkeit ist:

> „Wir andern, wir Leute von der Straße, glauben aus aller Kraft, dass diese Straße, diese Welt, auf die Gott uns gesetzt hat, für uns der Ort unserer Heiligkeit ist."

Es ist somit nicht nötig, sich aus der Welt zurückzuziehen, um heilig zu werden. Auch die, die auf den Straßen der Welt unterwegs sind, können Heilige werden – dazu fehlt es ihnen an nichts:

> „Wir glauben, dass uns hier nichts Nötiges fehlt, denn wenn das Nötige fehlte, hätte Gott es uns schon gegeben."

Am Ende des Artikels hat Madeleine selbst noch einige Sätze angefügt:

> „Diese Notizen stammen von einer Laiengemeinschaft in der Banlieue, die sich ganz und gar dem Evangelium verschrieben hat. Ihre Mitglieder haben eine große Abneigung gegen Theorie und Wirklichkeitsferne: Ihr Apostolat ist ein Apostolat des Lebens. Sie sagen nicht: Wir arbeiten für Christus, sondern: Wir wollen Christus lebendig werden lassen mitten in einer Welt, in der er unbekannt ist. Deshalb wollen sie nicht Leute sein, die etwas ‚machen', sondern Leute, durch die hindurch Christus wirkt."[178]

Diese kurze Notiz vermittelt sehr schön etwas von der geistlichen Inspiration der Gruppe: Eine Handlung ist ein bloß menschliches Agieren, wenn sie nicht dem Wirken Christi in

178 OC VII, 21. Vgl. auch Deine Augen in unseren Augen, 25.

uns entspringt. Das ist der tiefere Sinn des Unterschieds zwischen „machen" und „wirken lassen".[179] Es geht darum, Christus durch uns handeln zu lassen. Oder mehr noch: ihn in uns handeln zu lassen. Wenn Christen handeln, geschieht das gewissermaßen in einer Haltung der Passivität, die sich der Dynamik des Geistes überlassen muss.

Lässt sich hier der Einfluss von Henri Brémond auf Madeleine ausmachen, der ein Buch über die „Französische Schule der Spiritualität" geschrieben hat?[180] Man weiß, dass sie dieses Werk um 1925/26 gelesen hat; sie hat sich auch Notizen gemacht, die in einem kleinen schwarzen Heft im Archiv aufbewahrt sind.[181] Doch mit Sicherheit wurde es ihr lebensnäher und konkreter in der geistlichen Begleitung durch Abbé Lorenzo vermittelt, der selbst im Seminar von Issy-les Moulineaux in der Tradition der Sulpizianer ausgebildet worden war.

Es ging ihr nie darum, Aktion und Kontemplation fein säuberlich voneinander zu trennen; jenseits dieses doch recht theoretischen Problems wollten Madeleine und ihre Gefährtinnen sich darin einüben, jeden Tag Christus in sich lebendig werden zu lassen: „Wieder beginnt ein Tag. Jesus will ihn in mir leben"[182] – so beginnt eine ihrer poetischen Meditationen aus den Jahren 1945/46.

Das erfordert einen nicht geringen Verzicht, die Fähigkeit, sich selbst zu vergessen, leer zu werden, damit Christus den ganzen Raum, *seinen* Raum einnehmen kann. Sich großherzig der Verkündigung des Evangeliums zu widmen, genügt nicht. Das

179 Madeleine unterscheidet zwischen „agis" und „actifs".

180 La Conquête mystique (Der Weg der Mystik), in: Histoire littéraire du sentiment religieux en France, Paris 1920 und 1921.

181 Vgl. dazu die Studie von Bernard Pitaud: „Madeleine Delbrêl et l'École Française de Spiritualité, in: Bulletin de Saint-Sulpice n° 22, 1996, L'École Française aujourd'hui, 208–225.

182 Madeleine Delbrêl, Humour dans l'amour, 59. Im Folgenden: OC III. Vgl. auch Deine Augen in unseren Augen, 86.

österliche Geheimnis muss sich in uns mit seiner ganzen Heil schaffenden Macht auswirken dürfen. Madeleine hat sich nicht gescheut, es so zu formulieren, wie es in der christlichen Tradition immer formuliert wurde: Es geht darum, sich selbst abzusterben, um mit Paulus sagen zu können: „Ich bin mit Christus gekreuzigt worden. Nicht mehr ich lebe, sondern Christus lebt in mir“ (Gal 2,19b-20). In dem Maße, wie sich die Liebe Christi in ihr auswirkt, kann sie sich ganz und gar dem Schwung der Liebe überlassen, der sie antreibt und über den sie später ein Gedicht mit der Überschrift „Fahrradspiritualität“ geschrieben hat.[183]

Mit diesen spirituellen Weichenstellungen ging die kleine Gruppe „La Charité“ ihren Weg. Nachdem 1936 mehrere Frauen dazugekommen waren, waren sie zu acht und suchten nach einer Möglichkeit, sich auch noch an einem anderen Ort niederzulassen. So wohnten inzwischen einige aus der Gruppe in Champigny-sur-Marne, ein paar Kilometer östlich von Ivry. Madeleine blieb fraglos und unangefochten die Leiterin der Gruppe.

Ihre seit der Kindheit labile Gesundheit ließ allerdings zu wünschen übrig. Am 19. Februar 1938 bescheinigte Dr. Paul Delmas, der in Ivry praktizierte, dass der Gesundheitszustand von Mademoiselle Delbrêl es nicht zulasse, dass sie morgens nüchtern aus dem Haus ging.[184] Das zwang Madeleine dazu, beim Erzbischof von Paris eine Dispens vom eucharistischen Nüchternheitsgebot zu erbitten, die ihr von Kardinal Verdier auch gewährt wurde.[185]

Dennoch hielt ihre schwache Gesundheit Madeleine nicht davon ab, sich jede Menge Arbeit aufzubürden, zahlreiche Kontakte zu knüpfen, jeden Tag in der Pfarrkirche an einer Eucharistiefeier teilzunehmen und manchmal auch nüchtern zu bleiben,

183 OC III, 68; Vgl. auch Deine Augen in unseren Augen, 246f.
184 AMD V, 5,4.
185 Ebd.

wenn sie sich stabil genug fühlte. Aus Taktgefühl wollte sie ihre Gefährtinnen nicht mit ihrer Erschöpfung belasten; stattdessen lavierte sie sich durch, so gut sie konnte, zumal Sorgen, Schmerzen und Arbeit ihr immer wieder auch den Schlaf raubten.

Da sie von Natur aus eine Frohnatur war, regte sie dazu an, abends in lockerer Runde beisammenzusitzen; es wurden Lieder gesungen, die sie selbst ad hoc komponierte und in denen ihr dichterisches Talent voll zum Zuge kam. In der Rue Raspail Nr. 11 ging es also keineswegs trist zu; Geburtstage und alle möglichen Feste wurden ohne größeren Aufwand, dafür aber umso fröhlicher gefeiert, und man lud je nach Anlass immer wieder befreundete Familien dazu ein.

Aber der Leib forderte seinen Tribut. Von Januar bis März 1939 sah sich Madeleine gezwungen, wieder einmal eine Auszeit zu nehmen. Dieses Mal ging sie für anderthalb Monate zur Erholung in die Region von Pau. An Hélène Manuel, die zusammen mit Suzanne Lacloche zum Gründer-Trio gehörte und bei der sie das Gefühl hatte, dass sie in ihrer Abwesenheit die Verantwortung für die Gruppe übernehmen könne, schrieb sie am 12. März 1939:

> „Gott ist nun dran – oder wen auch immer er beauftragt. Ich preise ihn für diese Unterbrechung, die mir offenbar ein neues Leben schenken wird. Ich fühle mich auf der richtigen Spur, in dem, was sein soll. Ich freue mich, auf der Welt zu sein, in der Kirche zu sein ... und mit Euch allen und mit jeder Einzelnen von Euch zu ihr zu gehören. Ich glaube, ich habe seit 1931 bis heute einen langen Weg zurückgelegt; es gab Strecken, die geradeaus führten, es gab Labyrinthe, und es gab Stillstand. Gott hat mir nun eine Pause geschenkt. Ich nehme sie ohne Aufhebens an. Danach erwarte ich meinen neuen Fahrplan.“[186]

---

186 OC I, 303.

Anstatt unruhig zu werden, möglichst bald nach Hause zu kommen und die Fäden in der Hand zu halten, ließ sie sich auf die Gegebenheiten ein; das tat ihr gut, denn so konnte sie die vergangenen Jahre noch einmal Revue passieren lassen und für alles danken. Sie wartete auf ein Zeichen von Gott; nun war es seine Sache: Sie war nicht unentbehrlich.

Die Krankheit führte ihr ihre Grenzen vor Augen, ihre Schwäche, ihr „Klein-Sein". Und sie war sich bewusst, dass der Beitrag der Christen im Grunde immer gering ist, mögen sie noch so viel leisten: Gerade in diesem „Klein-Sein" können sie sich in das unermessliche Wirken Gottes hineinnehmen lassen. Solche Überlegungen finden sich einige Wochen zuvor in einem Brief an Louise Brunot; Madeleine wollte sie beraten, wie sie mit der ihr gestellten Aufgabe umgehen solle:

> „Machen Sie sich keine Sorgen wegen der Seelsorge, die Ihnen anvertraut ist. Es ist eine Arbeit wie jede andere auch: Unser Anteil daran ist winzig, Gottes Anteil unermesslich. So ist es bei *all* unserem Tun, und das gilt für *alle* Christen. Wir Christen vollbringen etwas, das größer ist als die ganze Welt – und zugleich bewegen wir damit nur ein Körnchen in einem Sandhaufen."[187]

Indem sich Madeleine auf die jeweilige Situation einließ, entfaltete sich Schritt für Schritt ihr geistliches Leben, das sie als Verantwortliche mit ihren Gefährtinnen teilen wollte. Was sie an Louise Brunot schrieb, galt letztlich für die gesamte Gruppe: Sie war ein winziges, ein verschwindend kleines Element in der riesigen Banlieue – und doch vertrauten sie darauf, dass Gott damit Berge versetzen kann.

Madeleine versuchte nun, ihre kleine Gruppe klarer zu definieren. Wenn sie sich 1938 mit den Leuten von der Straße iden-

187 Ebd., 290.

tifiziert, denen nichts fehlt, um heilig zu werden, dann ist ihr bewusst, dass sie damit das Problem noch nicht wirklich gelöst hat. Denn sie sind trotz allem anders als die Menschen, unter denen sie leben. So waren sie nach Ivry *entsendet* worden; sie waren auch keine „*gewöhnlichen Unverheirateten*“[188], denn sie hatten sich freiwillig für die Ehelosigkeit entschieden, und sie lebten in Gemeinschaft. Dennoch waren sie keine Ordensleute; sie trugen keinen Habit, waren ganz ins Leben ihres Ortes integriert und wollten voll und ganz Laien sein. Gewöhnliche Laien aber waren sie auch nicht.

Der Rückzug verschaffte Madeleine Abstand und Zeit zum Nachdenken. So konnte sie sich im Brief an Hélène Manuel an neue Formulierungen herantasten, um die Berufung der Gruppe zu umschreiben – so wie sie es später noch viele Jahre lang immer wieder versucht hat:

> „Alle Christen müssten im Stand der Liebe leben, unabhängig davon, wo ihr Platz ist: unter den familiären, sozialen und von der Vorsehung bestimmten Bedingungen, unter denen sie leben.
> Es braucht aber in der Kirche Leute, die sich freiwillig zur Liebe verpflichten, um auszugleichen, dass diese Liebe zum einen unzureichend gelebt wird und dass es zum anderen bei einer größeren Zahl von Getauften kein missionarisches Bewusstsein gibt, weil sie ihre Taufberufung nicht leben.
> Einige dieser freiwillig Engagierten – Ordensgemeinschaften usw. – gehen ganz explizit an die Stelle dieser Lücke; wir mit unseren geringen Möglichkeiten hingegen, wir sind sozusagen ‚Handlanger', denn wir können weder Qualifikationen noch Funktionen vorweisen.
> Mir scheint, dass wir wahrhaft für einen ‚katholischen Dienst' bestimmt sind, der sowohl von der Kirche ‚abhängt'

188 Vgl. oben S. 149, Anmerkung 177.

> als auch genau so wenig festgelegt ist, wie der Sozialdienst in Bezug auf die Gesellschaft festgelegt ist."[189]

Religiöse Laiengemeinschaften fanden sich zu der Zeit noch im Niemandsland vor. Madeleine suchte deshalb tastend nach Worten, stellt Hypothesen auf und griff zu Vergleichen. Alle Christen sind zur Heiligkeit berufen, das heißt, sie befinden sich im „Stand der Liebe". Sie alle suchen, so gut sie können, nach einem Weg zur Heiligkeit – doch dabei bleibt manches auf der Strecke, bleibt manches unerfüllt. Deshalb muss es in der Kirche Menschen geben, die sich „freiwillig zur Liebe verpflichten"; das heißt, Menschen, die sich dafür quasi hauptamtlich zur Verfügung stellen. Nicht, weil sie heiliger wären als die anderen, sondern weil ihre Entscheidung wegweisend sein kann und den Weg für alle offen halten kann.

Unter diesen Personen gibt es die Ordensleute: Sie sind „Spezialisten", sie sind „qualifiziert", wie Madeleine sagt. Jeder Orden, jede Kongregation hat eine spezielle Berufung, ein besonderes Tätigkeitsfeld und betont diesen oder jenen Aspekt des Evangeliums.

Aber es gibt auch Laien wie die kleine Gruppe „La Charité". Sie sind „Handlanger"; sie heben sich kaum von der Masse ab, außer durch ihre Entscheidung, die evangelischen Räte in aller Konsequenz dort zu leben, wohin der Geist sie führt. Sie wollen einen „katholischen Dienst" übernehmen, der von der Kirche „abhängt". In der Tat haben sie kein anderes Ziel, als in der Kirche zu sein, von der sie als Zeuginnen der Liebe, die das Evangelium erfordert, nicht zu trennen sind. Und diese Forderungen lassen sich in einem Satz zusammenfassen: Christus nachfolgen, indem man täglich sein Kreuz auf sich nimmt. Das alles, so Madeleine,

---

189 Ebd., 306.

„ändert natürlich nichts am normalen Ablauf des Lebens, daran, dass man den alltäglichen Gegebenheiten unterworfen ist. Da, wo man hingestellt wurde, die Liebe verkörpern. Die Liebe verschenken, die von Gott kommt.
Doch diese ‚Freiwilligen', diese ‚Volontäre' müssen sich den gleichen Disziplinen unterwerfen wie Jesus Christus: Keuschheit, Armut, Gehorsam.
Darin besteht unsere freiwillige Zugehörigkeit zum Kreuz. Wenn wir so mit dem Gekreuzigten eins sind, kann es gar nicht anders sein, als dass wir ‚täglich unser Kreuz auf uns nehmen, um ihm nachzufolgen'"[190].

Der Krieg

Der Krieg wurde zu einer entscheidenden Etappe auf der Suche Madeleines und der anderen Mitglieder der „Charité". Vor allem führte er dazu, dass sie sich – wie es sich schon angebahnt hatte – noch schneller von ihren Aufgaben in der Pfarrei verabschiedeten.

Mehrere in der Gruppe waren zwar wie Madeleine bereits berufstätig, doch sie engagierten sich nach wie vor im Pfarrzentrum von Ivry; die anderen hatten dort ebenfalls verschiedene Dienste übernommen.

Doch nun wurden mehrere von ihnen vom Gesundheitsdienst des Departements und von der Zivilverteidigung dienstverpflichtet, denn man musste sich organisieren, um auf bevorstehende bewaffnete Konflikte reagieren zu können. Die Rolle der dienstverpflichteten Frauen bestand darin, die Zivilbevölkerung bei Evakuierungen aufzunehmen und zu begleiten, besonders 1940, als viele auf der Flucht waren.

190 Ebd., 307.

Der Pfarrer von Champigny-sur Marne, wo sich eine kleine Equipe niedergelassen hatte, zeigte dafür kein Verständnis: Er wollte, dass sich alle Mitglieder der Equipe weiterhin auf den Dienst in der Pfarrei beschränkten. Sie hingegen wollten autonom bleiben, um den Aufgaben nachkommen zu können, die von den zivilen Behörden an sie herangetragen wurden, denn schließlich hingen sie von diesen ab.

Die Briefe, die Madeleine an den Pfarrer schrieb, sprechen eine deutliche Sprache: Sie könnten sich nicht von den Diensten in der Pfarrei vereinnahmen lassen, wenn es landesweite Bemühungen gebe, auf die aktuelle Notlage zu reagieren; daran müssten sie sich beteiligen.

Am 1. September 1939 kam es bekanntlich zum Überfall Deutschlands auf Polen. Daraufhin erklärten England und Frankreich Deutschland den Krieg. Als Reaktion auf den deutsch-sowjetischen Nichtangriffspakt vom 23. August enthob die französische Regierung alle gewählten Kommunisten ihrer Ämter; sie galten von nun an als verdächtige Personen. In Ivry wurden Anfang Oktober der Bürgermeister, Georges Marrane, und die gesamte Stadtverwaltung abgesetzt und durch eine eigene Delegation ersetzt, der Henri Jacquelin vorstand.

Am 16. September wurde Madeleine von Ysabel de Hurtado, der Direktorin des *Office de Protection de la Maternité et de l'Enfance de la Seine (O. P. M. E. S.)*[191], zur Leiterin des kommunalen Sozialdienstes von Ivry ernannt. Am 21. September, also kurz bevor er abgesetzt wurde, stimmte Georges Marrane dieser Ernennung schriftlich zu. Madeleine wurde damit die Verantwortung für den kommunalen Sozialdienst unter der Aufsicht

191 Mutterschafts- und Kinderschutzamt im Departement Seine. Es hatte zum Ziel, Schwangere, Wöchnerinnen und ihre Kinder bis zum ersten Lebensjahr zu betreuen (Anmerkung A. S.).

der Präfektur Seine und des *Secours national*[192] übertragen. Diese Verantwortung hat sie während der gesamten Dauer des Krieges innegehabt.

Der weitere Kriegsverlauf ist bekannt: Die deutschen Truppen fielen in Belgien und in Frankreich ein, wobei sie die Maginot-Linie umgingen. Es war ein militärisches Desaster für die Angegriffenen, auf das die Niederlage von Mai/Juni 1940 folgte. Die Straßen waren verstopft mit Menschen, die aus dem Norden und Osten Frankreichs flohen, Unzählige strandeten auf den Bahnhöfen. Madeleine erlebte hautnah, dass die französische Bevölkerung der Invasion nichts entgegenzusetzen hatte; deshalb sah sie zu, dass sie zusätzlich zu ihrer Arbeit wenigstens das Dringlichste an Hilfe für die Flüchtlinge gewährleisten konnte, die in die Bahnhöfe strömten. Sie erkannte, dass es sich nicht nur um einen militärischen, sondern auch um einen moralischen Zusammenbruch handelte.

So änderte sich das konkrete Gesicht der „Charité" unter dem Druck der Ereignisse innerhalb weniger Wochen völlig. Am 3. Januar 1940 schrieb Madeleine an ihre Freundin Annette Coutrot, dass die Arbeit der Mitglieder ihrer Gruppe komplett umverteilt worden sei:

> „Die eine Hälfte kümmert sich weiterhin um die Menschen unseres Viertels, die andere Hälfte arbeitet im *O.P.M.E.S.* und leistet so ihren Dienst an der großen Heimatfront."[193]

---

192 Der *Secours national* war eine Initiative, die zunächst im Ersten Weltkrieg ins Leben gerufen wurde; sie vereinigte alle religiösen und politischen Gruppierungen in Frankreich unter einem Dach, um Kriegsopfer, Soldaten und deren Familien zu unterstützen. Zu Beginn des Zweiten Weltkriegs wurde der *Secours national* reaktiviert und kam 1940 unter die Aufsicht von Marschall Petain. Der Aufbau und die Organisation waren vergleichbar mit dem deutschen Winterhilfswerk, einer Stiftung öffentlichen Rechts, durch die das NS-Regime versuchte, die Not der Bevölkerung zu lindern. Vgl. auch unten S. 165f (Anmerkung A. S.).

193 AMD III.

Sich um die Menschen des Viertels zu kümmern bedeutete, die Familien zu unterstützen, die oft ohne ihren Vater leben mussten, weil er in deutsche Gefangenschaft geraten oder in den Untergrund gegangen war; es bedeutete, auf die vielfältigen Bedürfnisse zu reagieren, mit denen sie konfrontiert wurden. Letztendlich engagierten sich nun alle Mitglieder der Gruppe dort, wo es am meisten nottat: in der Sorge für Leib und Seele; sie versuchten, dies in Liebe zu tun, wie Madeleine es in ihren Briefen an Annette Coutrot beschreibt.

Für sie alle, besonders für die, die offiziell im *O.P.M.E.S.* arbeiteten, war das die Gelegenheit, ihre Kontakte innerhalb der Stadt beträchtlich auszubauen und zahlreiche Freundschaften zu knüpfen. Man hatte zwar die kommunistischen Verantwortlichen abgezogen, jedoch nicht das Personal in den Behörden, das ebenfalls kommunistisch war. So konnte Madeleine während der ganzen Besatzungszeit in diesem Milieu weiterhin Beziehungen aufbauen, die durch die aktuellen Herausforderungen umso tragfähiger wurden.

Im Mai 1940 wurde Madeleine zur technischen Delegierten ernannt mit dem Auftrag, die Sozialarbeit im Kanton Ivry zu koordinieren; das betraf über Ivry hinaus die Städte Choisy-le Roi, Orly, Thiais und Vitry-sur-Seine. Man hatte also ihr Organisationstalent und ihre Fähigkeit, Kräfte zu bündeln, erkannt und geschätzt. Dennoch war sie mit einer Situation konfrontiert, die sie leicht hätte entmutigen können. Am 30. November 1940 schrieb sie einen Text mit dem Titel: „Muss man einen sozialen Dienst ins Leben rufen?". Darin heißt es:

> „Wir wissen sehr gut, dass viele von denen, die die Rahmenbedingungen für diese Arbeit geschaffen haben, die Ersten sind, die sich daran stoßen, wie die Dinge jetzt laufen, weil sie ihre Kräfte übersteigen und sie aufreiben."[194]

194 Dieses und das folgende Zitat: OC VI, 154.

Schon während der Wirtschaftskrise war es schwierig gewesen, das Sozialsystem am Laufen zu halten. Umso weniger funktionierte es im Krieg, als die Krise dadurch verstärkt wurde, dass große Teile der Bevölkerung auf der Flucht waren, viele, vor allem junge Männer, fehlten und die Abläufe in der Industrie und im Dienstleistungssektor gestört waren. Dennoch, so Madeleine, gelte es durchzuhalten:

> „Wir gehören weder zu denen, die die Hoffnung aufgeben und dazu raten, sich mit der Lage abzufinden, noch zu denen, die damit rechnen, dass das Sozialsystem in absehbarer Zeit wieder vollständig funktionieren wird."

Es ging darum, weder zu verzweifeln, noch von einem Umschwung zu träumen, sondern da, wo man war, und mit den wenigen Mitteln, die man hatte, zu handeln und dies so gut wie möglich zu organisieren. Sonst verlöre man Zeit und Energie, was die Effizienz des Sozialdienstes lähmte. Zudem würden Menschen, die Hilfe brauchten, von mehreren Zuständigen aufgesucht: im Krankheitsfall, bei der Geburt eines Kindes oder aus anderen Gründen jeweils von verschiedenen Personen. Niemand koordinierte das; die Familien hätten so das Gefühl, dass nur bestimmte Aspekte von ihnen wahrgenommen würden, nicht aber sie selbst als Personen. Um diesem Empfinden einer anonymen Betreuung entgegenzutreten, setzte sich Madeleine dafür ein, dass jemand immer vor Ort war und die Aufgaben koordinierte; sie plädierte für eine Person, die vor Ort wohnt („une résidente"), das heißt, eine Sozialarbeiterin aus dem Viertel, die die Leute kennt und bei ihnen bekannt ist, die sich persönlich für sie einsetzt und weder Zeit noch Mühe scheut:

> „Die ‚Residenz' ist ein Haus, in dem jemand wohnt, eine Person, die man weitgehend kennt, weil man sie im Viertel

antrifft. Sie ist da, wenn man sie braucht. So, wie der Dienst der Sozialarbeiterinnen jetzt organisiert ist, macht es wenig Sinn, denn es kann passieren, dass man sie tagelang nicht erreicht, wenn man sie braucht; Sie hingegen sollten jemand sein, die immer da ist."[195]

Heutzutage könnte man das sicher noch einmal ganz anders formulieren; doch der Krieg hatte einen Ausnahmezustand hervorgerufen. Dadurch, dass die materielle und die seelische Not so zugenommen hatten, mussten diejenigen, die zumindest ein wenig Linderung verschaffen konnten, ständig verfügbar sein. Zugleich ist offenkundig, wie sehr die Liebe für Madeleine im Vordergrund steht: Die eigene Hingabe und der Respekt vor den Menschen, mit denen man zu tun hat, sind für sie die Hauptkriterien des sozialen Engagements.

Madeleine erwies sich somit als innovativ und kreativ; sie führte nicht nur Anweisungen von oben aus, sondern analysierte selbst die konkreten Situationen, um die bestmöglichen Lösungen zu finden. Die Effizienz, die sie dabei anstrebte, bezog sich nicht nur auf die Wirtschaftlichkeit; es ging ihr vielmehr um den größtmöglichen Respekt vor den Menschen. Dies war das innerste Motiv ihres Handelns.

In diesem Sinne ist auch die Haltung charakteristisch, die sie gegenüber den Richtlinien der Vichy-Regierung einnahm, die die Frauen wieder an den Herd zurückbeordern wollten. Madeleine war nicht grundsätzlich gegen diese Ausrichtung; sie hatte schon bei ihrer früheren Tätigkeit beobachtet, dass es für die Kinder und den Mann oft zum Schaden war, wenn die Frau nicht zu Hause war, weil sie arbeiten musste. Sie wusste einerseits sehr wohl, dass die Arbeit von Frauen in der Fabrik für vie-

---

195 Ebd., 185.

le Familien kein Zeichen einer weiblichen Emanzipation war, sondern der einzige Ausweg, um finanziell über die Runden zu kommen; doch sie war sich andererseits auch bewusst, dass man tief verwurzelte Gewohnheiten nicht ungestraft ändern kann. In dem Text vom 30. November 1940 schreibt sie:

> „Ein Beispiel unter hunderten: Selbst wenn Sie in dieser Frage eine klare Position vertreten, können Sie Frauen, die schon über Generationen hinweg die Hausarbeit gegen die Fabrikarbeit getauscht haben, nicht dazu bringen, dass sie innerhalb eines Lebensjahres die Fabrikarbeit gegen die Hausarbeit tauschen.“[196]

Damit grenzte sie sich unterschwellig von den Slogans der Vichy-Regierung ab; sie übernahm zum Beispiel nicht deren Formulierung „La femme à la maison“ („Die Frau im Haus“), mit der bewusst eine soziale Ordnung aus der Vergangenheit wiederhergestellt werden sollte. Stattdessen veröffentlichte sie im Februar 1941 im Verlag „Temps présent“ eine kleine Broschüre mit dem Titel „La femme et la maison“ („Die Frau und das Haus“).[197] Nur ein Wort ist anders, und doch ist das mehr als ein Detail; dahinter steht eine ganz andere Grundhaltung.[198]

Madeleine machte auf die Missstände aufmerksam: Landauf, landab waren Menschen entwurzelt, weil sie die Provinz verlassen mussten, in der sie geboren waren; infolge der Arbeitslosigkeit waren sie in Armut geraten; manchmal mussten sie

196 Ebd., 155.

197 La Femme et la Maison, in: OC V, 139–198.

198 In dieser Broschüre stellt sie z. B. gleich zu Beginn klar: „Heutzutage ist viel von ‚Rückkehr an den Herd‘ die Rede. Man gestatte uns den Einwand, dass Worte wie ‚Rückkehr‘, ‚wieder einführen‘, ‚bewahren‘ gegen das Leben gerichtet sind. Das Leben läuft niemals rückwärts; doch was viele uns heute offenbar anbieten wollen, ist ein Rückwärtsgang. Es geht also nicht darum, an den Herd zurückzukehren; es geht vielmehr darum, sein Haus zu suchen, zu finden, zu entdecken und oft auch selbst zu bauen“ (OC V, 1143f). (Anmerkung A. S.)

jahrelang in möblierten Zimmern wohnen, die sie immer nur für eine Woche mieten und in denen sie ihre eigenen Möbel nicht unterbringen konnten. Gerade die Frauen konnten dann für ein klein wenig Stabilität sorgen und ihren Angehörigen helfen, wieder Boden unter die Füße zu bekommen, indem sie etwa dafür sorgten, dass einige äußere Dinge an ihrem Platz blieben, und versuchten, eine gewisse Würde zu wahren, indem sie gegen alles angingen, was schmutzig, hässlich und in Unordnung geraten war. Ein Mensch, der entwurzelt ist, läuft Gefahr, keine Zukunft vor sich zu sehen und im eigenen Elend unterzugehen. Wenn man ihm hilft, seine Wurzeln zu finden und zu den Quellen zurückzukehren, ermöglicht man es ihm, „dem Lauf des Flusses bis zum Meer zu folgen", wie Madeleine am Ende ihrer zweiundsechzig Seiten langen Broschüre schreibt:

> „Auf sich selbst bezogen leben heißt, die Wurzeln abschneiden; heißt, aus einem Haus eine Unterkunft machen, aus der Ehe ein Zusammentreffen zweier Individuen, aus dem Kind einen Risikofaktor, aus Eltern einen Pflegefall, um den man sich kümmern muss, aus der Arbeit ein Geldverdienen, aus der Heimat die schlecht verhohlene Tendenz, eigene Interessen zu verfolgen.
> Sich auf das Leben einlassen heißt hingegen, zu den Quellen zurückkehren und von den Quellen dem Lauf des Flusses bis zum Meer folgen.
> Es heißt, sich selbst verlassen, um da zu sein, wo jemand anderes lebt.
> Es heißt, in Leiden einwilligen, um so das Recht auf Freude zu erlangen.
> Es heißt mitleiden, wo Leiden herrscht, um das Recht zu haben, Heilung zu bringen.
> Es heißt, den Mut haben, dass sich die eigene Liebe auf die

> ganze Welt hin ausdehnt, damit die heilschaffende Macht Gottes in ihr Fleisch werden kann."[199]

Die Broschüre wurde ein solcher Erfolg, dass sie 1942 mit 13 000 Exemplaren noch einmal neu aufgelegt wurde. Madeleine ging es nicht darum, eine Politik zu unterstützen, die die Frauen wieder an den Herd zurückbringen wollte; sie wollte vielmehr für ein Konzept werben, in dem Frauen ihre je eigene Rolle spielen.

Erstaunlich ist, dass Madeleine in all den Aktivitäten, deren Ausmaß man nur ahnen kann, noch Zeit zum Schreiben fand. Das Schreiben war jedoch für sie eine Möglichkeit der Reflexion, eine Weise, ihre Gedanken zu präzisieren und auch ein Mittel der Kommunikation. Sie schrieb ja nicht nur für sich selbst, um das, worüber sie nachdachte, in Worte zu fassen. Sie teilte ihre Texte mit anderen und bat sie auch um Rückmeldungen, wie z. B. in späteren Jahren P. Jacques Loew oder Bischof Veuillot. Dabei versuchte sie, sich so sachgerecht wie möglich auszudrücken.

Gerne hat sie ihr Wissen anderen weitergegeben, und man spürte bald, dass sie eine gute Lehrerin abgeben würde. Tatsächlich wurde sie zu Beginn der Besatzungszeit vom *Secours national* dafür angestellt, Sozialarbeiterinnen zu unterrichten. Mademoiselle d'Abbadie d'Arrast, die Verantwortliche des *Secours national* für die Provinz, war von der Abschlussarbeit Madeleines „Ampleur et dépendance du service social"[200] so angetan, dass sie jeder Sozialarbeiterin, für die sie zuständig war, ein Exemplar überreichen ließ.

Der *Secours national* war Ende des Ersten Weltkriegs ins Leben gerufen worden, um öffentliche und private Mittel zu-

---

199 Ebd., 197f.

200 Vgl. oben S. 143f.

sammenfließen zu lassen und sie je nach Bedarf zu verteilen. Durch das Vichy-Regime wurde er wieder reaktiviert. Im Gegensatz zur landläufigen Meinung stand er nicht total im Dienst der Ideologie von Vichy. Er schützte zwar einerseits Initiativen der Kollaboration, andererseits entwickelte er aber auch Aktivitäten, unter deren Deckmantel die Résistance arbeiten konnte.

Der Unterricht, den Madeleine erteilte, hat sicher die neue Broschüre inspiriert, an der sie gerade arbeitete: „Veillée d'Armes" [„Am Vorabend der Schlacht"]. Sie erschien im Januar 1942 bei Bloud et Gay als erste Nummer einer Sammlung, die von Céline Lhotte[201] unter dem Titel „Réalités du travail social" initiiert worden war.

Was in Madeleines Veröffentlichungen beeindruckt, sind vor allem der Wirklichkeitssinn und die Suche nach der Wahrheit; sie verschweigt nicht die Schwierigkeiten, die es gibt:

> „Die Sozialarbeiterinnen sollten, was ihre Arbeit betrifft, von mir keinen Optimismus erwarten: Zumindest derzeit habe ich ihn nicht. Meinen Optimismus behalte ich mir ganz für künftige Zeiten vor. Zurzeit ist die Aufgabe unklar, oft wird sie schlecht erfüllt, oft sogar gar nicht, zufriedenstellend nur manchmal."[202]

Beeindruckend ist weiterhin, welchen Stellenwert sie dem Mut beimisst. Der Sozialdienst absorbierte viel Energie; man brauchte deshalb etwas, um innerlich aufzutanken. Wenn man mit all

---

201 Céline Lhotte war während des Ersten Weltkriegs Krankenschwester und später medizinische Assistentin in einem Kinderkrankenhaus in Le Havre; als Schriftstellerin publizierte sie selbst im Verlag Bloud et Gay. Sie war es vielleicht, die 1937 die Veröffentlichung von Madeleines Abschlussarbeit „Ampleur et dépendance du service social" in diesem Verlag vermittelte. Da sie in der Résistance war, übertrug man ihr die Verantwortung für die neue Sammlung „Réalités du service social" [„Die Realität des Sozialdienstes"].

202 Veillée d'Armes, in: OC V, 213.

dem Elend in Kontakt kam, verlangte das Ausdauer und kostete Kraft, und dieses Depot musste man immer wieder auffüllen; denn in solchen Zeiten kommt man schnell an den Rand der Erschöpfung:

> „Wir haben fast keinen Mut mehr. In einer Stunde verbraucht man davon so viel wie sonst in einem Jahr."[203]

Madeleine gab in ihrem Buch keine rein technischen Anweisungen, sondern legte großen Wert auf moralische Haltungen, zum Beispiel auf die Demut:

> „Sich dessen bewusst sein, dass wir manchmal Unheil anrichten, auch wenn wir zutiefst etwas Gutes tun wollen. Sich dessen bewusst sein, dass an diesem Scheitern nicht unweigerlich die anderen schuld sind. So viel Demut haben, dass man sich auch dann, wenn man großen Mist gebaut hat, weiterhin etwas zutraut. Demut schließlich angesichts des Lebens."[204]

Sie kommt auch auf die Autorität zu sprechen, die man ausüben muss:

> „Im Wort ‚Autorität' liegt schon allein ein ganzes Programm. Schauen wir es einmal in seiner ganzen Sinnbreite an: ‚auctor', ‚autorité', ‚auteur'. Es ist ein Dienst am Wachstum des Lebens. Mit der Autorität – recht ausgeübt – müssen wir die Möglichkeiten derer, die uns untergeordnet sind, vermehren. Die Klarheit unserer Anweisungen, unser Glaube an das, was wir tun, sind Gaben, die wir denen mitteilen, denen gegenüber wir Autorität haben." [205]

---

203 Ebd., 329.
204 Ebd., 328.
205 Ebd., 354.

Vor allem aber geht es Madeleine um den Respekt gegenüber den Menschen, um die Aufmerksamkeit gegenüber jedem und jeder, der oder die sich an die Sozialarbeiterin wendet:

> „Wir müssen uns darüber im Klaren sein, dass zum Beispiel eine Frau, die uns einmal von ihrem Leben erzählt hat, von ihren Kindern, von dem, was sie umtreibt, davon ausgeht, dass wir ihren Namen kennen [...] Wenn man sich jemandem anvertraut, dann heißt das nicht, dass man sich in eine sklavische Abhängigkeit begibt; man bittet nur um Hilfe. Sind wir uns so sicher, dass wir die Leute, die sich uns anvertrauen, tatsächlich als freie Menschen behandeln?“[206]

Ihr größtes Anliegen war also die moralische Bildung ihrer Schülerinnen und derer, die ihre Bücher lasen. Das bestätigen auch ihre Gedanken zum Thema Leidenschaft:

> „Die Leidenschaft kann schnell voreingenommen machen. [...] Wenn wir leidenschaftlich sind, sollten wir unsere Leidenschaft in unserem Innern lassen; da gehört sie hin. Dann ist sie eine Kraft und lässt uns nicht ungerecht werden. Sie verleitet uns dann nicht zu ungerechten Urteilen im Namen eines Vaterlandes, einer Politik, einer Konfession. Hast verhindert das rechte Urteil. Man urteilt nie gut, wenn man übereilt urteilt.“[207]

Neben den vielen anderen Aufgaben nahm Madeleine weiterhin ihre Verantwortung für die „Charité“ wahr; neue Mitglieder wurden aufgenommen und entschieden sich zu bleiben, und die Gruppe verteilte sich auf mehrere Equipen. 1942 wurden fünf Neue aufgenommen. Unter ihnen war Suzanne Perrin, die später, nach dem Tod von Christine de Boismarmin, die Ver-

206 OC VI, 287.
207 OC V, 272.

antwortliche der Gruppe geworden ist. In einem 2008 gezeigten Film[208] erzählt sie, wie aufmerksam sich Madeleine ihr trotz all ihrer Aufgaben zugewandt hat, als sie an die Tür der Rue Raspail Nr. 11 klopfte.

Inzwischen waren sie nun zu zwölft, auf zwei Häuser verteilt: in Ivry und Vitry, einer angrenzenden Stadt; Champigny hatten sie aufgrund des schon erwähnten Konflikts mit ihrem Pfarrer aufgegeben. Mehrere von ihnen engagierten sich auf der kommunalen Ebene, unter Madeleines professioneller Leitung. So gründeten z. B. Louise Brunot, „Loulou" genannt, und Hélène Manuel vermutlich im Jahr 1941 in Ivry ein „Mütterhaus".[209] Für die jungen Frauen stand fest, dass die Mütter der Dreh- und Angelpunkt waren, wenn man die Gesellschaft wieder aufbauen wollte – was zu den dringlichsten Aufgaben gehörte. Dafür musste die soziale Arbeit organisiert und strukturiert werden.

Diese strukturellen Bemühungen hielten sie aber keineswegs davon ab, den Familien auch unbürokratisch Hilfe zukommen zu lassen, vor allem den Familien der Kriegsgefangenen, der Erschossenen und derer, die in den Untergrund abgetaucht waren. Manchmal gingen sie trotz des Fliegeralarms zu ihnen. Vor allem für Madeleine war das eine Gelegenheit, Menschen klammheimlich an Orte schaffen zu können, wo sie sicherer waren.

Madeleine Delbrêl hat formal nicht der Résistance angehört. Nach dem Krieg hat sie darin einen Vorwand gefunden, wie sie die Medaille der Résistance ablehnen konnte, die die Stadtverwaltung von Ivry ihr – sicher aus gutem Grund – überreichen wollte. Madeleine war in Bezug auf ihre Aktionen von äußerster Diskretion. Sie wurde vom *Secours national* bezahlt, und

---

208 „Madeleine Delbrêl: Un jour nouveau commence" [„Ein neuer Tag beginnt"], 26-minütiger Film von Véronick Beaulieu-Mathiver.

209 Vgl. den Brief an Annette Coutrot vom 23. Februar 1942, in: AMD III.

manchmal hat sie ja in ihren Schriften Überzeugungen des Vichy-Regimes scheinbar übernommen – wobei sie sich aber unterschwellig von ihnen abgrenzte.

Madeleine hatte sich dafür entschieden, mit ihren Gefährtinnen bei dem verzweifelten Volk zu bleiben. Wenn sie etwas bewirken wollte, musste sie vorsichtig sein, denn sie stand an exponierter Stelle und setzte damit auch andere aus. Sie handelte deshalb im Untergrund, und sie sprach niemals direkt über das, was sie im Geheimen getan hatte.

Eine einzige mögliche Andeutung findet sich in dem schon erwähnten Brief an Annette Coutrot.[210] Dort spricht sie von ihrem Vater, dessen Gesundheitszustand sich zu der Zeit offenbar wieder gebessert hatte; er „hat", so schreibt sie, „oft Kontakt mit einer ganzen israelitischen Kolonie". Das war möglich, weil Mussidan zur unbesetzten Zone gehörte. Offen bleibt allerdings, inwieweit sie mit diesem Kontakt etwas zu tun hatte.

Inmitten all dieser Aktivitäten und Sorgen war ihre Sehnsucht, apostolisch zu wirken, nach wie vor lebendig. Es wurde schon deutlich, mit welchem Freimut sie ihrer Freundin Annette Coutrot schrieb, die ja nicht gläubig war, und wie sie dabei sogar um ihr Gebet bat. Auch ihr Unterricht bei den Sozialarbeiterinnen war bei aller Zurückhaltung eindeutig christlich geprägt. Jede Art von Proselytentum lag ihr fern, doch sie ließ durchscheinen, was sie selbst innerlich bewegte. Sie hat anderen immer wieder ihre Freundschaft angeboten, ohne sich dabei in den Vordergrund zu drängen. Madeleine war einfach sie selbst; sie besaß die Freiheit, sich so zu zeigen, wie sie war, mit ihrem Glauben und ihrer Liebe.

---

210 Brief an Annette Coutrot vom 27. Februar 1942, AMD III.

Erste Kontakte mit der *Mission de France*

In den folgenden acht Jahren hat Madeleine sich Zeit dafür genommen, sich verbindlich auf die Stadt Ivry einzulassen. Sie war nun ein fester Bestandteil dieser Kommune. Ab dem 20. Februar 1942 gehörte sie aufgrund ihrer verantwortlichen Tätigkeiten im Bereich des Sozialdienstes dem Stadtrat an.[211] Alle kannten und schätzten sie, sowohl die neue Stadtverwaltung als auch die Kommunisten, mit denen sie direkt oder über das kommunale Personal in Kontakt blieb.

Ihre Arbeit hat ihr die Tür zu zahlreichen Häusern und Wohnungen geöffnet. Ihre Präsenz im Komitee zur Unterstützung der Arbeitslosen und viele andere Aktionen lassen keinen Zweifel darüber aufkommen, wem ihre Solidarität galt. Andererseits wussten alle auch um die tieferen Gründe, warum sie in Ivry war: Es war bekannt, dass sie nicht nur um eines sozialen Einsatzes für die Armen willen gekommen war.

Man kannte und respektierte sie auch als Christin. Sie war nicht zum Marxismus übergelaufen. Und sie hatte schon oft Gelegenheit gehabt, zu ihrem Glauben zu stehen. Später wird sie erzählen, wie sie einmal in einer Versammlung – wahrscheinlich im Komitee zugunsten der Arbeitslosen – direkt nach ihrem Glauben an die Auferstehung gefragt wurde. Man wusste, wo sie stand.

Nicht ganz so einfach war es in Bezug auf die Kirche vor Ort. Es war schon von den Spannungen zwischen der christlichen Gemeinde und den Kommunisten die Rede, die sie schon bald gespürt hatte. Deshalb hat sie sich mehr und mehr von der Pfarrei distanziert. Sicher, sie blieb ihr unerschütterlich treu,

---

211 Laut Protokoll des Stadtrats von Ivry war sie für neun von 21 Sitzungen entschuldigt. Sie hat öfter als die anderen Ratsmitglieder gefehlt; das zeigt, dass sie diesem Posten, zu dem sie ernannt worden war, nicht den ersten Rang unter ihren Aufgaben einräumte.

weil die Pfarrei für sie die konkrete Gestalt der Kirche in Ivry symbolisierte. Doch ihr Leben als Christin war für sie nicht notwendigerweise an Pfarreiaktivitäten gebunden.

Dies und ihre Beziehungen zu den Kommunisten hatten ihr deshalb schon einiges an Unverständnis eingebracht, und daran hat sich auch in den Jahren danach nichts geändert.

Zudem hatte die Gruppe „La Charité" keinen offiziellen Status in der Kirche. Der Erzbischof von Paris hatte sie zwar implizit anerkannt, indem er einwilligte, dass sie von Abbé Lorenzo begleitet würde, und unter der Maßgabe, dass ihre Mitglieder Laien blieben. Dennoch suchten sie weiterhin nach einer Definition ihrer Berufung, denn sie hatten kein Vorbild.

Und auch wenn die Veröffentlichung von „Nous autres gens des rues" in den *Études carmélitaines* Aufmerksamkeit erregt hatte, reichte der Bekanntheitsgrad der Gruppe doch kaum über ihren unmittelbaren Wirkungskreis hinaus. Für Madeleine war das kein Problem: Sie wollte einfach nur ihre Berufung leben.

Die Gelegenheit, sich mehr mit den missionarischen Bemühungen zu vernetzen, die zu der Zeit in der französischen Kirche aufkamen, ergab sich für Madeleine rein zufällig. Im Sommer 1941 fuhr sie mit ihrer Mutter zu Exerzitien nach Lisieux. Die französischen Bischöfe hatten gerade beschlossen, die *Mission de France* zu gründen, um das Evangelium in den entchristlichten Milieus zu verkünden, die es sowohl in den Arbeitervorstädten als auch auf dem Land gab.

Schon vor dem Krieg war dieses Projekt allmählich herangereift. Die Versammlung der Kardinäle und Bischöfe hat es nun Anfang 1941 in die Tat umgesetzt; und da die *Mission de France* als eine Gemeinschaft von Priestern konstituiert wurde, musste als erstes ein Seminar errichtet werden. Dieses wurde der Priestergemeinschaft von Saint-Sulpice übergeben, und P. Louis

Augros wurde der erste Regens. Es war vorgesehen, das Seminar in Lisieux zu errichten, in einem Gebäude in der Nähe des Karmel, unter dem Patronat der kleinen Therese, der Patronin der Missionen.

Dort begegnete Madeleine P. Augros zum ersten Mal, als er gerade dabei war, die Errichtung des Seminars vorzubereiten; zu der Zeit war er sich über den Status der künftigen Priestergemeinschaft auch noch gar nicht im Klaren. Maßgebliche Personen, unter ihnen P. Martin, der Gründer der *Missionaires de la Plaine* [„Missionare im flachen Land"] in der Vendée und der Missionare der heiligen Therese, drängten ihn, das Seminar einer missionarisch ausgerichteten Ordensgemeinschaft anzugliedern. P. Augros schrieb später, dass ein Gespräch mit Madeleine Delbrêl über ihre Erfahrung in Ivry ihn davon überzeugt habe, bei einem diözesanen (und damit weltpriesterlichen) Konzept zu bleiben: „Zu einer Zeit, als ich von verschiedenen Seiten gehörig unter Druck gesetzt wurde, aus dieser Gründung eine neue religiöse Kongregation zu machen, bin ich Madeleine begegnet, die in dieser geistlichen Hochburg gerade ihre Exerzitien gemacht hatte. Sie erzählte mir, was sie mit ein paar Freundinnen zu leben versuchte, ohne Regel, ohne besondere Weihe und ohne die Sorge, ob sie über die Zeit hinaus existieren würden, die Gott einer jeden von ihnen als Lebenszeit schenkt."[212]

Das Seminar öffnete seine Tore am 1. Oktober 1942 für vierzig Seminaristen und zehn Priester, die sich ausbilden lassen wollten. Abbé Jacques Lorenzo, der geistliche Begleiter der „Charité" und seit 1934 auch Pfarrer von Ivry, wurde in das erste Dozententeam berufen. Er blieb drei Jahre dabei. Das war ein weiterer Grund für Madeleine, mit der noch jungen *Mission de France* näher in Kontakt zu kommen.

---

212 Nachwort zu „Nous autres gens des rues", Paris [1]1966, 322, [2]1971, 296. Vgl. auch Annette Schleinzer, Die Liebe ist unsere einzige Aufgabe. Das Lebenszeugnis von Madeleine Delbrêl, Ostfildern 2014, 180.

Während der ersten Jahre kam Madeleine tatsächlich oft nach Lisieux, um an Arbeitssitzungen mit den Dozenten und den Priestern, die von außen kamen, teilzunehmen. Sie hielt Referate bei den Seminaristen und leitete sogar einen Einkehrtag – etwas ganz Neues in der damaligen Priesterausbildung.

Es gab in der Tat große innere Übereinstimmungen zwischen der *Mission de France* und der Gruppe „La Charité", die seit fast zehn Jahren in Ivry lebte. Von Madeleines Erfahrungen auf dem Feld des Apostolats konnten sowohl die Dozenten als auch die Seminaristen profitieren. Deshalb erhoffte sich P. Augros schon vor der Eröffnung des Seminars, dass sich eine „Charité de Jésus" in Lisieux niederlassen möge.

Madeleine war dagegen. Sie befürchtete, dass sich die Gruppe zu sehr mit der *Mission de France* identifizierte und damit einen Akzent setzte, der nicht zu ihrer Berufung passte.[213] Dennoch hätte sie es gern gesehen, wenn die „Charité" von der *Mission de France* unterstützt würde; denn damit könnte die Gruppe ihrer Meinung nach einen kirchenrechtlichen Status erhalten. Doch das wollte P. Augros wiederum nicht; dieser Vorschlag fiel nicht in seinen Aufgabenbereich, und die *Mission de France* war dazu auch gar nicht befugt.

In dem Zusammenhang beschrieb Madeleine ihre Gruppe und beantwortete damit die Fragen, die ihr von der *Mission de France* gestellt wurden:

> „Die ‚Charité' stellt sich als eine Gruppe zur Verfügung, die sich nicht auf etwas Bestimmtes spezialisiert hat und die in materieller Hinsicht von dem lebt, was einige ihrer Mitglieder durch ihre Arbeit verdienen. Sie ist auf keinen Dienst festgelegt, weder in Hinblick auf einen Beruf noch in Hinblick auf ihr Apostolat. Ihre Mission ist nichts anderes als eine Mission der Liebe. Die Charité, deren Mitglieder dort

213 Brief von P. Augros an Madeleine Delbrêl vom 21. Mai 1942, in: AMD IIIc.

> zusammen leben, wo die Vorsehung sie hinführt, hat als einzigen Auftrag die Liebe Christi.“[214]

Wenn es einige Jahre zuvor noch so schien, dass Madeleine sehr darauf bedacht war, ihren Weg vom Ordensleben abzugrenzen, so tritt dies nun zurück: Die Gruppe ist von einer größtmöglichen Einfachheit bestimmt; sie ist „auf keinen Dienst festgelegt“, sondern möchte einzig und allein die Liebe Christi leben:

> „Ihre Aufgabe ist es, da, wo sie sind, das Evangelium zu leben und Christus dadurch lebendig werden zu lassen.“

Madeleine spricht auch nicht vom Sozialdienst, dem sie sich nun alle restlos verpflichtet haben. Wollte sie damit sagen, dass dieser Dienst einfach eine Reaktion auf die gegebenen Umstände war, und dass die Art und Weise, *wie* sie ihn erfüllten, das eigentlich Wichtige sei, weil es ein Ausdruck der Liebe Christi ist?

Die Beziehungen zwischen Madeleine und der *Mission de France* waren einige Jahre lang recht intensiv. 1943 ließ sich eine Equipe in Cerisiers/Yonne nieder, um mit Priestern der *Mission de France* zusammenzuarbeiten; eine andere ging nach Vernon/Eure. Doch der Versuch war nicht von Dauer. Die Verbindung mit der *Mission de France* wurde allmählich lockerer, ohne je ganz abzubrechen. In einem Brief vom November 1953 an P. Perrot, den neuen Regens der *Mission de France*, und an P. Augros legte Madeleine ihnen dar, wie sie die Entwicklung der *Mission* in diesen Jahren wahrgenommen hatte. Darauf wird noch zurückzukommen sein.[215]

---

214 „Réponse aux questions posées par la Mission de France, Juli–September 1943, in: Madeleine Delbrêl, S'unir au Christ en plein monde, 41f. Im Folgenden: OC II.
215 Vgl. unten S. 252f,

Missionare ohne Schiff

In Lisieux begegnete Madeleine Abbé Godin, der früher der Gemeinschaft der „Fils de la Charité" angehört hatte und dann wieder – wie Abbé Lorenzo – Diözesanpriester geworden war. Er war von einem außergewöhnlichen apostolischen Eifer durchdrungen. Als geistlichem Beirat der Katholischen Arbeiterjugend in der Diözese Paris ließen ihm die Probleme der Entchristlichung buchstäblich keine Ruhe mehr, sodass er nach neuen Wegen der Evangelisierung suchte. Auf Anraten von P. Augros veröffentlichte er zusammen mit Abbé Yvan Daniel die Studie „La France pays de mission?"[216]

Der Erzbischof von Paris, Kardinal Suhard, war von der Lektüre des Manuskripts zutiefst erschüttert. Und als das Buch im September 1943 erschien, schlug es wie eine Bombe in die damalige christliche Welt ein; es wurde mehrmals neu aufgelegt.[217] In den Aufzeichnungen über die Versammlungen der „Charité" findet sich der Bericht von einem Besuch Abbé Godins in der Rue Raspail Nr. 11 – und von den gemischten Gefühlen, die er hinterlassen hat, ohne dass man genau wusste warum.

Das Werk von Godin und Daniel hatte eine gewaltige Wirkkraft; es brachte mutig und schonungslos den Bedarf an neuen missionarischen Strategien ans Licht. Doch jenseits von Strategien ging es Madeleine um die Quelle des apostolischen Engagements. Sie machte sich daran, einen Text zu schreiben, den sie am 27. Dezember 1943 fertigstellte; zu ihren Lebzeiten wurde er allerdings nie veröffentlicht.[218] Es sind vierzig Manuskriptsei-

---

216 Wörtlich: „Frankreich, ein Missionsland?" Das Buch erschien 1951 auch auf Deutsch unter dem Titel „Zwischen Abfall und Bekehrung. Abbé Godin und seine Pariser Mission".

217 1946, 1950 und 1962.

218 Er wurde in Ausschnitten in der ersten posthumen Textsammlung „Nous autres gens der rues" (1966) veröffentlicht, zwei Jahre nach Madeleines Tod. Der ge-

ten geworden, die zu einem beachtlichen Gesamttext geführt haben, der heute zu den meist gelesenen Texten von Madeleine Delbrêl gehört. Sie hatte ihn „Missionnaires sans bateaux" („Missionare ohne Schiff[e]") genannt.

Was für ein eigenartiger Kontrast zwischen diesen beiden Texten, die im Abstand von nur wenigen Monaten geschrieben wurden! Das Buch von Abbé Godin machte Geschichte. Mehrmals neu aufgelegt, war es ein großer Erfolg für den Buchhandel und zugleich ein Aufruf, der im Herzen der Kirche Frankreichs einen intensiven Widerhall fand. Heute sieht man darin jedoch nur noch einen wichtigen Beleg für eine längst vergangene Epoche.

Auf der anderen Seite erscheint Madeleines Text, der viel kürzer ist, als eine Quelle, die die missionarischen Aufbrüche unserer heutigen Zeit nähren und stärken kann. Im Gegensatz zu der aufwühlenden Erkenntnis und zu dem flammenden Appell Abbé Godins beschreibt Madeleine die grundlegenden Voraussetzungen dafür, dass das apostolische Engagement fruchtbar werden kann. Der Text kann hier nicht im Detail analysiert werden. Es kann nur ansatzweise aufgezeigt werden, was dazu geführt hat, dass er nach wie vor aktuell ist. Eine der wichtigsten Passagen lautet:

> „Das Wort Gottes trägt man nicht in einem Köfferchen bis zum Ende der Welt: Man trägt es in sich, man nimmt es in sich mit auf den Weg.
> Man stellt es nicht in eine innere Ecke, in einen Winkel des Gedächtnisses, um es aufzuräumen wie in das Fach eines Schrankes.

---

samte Text von 1943 wurde in voller Länge im Jahr 2000 unter dem Titel „Missionnaires sans bateau, les racines de la mission" im Verlag Parole et Silence veröffentlicht und dann auch in den siebten Band der Gesamtwerke aufgenommen: OC VII, 89. Der Text ist auch ins Italienische, Deutsche und Englische übersetzt worden.

> Man lässt es bis auf den Grund seiner selbst sinken, bis zu dem Dreh- und Angelpunkt, in dem sich unser ganzes Selbst dreht.
> Missionar sein kann man nur, wenn man dem Wort Gottes, dem Evangelium, in sich selbst einen offenen, weiten, herzlichen Empfang bereitet hat.
> Der lebendige Drang dieses Wortes geht dahin, Fleisch zu werden, Fleisch zu werden in uns. Und wenn wir so von ihm bewohnt sind, dann sind wir dafür geeignet, Missionare zu werden."[219]

Damit weist Madeleine auf etwas hin, was immer wieder vergessen wird: Mission beginnt im Missionar selbst; er muss sich dem Wort Gottes aussetzen, sich bekehren lassen, wenn er anderen das Evangelium nicht nur mit seinen Lippen, sondern mit seinem Leben verkünden will. Madeleine betonte, dass das Wort Gottes in uns Fleisch werden muss, um so in unserer Zeit das Mysterium der Inkarnation zu leben. Damit griff sie auf eine durchgängige geistliche Tradition der Kirche zurück.

Ohne es theologisch tiefer zu durchdringen, stellte man sich dies so vor, dass sich Christen und Christinnen in die Welt von heute so inkarnieren sollen, wie das WORT damals unter den Menschen Fleisch angenommen hat. Wenn es ihnen aber darum geht, dass Christus durch sie in der Welt lebendig wird, müssen sie die Inkarnation zuerst in sich selbst geschehen lassen; das heißt, das Wort Gottes muss in ihnen wirken und sie zuinnerst bekehren können.

So gesehen sind alle Christen und Christinnen dazu berufen, Missionare zu sein. Es gibt zwar Missionare, die mit dem Schiff in die sogenannten „Missionsländer" fahren, wo Christus unbekannt ist. Doch es gibt auch die „Missionare ohne Schiff",

---

219 OC VII, 89. Vgl. auch Deine Augen in unseren Augen, 182.

und diese sind viel zahlreicher. Sie nehmen die Metro, sie laufen auf den Straßen, und sie sind dazu berufen, für ihre ungläubigen Schwestern und Brüder Christus zu sein.

Man weiß nicht, warum Madeleine „Missionnaires sans bateaux" nicht veröffentlichen ließ. Denn sie hatte gute Verbindungen zu einigen Verlagen. „Nous autres gens des rues" wurde zum Beispiel 1938 veröffentlicht und kam gut an. Im März 1941 hat sie für die erste Nummer von *Rencontres* – eine von den Dominikanern unter der Leitung von P. Maydieu herausgegebene Sammlung – einen Text mit dem Titel „Notre pain quotidien" [„Unser tägliches Brot"] geschrieben. Zu nennen sind außerdem fünf Artikel von 1934 in der Zeitschrift *Revue des Jeunes*, in denen der Beruf der Sozialarbeiterinnen vorgestellt wird, und „Le Service social dans la réalité vivante" [„Der Sozialdienst in der Welt von heute"] von 1938. Wenn man sich dann noch die verschiedenen bereits erwähnten Broschüren vor Augen führt, die in den Verlagen Bloud et Gay und Temps présent veröffentlicht wurden, wird deutlich, dass Madeleine trotz allem, was an Verantwortung auf ihr lastete, eine umfangreiche schriftstellerische Tätigkeit beibehielt. Dadurch, aber auch durch ihre verschiedenen kirchlichen Kontakte wurde sie immer bekannter und gefragter.

Ende 1943 erhielt die Rue Raspail Nr. 11 zum ersten Mal Besuch von P. Jacques Loew, einem jungen Dominikaner. Wie Madeleine war er Konvertit; mehr als ein Jahr zuvor (sein erstes Gehalt bekam er im Januar 1942) hatte er als Docker in Marseille angeheuert. Er ist einer der ersten Priester – wenn nicht der erste überhaupt –, der um des Apostolats willen Arbeiter wurde. Im Viertel La Cabucelle hatte er sich niedergelassen.

Nach Paris kam er in Begleitung von drei jungen Frauen, die in Marseille ein gemeinschaftliches apostolisches Leben führen wollten. Jacques Loew hatte mit ihnen verschiedene Gemeinschaften besucht, darunter die Frauengemeinschaft der *Mission de France* unter Madeleine Josset. In der Rue Raspail trafen sie an einem Abend ein; ihre bisherigen Begegnungen hatten sie noch nicht so recht überzeugt. Was sie dann bei Madeleine und ihren Gefährtinnen faszinierte, waren die Einfachheit ihres Lebens nach dem Evangelium, das sie an die ersten Klarissen erinnerte, und vor allem ihre Demut. Denn trotz ihrer langen Erfahrungen belehrten sie ihre Besucher nicht, wie Jacques Loew festgehalten hat:

„Madeleine hatte uns schon zehn Jahre Erfahrung voraus. Doch nichts davon war im Gespräch zu spüren; sie gab keine Ratschläge und sagte uns auch nicht, wo wir aufpassen müssten. Und eine von uns, die unter dem Dünkel von Sozialarbeiterinnen und sogenannten ‚Intellektuellen' gelitten und deshalb ein feines Gespür dafür hatte, war beim Weggehen von Herzen froh. Wir waren einander auf Augenhöhe begegnet."[220]

Es war der Beginn einer langen Zusammenarbeit, die während der Krise der Arbeiterpriester in den 1950er-Jahren noch intensiver wurde.

1943 bat Madeleine Abbé Lorenzo um Rat. Sie spürte bereits, dass sie die vielen Aufgaben nicht mehr bewältigen konnte, die auf ihr lasteten: ihre Arbeit im Sozialdienst und in der Stadtverwaltung, ihren Unterricht für die Sozialarbeiterinnen, ihr kirchliches Engagement, das sich immer mehr ausweitete, die Beiträge, die sie zu sozialen und kirchlichen Themen schrieb, und dazu ihre Verantwortung gegenüber der „Charité", zu der immer noch mehr Mitglieder kamen; es waren

220 Jacques Loew, Vivre l'Évangile avec Madeleine Delbrêl, Paris 1994, 41.

zwar einige wieder gegangen, aber damals waren sie zu fünfzehnt.[221]

Weil sie so viele waren, mussten sie neue Standorte suchen; über Ivry und Vitry hinaus dachten sie auch daran, in ländliche Gegenden zu gehen. Es wurden zwei neue Equipen in Cerisiers und in Vernon gegründet. In diesen beiden Fällen war die Präsenz einer Gruppe der *Mission de France* oder einer ihr assoziierten Gemeinschaft für die Wahl des Standorts ausschlaggebend. Dass es nun mehrere Equipen gab, hieß aber natürlich, dass die Arbeit der Verantwortlichen noch wichtiger wurde.

Eine Option legte sich für Madeleine nahe: Sie könnte ihre berufliche Arbeit aufgeben. Das mag erstaunen, konnte sie doch mit ihrem Einfluss so viel bewirken. Sie wird aber gespürt haben, dass sie sich zurücknehmen musste, um das apostolische Engagement der „Charité" zu überdenken und um sich an den Gesprächsprozessen zur missionarischen Pastoral zu beteiligen, die in Lisieux und anderswo lebhaft im Gang waren.

Abbé Lorenzo ging allerdings mit solchen Überlegungen nicht mit: Er riet Madeleine, ihre Arbeit beizubehalten, denn sonst würde sie sich „vom wirklichen Leben abschneiden"[222]. Madeleine hörte auf ihn und arbeitete bis Kriegsende weiter; erst am 1. Oktober 1945, nach der Befreiung Frankreichs, kündigte sie im Rathaus.

Die Jahre 1943–1945 waren von Unruhe und Sorgen bestimmt. Es war zum Beispiel schwierig, wegen der schlecht funktionierenden Kommunikationsmittel mit den Equipen in Cerisiers und Vernon in Kontakt zu bleiben; hinzu kamen die

221 In alphabetischer Reihenfolge: Christine de Boismarmin, Louise Brunot, Madeleine Delbrêl, Germaine Gérôme, Marie-Aimée Jouvenet, Raymonde Kanel, Suzanne Lacloche, Andrée Lefeuvre, Hélène Manuel, Gilberte Maurice, Paulette Penchier, Suzanne Perrin, Andrée Saussac, Marthe Sauvegeot, Andrée Voillot.

222 Brief vom Juni 1943 von Abbé Lorenzo an Madeleine Delbrêl, in: AMD III.

Bombardierungen und schließlich die Kämpfe in Mussidan, in der Nähe des Dorfes Le Chaupre, wo ihr Vater wohnte – Kämpfe zwischen der Miliz von Marschall Pétain und der Résistance, die brutale Vergeltungsmaßnahmen nach sich zogen. All das setzte Madeleine und ihren Gefährtinnen gewaltig zu.

Schließlich rückten die alliierten Truppen in Paris ein und befreiten die Stadt. Aber die deutsche Luftwaffe bombardierte die Industrievororte in der Nacht vom 25. zum 26. August 1944, was zu schweren Verlusten und beträchtlichen Schäden führte. Am darauffolgenden Morgen hat das Personal des Vichy-Regimes das Rathaus verlassen.

Venise Gosnat, der später ein enger Freund Madeleines wurde, war vor Ort. Er war Funktionär in der kommunistischen Partei und während des ganzen Krieges im Untergrund und in der Résistance aktiv. Die Partei übernahm nun nach fünf Jahren wieder die Macht in Ivry. In seinem Buch über Venise Gosnat lässt Jean Chaumeil diesen Mann zu Wort kommen, den Madeleine sehr schätzte und über den sie später einmal sagen wird, das sie seine „schlechte Schülerin in Sachen Marxismus" war. Gosnat berichtet:

„Paris war gerade befreit worden. Ich kam aus dem Untergrund zurück. Am 25. August wurde Ivry mit verheerenden Folgen bombardiert. Mein Platz war nun im Rathaus. Ich war dort noch allein, als nach etwa zehn Minuten jemand an die Tür klopfte. Herein kam eine kleine beherzte Frau, die ich nicht kannte. Sie sagte zu mir: ‚Ich bin Madeleine Delbrêl, ich bin Sozialarbeiterin; ich war technische Delegierte in der Präfektur unter der vorherigen Stadtverwaltung, und nun stelle ich mich zu Ihrer Verfügung.' Zunächst war ich nicht so begeistert, weil sie mit der Besatzungsmacht von Vichy zusammengearbeitet hatte. Aber ich habe ihr dann gesagt, dass ich es sehr schön finde, dass sie gekommen ist; morgen würde man weitersehen.

Am nächsten Morgen habe ich sie gefragt, was sie gemacht hat. Sie antwortete, dass es ihr nur um eines gegangen sei: Leiden zu lindern. Und von da an hat sie sich ununterbrochen für Ivry eingesetzt. Seit diesem Tag sind wir Freunde geworden – eine Freundschaft, die bis zu ihrem Tod im Oktober 1964 gedauert hat."[223]

Eine Woche später schrieb Madeleine dem Bürgermeister, um ihm zu verdeutlichen, was ihr Aufgabenbereich während der Besatzung gewesen war. Und sie verfasste für ihn einen Bericht, um ihm Rechenschaft über den Weg zu geben, den sie während dieser Jahre zurückgelegt hatte und in dem sie die Fortschritte aufzeigte, die möglich wurden, aber auch die Grenzen ihres Handelns.[224]

In diesem Brief schrieb sie ihm, dass sie es sehr gut verstehen könnte, wenn man sie bäte, ihren Posten aufzugeben. Doch dazu kam es nicht, im Gegenteil: Sie wurde ausdrücklich in ihrer Aufgabe bestätigt. Als Erstes wurde ein „Hilfskomitee für die Kriegsopfer" gegründet, und auf dem Plakat, das auf diese Gründung hinwies, stand ausdrücklich der Name „Mademoiselle Delbrêl". Auch die drei Pfarrer von Ivry unterschrieben auf dem Plakat.

Die Wahlen für den Stadtrat standen vor der Tür. Es wurde erwartet, dass sich Madeleine auf die Liste der Partei setzen ließ. Natürlich lehnte sie ab, was keiner weiteren Erklärung bedarf; doch umso kostbarer ist ein Kommentar von Venise Gosnat:

„Madeleine Delbrêl verkörperte das Evangelium. Sie hat ihre innere Ausrichtung nie verleugnet. Sie war uns gegenüber immer total aufrichtig. Ich hatte gedacht, dass sie zu uns in die Stadtverwaltung kommt, um an der Veränderung der Gesell-

223 Jean Chaumeil, Venise Gosnat, Paris 1975, 219.
224 „Étude sur le service social, automne 1944", in: OC VI, 195–216.

schaft mitzuwirken. Doch hier war sie ganz klar: Zum Marxismus gehört die Leugnung Gottes, also konnte sie ihm nicht zustimmen, und sie konnte auch keiner Regierung zustimmen, die Gott leugnet – auch wenn sie alles andere guthieß. [...] Sie war in konkreten Projekten immer auf unserer Seite, doch sie misstraute der Veränderung der Gesellschaft.“[225]

Venise Gosnat hat sie zutiefst verstanden, außer in einem Punkt: bezüglich ihrer Haltung gegenüber einer Veränderung der Gesellschaft. Madeleine wünschte sich zutiefst deren Veränderung, nur nicht im Sinne des Marxismus.[226]

Am 1. Oktober 1945 kündigte Madeleine ihre Arbeit als Leiterin der Sozialdienste im Rathaus und nahm unbezahlten Urlaub bis zum 1. Oktober 1946. Ein Kapitel ging zu Ende. Neue Horizonte taten sich vor ihr auf.

225 Venise Gosnat im Interview mit Jacques Offredo, in: La Vie catholique 1342, April/Mai 1971; dieses Interview wurde von Jean Chaumeil als Anhang an sein Buch über Venise Gosnat angefügt, a. a. O., 220.
226 Vgl. Deine Augen in unseren Augen, 168.

V

EIN NEUES VERSTÄNDNIS VOM AUFTRAG DER KIRCHE IN DER WELT (1945–1953)

In den Texten, die Madeleine in dieser Zeit verfasst hat, schreibt sie nichts über ihre Entscheidung, die Sozialarbeit aufzugeben. Erst in einem Vortrag, den sie im Dezember 1962 in Toulouse gehalten hat, lässt sie den tiefsten Grund dafür durchblicken:

> „Als der Krieg zu Ende war, wussten wir zwar, dass wir gute Arbeit geleistet hatten; wir sagten uns aber auch, dass unser Leben nicht zu sehr an einen Einsatz im öffentlichen Leben gekoppelt sein darf, denn das wäre noch schlimmer, als wenn wir uns in den Dienst der Pfarrei stellen würden. Also haben wir verschiedenen Arbeitsbereichen, in die wir eingebunden waren, unseren Respekt gezollt und Adieu gesagt."[227]

Die Entscheidung betraf also nicht nur Madeleine persönlich, sondern die ganze Equipe, zumindest diejenigen Mitglieder, die aufgrund des Krieges in öffentlichen Einrichtungen Fuß gefasst hatten, wie zum Beispiel Louise Brunot. Diese war während des

227 OC VIII, 258.

Krieges für das „Mütterhaus" verantwortlich gewesen, eine Schlüsselstelle in den sozialen Initiativen, die Madeleine ins Leben gerufen hatte. Auch Louise Brunot hat nach der Befreiung ihre Verantwortung abgegeben.

Madeleine deutet in diesem Vortrag auch an, dass sie sich zunehmend von den Aufgaben in der Pfarrei freigemacht haben. Sich dann aber einseitig im öffentlichen Leben zu engagieren, wäre ihnen „noch schlimmer" erschienen. Sie befürchtete vor allem die Identifikation mit irgendeiner Aufgabe. Madeleine hat nie akzeptiert, dass sich die „Charité" über ein konkretes Tun definierte. Es war für sie eine Frage der Berufung:

> „Wenn es unsere Berufung gewesen wäre, tatkräftig in dieser Welt zu wirken, dann wäre das etwas anderes gewesen; aber es war eben nicht unsere Berufung ..."

Ihre Berufung war es, mitten unter Menschen zu leben, die arm sind und die Christus nicht kennen; dort Zeugnis vom Evangelium zu geben, dort für die Menschen, denen sie begegneten, Christus zu sein. Sich auf ein bestimmtes Aufgabengebiet zu beschränken, wäre dafür nur hinderlich.

Das entscheidende Motiv ihrer Neuausrichtung war für Madeleine also offenbar die Treue der Gruppe zu ihrer Berufung. Oder haben noch andere Elemente eine Rolle gespielt? Es gibt zum Beispiel auch Hinweise darauf, dass sie vom Berufsleben enttäuscht war. Christine Garcette schreibt [in einem Band der französischen Gesamtausgabe von Madeleines Werken]: „Sie machte sich Gedanken über die ‚Kurzatmigkeit', die sie bei ihren Kollegen feststellte; deshalb hat sie sie immer wieder professionell beraten, um ihnen den tieferen Sinn ihrer Aufgabe nahezubringen. Sie hat ganz richtig geahnt, dass die Weiterentwicklung der verschiedenen Dienste und Methoden dazu führen könnte, dass man sich von den Menschen entfernt; denn diese Nähe zu den Menschen lag ihr immer am Herzen. Hat sie deshalb später so nachdrücklich von einer ‚Mogelpackung' gesprochen? Oder hat sie gekündigt, damit sie sich ihren Equipen widmen konnte?"[228]

Madeleine hätte sich aber sicher nicht so leicht entmutigen lassen. Ch. J. Reverdy, ihr Vorgesetzter in der Präfektur Seine während der Besatzungszeit, hätte es gern gesehen, wenn sie in die Politik gegangen wäre: „Ich habe mich gefragt, ob es zu ihrem kämpferischen Temperament nicht gepasst hätte, sich in den Dienst des öffentlichen Lebens zu stellen, wo sie für eine bessere Sozialpolitik hätte kämpfen können. Es war mir nicht bewusst gewesen, dass sie eine andere innere Ausrichtung hatte; dass sie nämlich nach dem Ausscheiden aus dem institutionellen Rahmen des Sozialdienstes, in dem sie gearbeitet hatte, die Menschen persönlich unterstützen und ihnen freundschaftlich verbunden sein wollte, unter denen sie lebte, und dass sie dort durch ein religiöses Apostolat wirken wollte."[229]

Der Autor dieser Zeilen kommt der Wahrheit wahrscheinlich recht nahe. Dennoch ist der Gegensatz zwischen institutionellem und persönlichem Wirken nicht das eigentliche Problem Madeleines. Ihre Frage ist vielmehr: Welche Lebensform ermöglicht es der „Charité", ihrer ursprünglichen Berufung treu zu bleiben?

Die Kommunisten hätten nun ihrerseits gern bei ihr erreicht, was ihnen zehn Jahre zuvor nicht gelungen war: Madeleine zur Mitarbeit zu bewegen. „Sie hätte es gekonnt, aber dann hätte sie politisch Farbe bekennen müssen, indem sie in die Partei eintrat, und das wollte sie nicht", so Venise Gosnat in dem Gespräch, aus dem bereits zitiert wurde.[230] „Sie war in konkreten Projekten immer auf unserer Seite, aber sie misstraute der

228 Christine Garcette, „Le Service social au temps de Madeleine Delbrêl", in: OC VI, 47f; vgl. dazu auch den Text von Madeleine Delbrêl, ebd. 217–226.
229 In: Bulletin d'information et de réflexion des équipes chrétiennes de la Fonction publique, 1966–3.
230 S. oben S. 183f.

Veränderung der Gesellschaft. Sie erzählte mir immer wieder von den Verfolgungen, die es in den Ländern gab, in denen der Sozialismus an die Macht gekommen war. Ich habe ihre Analysen widerlegt, und gemeinsam haben wir dann diese Widerlegungen unter die Lupe genommen."[231]

Auch wenn Madeleine keine Veränderung der Gesellschaft im Sinne des Kommunismus wollte, bleibt zu fragen, ob sie nicht doch überlegt hat, sich auf die Bitte der Stadtverwaltung hin auf die „Einheitsliste" für die Kommunalwahlen vom Dezember 1945 setzen zu lassen, ohne dass sie dafür hätte in die Partei eintreten müssen. Scheinbar hat sie das in einer Notiz vom 7. Februar 1954 an Pierre Veuillot angedeutet:

> „Die Stadtverwaltung brauchte das Einverständnis aller ‚Kameraden', um mich auf die ‚Einheitsliste' setzen zu können, aber die Sozialisten wollten mich nicht haben."[232]

Wenn es sehr wahrscheinlich ist, dass die Sozialisten nichts davon hielten, dass eine Christin in der Stadtverwaltung mitmischte, dann ist dieser Satz Madeleines womöglich ein Scherz. Denn schließlich hatte sie gerade unbezahlten Urlaub genommen und dadurch nicht mehr den Einfluss, den ihr ihre Arbeit ermöglicht hatte.

Das hätte sie zwar nicht davon abgehalten, für einen Sitz im Stadtrat zu kandidieren, doch ohne die Position, die sie aufgrund ihrer Arbeit hatte, wäre es lange Zeit schwierig geworden, sich dort zu behaupten. Und zudem wären zwangsläufig neue Zuständigkeitsbereiche auf sie zugekommen, wenn sie Stadträtin geworden wäre.

231 Interview mit Jacques Offredo, in: Jean Chaumeil, a. a. O., 220.
232 AMD III.

Was auch immer an diesen Spekulationen dran sein mag: Madeleine verlagerte ihren Schwerpunkt jedenfalls wieder in die Rue Raspail Nr. 11. Louise Brunot übernahm dort die Verantwortung für den Haushalt. Es musste jemand da sein, wenn die Mitglieder der Gruppe kamen oder gingen, und vor allem dann, wenn Menschen an die Tür klopften, die in Not waren; sie wurden herzlich aufgenommen, denn niemand sollte draußen bleiben müssen.

Als Madeleine ihre berufliche Arbeit aufgab, war das für einige ihrer Gefährtinnen eine Beruhigung; sie hatten ihre Beziehungen mit den Marxisten mit Sorge beobachtet, weil sie befürchteten, dass sie sich von ihnen über den Tisch ziehen lassen könnte. Die größte Gefahr für Madeleine war indes, dass sie sich überforderte. Denn zusätzlich zu ihrer anspruchsvollen Arbeit hat sie sich um ihre Gemeinschaft gekümmert, und dazu gehörten regelmäßige gemeinsame Gebetszeiten und Zeiten der Reflexion. Christine de Boismarmin meinte, dass der Wunsch, sich ganz ihrer Gemeinschaft zu widmen, ausschlaggebend für ihre Entscheidung im Jahr 1945 war. Das hat sicher eine große Rolle gespielt. Doch es war eben nicht der tiefste Grund.

Dennoch muss man sich bewusst bleiben, dass es damals ein ganzes Bündel von Motiven und Einflüssen gab. Zu der Zeit begann Madeleine mit ihrem „geistlichen Notizbüchlein", in dem sie nach der Art der Apophtegmata der Wüstenväter kleine Sinnsprüche aufschrieb, und zwar unter dem Deckmantel einer fiktiven Person, Alcide, der „in der Welt einfacher Christen diejenigen vertritt, die nicht danach streben, Heilige zu sein, sondern heilig zu werden".[233] Dort schreibt sie:

233 Madeleine Delbrêl, Le Moine et le nagneau. Alcide et ses métarmorphoses, Paris 2006, 36. Im Folgenden: OC IV. Vgl. auch Madeleine Delbrêl, Der kleine Mönch. Ein geistliches Notizbüchlein, Freiburg 1981, 10.

> „Mit einem Federstrich befreien andere dich von der drückenden Last deiner Verantwortung; du solltest jetzt täglich dafür danken.
>
> (Nach dem ungerechten Ende seiner kurzen Karriere)
>
> Ein Kämpfer verpflichtet sich selbst zu einem Einsatz, aber die anderen sind es, die ihn wieder entpflichten. Das ist eine wunderbare Gesetzmäßigkeit, für die der Vorsehung Lob gebührt."[234]

Dieser kleine Text ist ganz offensichtlich autobiografisch. Doch worauf spielt Madeleine hier an? Auf den Wunsch ihrer Gefährtinnen, dass sie sich der Gemeinschaft widmen soll? Auf den Widerstand der Sozialisten, die sie nicht im Stadtrat haben wollten? Auf die Kritik, die sich nach dem Krieg gegen die Arbeit der Sozialarbeiterinnen richtete, auch von Seiten der Kommunisten? Man weiß es nicht. Aber sehr wahrscheinlich hat sie diese Entscheidung, die lange herangereift war, da sie ja schon 1943 damit umging, einiges gekostet. Denn Madeleine hat gern etwas angepackt.

Das zwölfte Jahr

Innerhalb von zwölf Jahren war die „Charité" langsam, aber stetig angewachsen. Im Oktober 1945 waren sie zu sechzehnt. Nach dem Krieg hatte die Gruppe, angeregt von Madeleine, das Gefühl, dass der Zeitpunkt gekommen war, sich wieder auf den Ursprung zu besinnen und zur Intuition des Anfangs zurückzufinden. Deshalb wurde anlässlich des zwölften Jahrestages der Ankunft der ersten drei Equipe-Mitglieder beschlossen, eine Sabbatzeit einzulegen, um zu beten und gemeinsam

234 OC IV, 69.

nachzudenken: „das zwölfte Jahr“[235], was dann schließlich gut zwei Monate dauerte, vom 15. Oktober bis Weihnachten.

Zwei Gründe haben zu dieser Entscheidung geführt. Zum einen hatte die Gruppe während des Krieges an spiritueller Kraft eingebüßt; zum anderen gab es unterschiedliche Sichtweisen in Bezug auf die Berufung der „Charité“.

Zum ersten Punkt gibt es Notizen von Hélène Manuel, die sie nach dem zwölften Jahrestag aufgeschrieben hat. Sie versucht dort, die Geschichte der Gruppe schematisch bis 1946 nachzuzeichnen. Hélène Manuel war ja zur selben Zeit wie Madeleine und Suzanne Lacloche nach Ivry gekommen: am 15. Oktober 1933. Die Zeit während des Krieges und auch noch nach der Befreiung beurteilt sie so:

„Wir sind durch die Kriegsatmosphäre so sehr ins aktive Leben hinein verwickelt worden, dass unser inneres Leben aus Zeitmangel auf der Strecke geblieben ist ... Das wirkt sich allmählich auf unsere Gottesbeziehung aus. Wir haben immer mehr Kontakt mit Menschen, die nicht an Gott glauben, und sind davon zutiefst berührt. Wir werden dadurch auch mit vielen gesellschaftlichen Problemen konfrontiert, die uns nicht kalt lassen ... Bei Kriegsende sind wir zu zwölft.[236] Die geschwisterliche Liebe unter uns lässt zu wünschen übrig. Wir merken nun, dass wir ‚Macher‘[237] waren, weil wir ‚von dieser Welt‘ sind und nicht ‚in der Welt‘. Unserem Leben ist der Gottesbezug abhandengekommen. Und nun gilt es, ihn wiederzufinden.“[238]

---

235 Das war eine Anspielung auf die Praxis des „zehnten Jahres“ bei den Jesuiten: Nach etwa zehn Jahren der Ausbildung findet das sogenannte Terziat statt, eine halbjährige Sabbat- und Studienzeit. (Erweiterte Anmerkung A. S.).

236 Hier irrt sich Hélène Manuel; sie sind nämlich zu sechzehnt. Das könnte darauf schließen lassen, dass diese Notizen erst lange nach 1945 gemacht wurden.

237 H. Manuel benutzt hier das Wort „fait“ (gemacht), ohne dass darauf ein Objekt folgt; das war mit Sicherheit ihre Absicht, um die Unterscheidung auszudrücken, die Madeleine oft ins Spiel brachte: für Christus etwas *machen* – oder Christus mitten in der Welt *sein*.

238 AMD II 2b, Hélène Manuel.

Diese Diagnose ist schwerwiegend, auch wenn sie etwas pauschal gestellt wurde. Es ging offenbar darum, eine geistliche Dimension wiederzufinden, die in den Hintergrund getreten war. Es ging aber auch darum, sich wieder auf die ursprüngliche Berufung zu besinnen. Den Weg, der sich am 15. Oktober 1933 vor ihnen aufgetan hatte, hatten offenbar nicht alle in gleicher Weise verinnerlicht. Als Hélène Manuel Abbé Lorenzo um Rat fragte, schrieb er ihr einen Brief, der das ursprüngliche Ziel in Erinnerung ruft:

„Das Ziel der ‚Charité' ist einfach: Sie will Christinnen helfen, voll und ganz ihr Christsein zu leben, zu dem alle Gläubigen aufgrund ihrer Taufe berufen sind. An dem Tag, an dem man getauft wird, wird man Glied Christi und Sohn oder Tochter der Kirche. Das stellt in unseren Augen eine echte Weihe und ein höchst anforderndes Engagement dar. Wenn ein Kind es verstandesmäßig erfassen kann, lässt man es ja auch sein Tauf*gelübde* erneuern. Wir haben nie ganz eingesehen, was weitere Gelübde dem noch hinzufügen könnten. Der Getaufte, der sich dessen bewusst ist, was ihm geschenkt und verheißen ist, ist zur Heiligkeit bestimmt (vgl. die Enzyklika von Pius XI. zum dreihundertsten Todestag von Franz von Sales).“[239]

Warum spricht er sie auf Gelübde an? Er reagierte damit auf ihren Wunsch, dass jedes Mitglied der Gruppe Gelübde ablegen sollte; doch das würde die „Charité“ zu sehr in die Nähe des Ordenslebens rücken.

Im weiteren Verlauf des Briefes ruft Abbé Lorenzo ihr ins Gedächtnis, wie sehr die Lektüre der Apostelgeschichte – vor allem die Schilderung von der Urgemeinde in Jerusalem – für den Aufbruch in die Banlieue entscheidend wurde. Allerdings hatte Hélène Manuel ausgerechnet an diesen gemeinsamen Meditationen (Ende 1930 bis 1932) unter der Leitung des geistli-

239 Brief von Abbé Lorenzo an Hélene Manuel vom 26. Mai 1945, in: AMD III.

chen Begleiters der Gruppe noch gar nicht teilgenommen, sondern war erst später zur Gruppe dazugestoßen. Und Suzanne Lacloche war von einer anderen Pfarrei gekommen, sodass Madeleine die Einzige aus dem Gründerinnen-Trio war, die diese Erfahrung gemacht hatte, die zur Gründung der „Charité" führte.[240]

Am 15. Oktober 1945 lud Madeleine alle ihre Gefährtinnen zu einem ersten Vortrag ein. Zwei weitere folgten in den nächsten Tagen, und Abbé Lorenzo hielt am 24. Oktober noch einen vierten Vortrag.

Eine neue Etappe zeichnete sich ab, wie Madeleine selbst bekundete:

> „Mir war klar, dass die Charité jetzt eine entscheidende Weichenstellung vornehmen muss; deshalb habe ich für diese Tage so intensiv um Licht gebeten."[241]

Sie führte der Gruppe den Kern ihrer Berufung vor Augen: die vorbehaltlose Hingabe an die Liebe Gottes.

> „Der Ruf, der an uns ergangen ist, ist ein Ruf, der dem gleicht, den eine Karmelitin oder eine Klarissin empfängt. [...] Wir sind nicht berufen, in der Kirche Jesu Christi eine bestimmte sichtbare Arbeit zu tun, sondern uns völlig seiner Liebe zu weihen – ich sage bewusst nicht: seinem Dienst – damit er uns so lieben kann, wie es ihm sein Herz gebietet."[242]

---

240 Vier Jahre später, am 15. Oktober 1937, kam aber Louise Brunot dazu; sie war bei den Treffen in der Pfarrei *St. Dominique* dabei gewesen, bei denen es im Zusammenhang mit der Apostelgeschichte zur Gründung kam.

241 Vortrag von Madeleine Delbrêl vom 15. Oktober 1945 zur „Berufung der Charité", in: OC XIII, 134.

242 Ebd., 135. Vgl. auch Deine Augen in unseren Augen, 96.

Immer hat die Hingabe Vorrang vor der Tat. Das heißt nicht, dass es nicht auch eine *sichtbare Arbeit* geben kann; aber sie ist eine Folge der Hingabe an die Liebe:

> „Der Herr hat uns nicht gerufen, um uns zu sagen: ‚Schau, diese Kranken – geh zu ihnen'; oder „Schau, diese Kinder – du sollst sie unterrichten'; oder ‚Schau, diese Kommunisten oder diese Hindus oder diese gefallenen Mädchen – du sollst sie bekehren'. Der Herr hat uns vielmehr gerufen, damit wir immer bei ihm sind und zusammen mit ihm für die ganze Welt und für die, die uns begegnen, das tun, was er für sie tun will. Er hat uns gerufen, um sein Herz sozusagen in unser Herz auszugießen, dieses Herz, das sich an die ganze Welt von heute und von morgen verschenken will. Doch das muss konkret werden, indem wir uns liebevoll all dem zuwenden, was uns auf unserem Weg begegnet."[243]

Madeleine geht noch einen Schritt weiter, indem sie in der Sprache der Mystik von der Vermählung der Seele mit Gott spricht: „Die Seele im Stand der Gnade ist mit Gott vermählt."[244] Das ist die Berufung aller Getauften. Auf der Ebene ist dann auch die Ehelosigkeit angesiedelt, in die sie alle eingewilligt haben:

> „Die Seele, die zur vollkommenen Keuschheit berufen ist, ist dazu berufen, dass dieses Eins-Sein mit Gott ihr völlig genügt; dass sie ihr Herz von allem frei hält, was sie daran hindern könnte oder was im Vergleich zu ihm so wenig zählt."[245]

Muss Jesus seine Liebe nicht in jede von ihnen ausgießen können, ohne dabei auf ein Hindernis zu treffen? Ihr Leben lang wird Madeleine immer wieder darauf zu sprechen kommen,

243 Ebd., 136.
244 Ebd., 144.
245 Ebd.

dass diese Zugehörigkeit zu Jesus Christus Priorität hat. Sie ist die Voraussetzung dafür, dass seine Liebe in ihr Gestalt annimmt, damit sie sie anderen Menschen weiterschenken kann, ohne sich selbst einzumischen.

Das war es, was sie schon zwölf Jahre zuvor dachte und zur Zeit ihrer Ankunft in Ivry leben wollte. Doch inzwischen hatte sie einiges hinter sich: die Herausforderungen durch den Krieg, die drückende Last der Verantwortung, die Ungewissheit, wie es künftig für sie weitergehen soll, und die Angebote, die man ihr gemacht hatte. Offenbar fand sie Ende 1945 zum eigentlichen Kern dessen, wofür sie sich von Anfang an eingesetzt hatte – in neuer Klarheit und bestärkt durch die Freiheit, die der Verzicht auf ihr weiteres berufliches Engagement ihr eröffnet hatte. Und in diese Richtung wollte sie nun – zusammen mit Abbé Lorenzo – ihre Gefährtinnen mitnehmen.

Am Mittwoch, den 24. Oktober, bekräftigte Abbé Lorenzo diesen Impuls in einem kurzen, aber sehr dichten Vortrag:

„‚Kommt und folgt mir nach', das ist ein unmissverständlicher Ruf an die Charité: Es gibt keine spezifische Aufgabe, keine klar definierte Rolle, wie zum Beispiel Menschen zu pflegen oder sie zu unterrichten [...] Wir sind dazu berufen, dem Herrn zu folgen. Es gibt immer die Versuchung, dass man für Gott etwas tun will. Doch es ist eine Person, ein Jemand, der uns ruft; Christus ist ein Jemand, und es geht nicht darum, für ihn zu arbeiten, sondern ihn durch uns wirken zu lassen. Das ist der Ursprungsimpuls der Charité. Jedes Mal, wenn man die Aufgaben der Gruppe genau definieren wollte, war man auf dem Holzweg. Die denkbar einfachste aller Berufungen ist dies: ‚Ich will, dass ihr bei mir seid ..., und er nannte sie seine Apostel.' Danach bekamen sie auch etwas zu tun, aber zuerst wurden sie gerufen, um bei Ihm zu sein."[246]

246 Vortrag von Abbé Lorenzo am 24. Oktober 1945: „Die Berufung der Charité, Fluchtpunkte zum Absoluten", in: AMD II, 12.

Hélène Manuel schrieb daraufhin: „Zwölf Jahre nach dem Aufbruch hat das zwölfte Gnadenjahr stattgefunden. Es wurde uns zutiefst bewusst, dass es unser einziger Daseinsgrund ist, Christus in uns leben zu lassen und ihm ganz anzugehören, in Gestalt eines Lebens nach dem Evangelium mitten in der Welt."[247]

Die Berufung der „Charité" klärte sich im Kontext einer Kirche, die nach dem Krieg wieder durchatmen konnte und die missionarische Ausrichtung weiterverfolgte, die durch die Gründung der *Mission de France* in Gang gekommen war. Abbé Lorenzo war drei Jahre lang Leiter des Seminars der *Mission de France* in Lisieux gewesen. Nun war er ein paar Wochen zuvor als Pfarrer der Pfarrei *St. Hippolyte* nach Paris zurückgekehrt, wo ihn Kardinal Suhard zusammen mit einer Priesterequipe der *Mission de France* installierte. Die missionarischen Initiativen, die die Kirche in Gang bringen wollte, klärten und entwickelten sich. Ivry-sur-Seine grenzte direkt an das 13. Arrondissement von Paris; zahlreiche Missionarinnen und Missionare wollten sich in diesem von der Industrie geprägten Arbeitervorort von Paris engagieren.

Im Dienst an den Menschen

Madeleines Korrespondenz richtete sich nach dem zwölften Jahr fast ausschließlich an ihre Gefährtinnen. Ganz offensichtlich wollte sie ihren Glauben stärken und ihren Blick auf das lenken, was ihr Leben ausmachte. Deshalb schrieb sie ihnen allen, sowohl den Pionierinnen als auch denen, die später dazu gekommen waren. Sie konnte bei dieser Form der Begleitung die Fülle an geistlichen Erfahrungen einbringen, die sie selbst

247 AMD II 2b, Hélène Manuel.

über viele Jahre und durch schwere Prüfungen hindurch gemacht hatte.

In erster Linie wollte sie ihnen helfen, sich nicht nur an der rein menschlichen Ebene zu orientieren, sondern in die Herzmitte des Glaubens einzutauchen. In einem Brief vom 6. September an ein neues Mitglied der Gruppe versuchte sie den Unterschied zwischen „wünschen“ und „hoffen“ zu verdeutlichen:

> „Wünschen heißt im Allgemeinen, nach bestimmten Dingen verlangen, um die eigenen Bedürfnisse zu stillen, auch die geistlichen Bedürfnisse; doch davon verstehen wir meist nicht viel. Hoffen heißt, auf das warten, was der Glaube uns zeigt; es ist also etwas Unbestimmtes, aber dafür etwas von unvergleichlich größerer Fülle. Hoffen heißt, voll Vertrauen auf etwas warten, das man nicht kennt, aber es von jemandem erwarten, dessen Liebe man kennt.“[248]

Madeleine zögerte nicht, Klartext zu reden und ihre Gefährtinnen gegebenenfalls darauf hinzuweisen, dass sie falsch lagen und daran etwas ändern müssten. Eine von ihnen, eine Sozialarbeiterin, hatte zum Beispiel noch keinen Platz für ein Baby gefunden. Alle waren damit einverstanden, dass es vorübergehend bei ihnen im Haus blieb. Doch die Betreffende hing dann so sehr an dem Baby, dass sie all ihre Kraft dafür einsetzte und deshalb von den Zusammenkünften des zwölften Jahrestages fernblieb, die die „Charité“ in jenem Herbst 1945 organisierte. Madeleine reagierte mit liebevoller Strenge. Sie wies nicht nur darauf hin, dass es eine unnormale Situation war; sie versuchte auch, den emotionalen Knoten zu lösen, in den sich die Gefährtin verstrickt hatte und der dazu führte, dass sie „Vorwürfe oder Widerspruch nur schwer ertragen kann“.[249] Am 26. November 1945 sprach sie den Kern des Problems ohne Umschweife an:

248 OC II, 117.
249 Ebd., 123.

> „Ich möchte diesen Brief nicht beenden, ohne Ihnen zu sagen, was meiner Meinung nach die eigentliche Ursache Ihrer Schwierigkeiten mit uns ist. Seit Ihrer frühesten Kindheit standen Sie ‚im Mittelpunkt', wie es bei einem kleinen Kind zu Recht sein darf. Was ich Ihnen neulich vorgeworfen habe – dass Sie Macht ausüben wollten –, trifft nicht ganz zu. Es geht Ihnen nicht so sehr um Macht; Sie haben vielmehr das Bedürfnis, bewundert und gehätschelt zu werden."[250]

Es war sicher nicht einfach, all diese jungen Frauen, die zum Teil ausgeprägte Persönlichkeiten waren, auf ein gemeinschaftliches Leben hin zu begleiten. Und das umso mehr, als die „Charité" sich nicht durch äußeres Wirken definierte. Jede musste deshalb ihren eigenen Weg finden, zu dem auch die Wahl ihres Berufes gehörte.

Gemeinsam war ihnen etwas sehr Grundlegendes: der Ruf, mitten unter armen und ungläubigen Menschen Jesus Christus zu sein. Doch dafür musste jede ihren eigenen Ausdruck finden und sich zugleich den anderen anpassen, mit denen sie in Gemeinschaft lebte. Da konnte es zu harten Zusammenstößen kommen! Madeleine versuchte so gut wie möglich, die einen wie die anderen an den Richtlinien und Entscheidungen zu beteiligen: „Meine lieben Mitschwestern sind viel weniger bestimmend, wenn sie Verantwortung dafür übernehmen sollen, etwas zu beurteilen"[251], schrieb sie augenzwinkernd am 30. März 1946 an Abbé Lorenzo.

Immer wieder versuchte sie, ihnen deutlich zu machen, dass es der Mangel an Demut ist, der die Liebe und den Frieden in einer Gemeinschaft erschwert. Im zweiten Vortrag zum zwölften Jahrestag, den sie am 23. Oktober 1945 gehalten hat, sprach sie das sehr klar an:

---

250 Ebd., 122.
251 Ebd., 133.

> „Die Demut bildet den Wurzelgrund jeder Art von Heiligkeit. Sie zwingt uns auf den Boden und macht uns fähig zu beten. Oder anders gesagt: Das Gebet ist wie ein Direktflug zum Himmel. Alle Heiligen, die Gott erfunden hat, konnten nur heilig sein, weil sie demütig waren. Gott allein ist heilig in seiner Gerechtigkeit. Wir können nur heilig sein als Demütige: ‚Du bist nichts aus dir selbst heraus.' Und wenn wir in diesem Sinne ‚ein Nichts' sind, warum verbringen wir so viel Zeit damit, uns mit uns selbst zu beschäftigen? Das kann sich in unserem Zusammenleben geradezu wie ein Erdbeben auswirken: Wir legen uns auf unsere Fehler fest. Wir machen ein Drama daraus, wenn es einen Wendepunkt in unserem Leben gibt, wenn wir scheitern oder wenn wir Verantwortung übernehmen müssen. Dass wir uns als Sünder erfahren, stürzt uns in Verwirrung, obwohl das doch von vornherein klar ist. Demütig zu werden, ist nichts, was man aktiv betreiben könnte; es ist vielmehr ein Tatbestand."[252]

Madeleine brachte es auf den Punkt: „Du bist nichts aus dir selbst heraus." Das entspricht dem Nichts bei Johannes vom Kreuz oder bei Bérulle. Sie entzog damit auch jedem Versuch die Basis, sich für den Nabel der Welt zu halten und damit Ansprüche zu stellen, die das gemeinschaftliche Leben belasten.

Madeleines Unterscheidung der Geister hatte eine solide theologische Basis. Darauf gründete ihre Fähigkeit, die Wahrheit eines anderen Menschen zu erahnen und ihn damit zu konfrontieren, ohne damit ein Drama oder den katastrophalen Abbruch der Beziehung auszulösen. Denn sie brachte ihre Sicht der Dinge so liebevoll zur Sprache, dass das dahinter liegende Wohlwollen zu spüren war. Man hatte das Gefühl, dass ihr

---

252 OC XIII, 163f. Vgl. auch Deine Augen in unseren Augen, 130.

Wunsch, die Entwicklung anderer zu fördern, selbstlos war. So konnten diese es auch annehmen, wenn sie ihnen etwas direkt auf den Kopf zusagte.

In dieser Weise begleitete Madeleine nicht nur ihre Gefährtinnen. Wenn sich die Gelegenheit bot, hatte sie keine Scheu, auch anderen Menschen dabei zu helfen, der Wahrheit über sich selbst ins Angesicht zu schauen, sofern sie das Gefühl hatte, dass sie das brauchten. In den Archiven ist der Briefwechsel mit einem Priester erhalten, bei dem sie „erraten hatte, was in ihm vorgeht".[253] Sie schrieb ihm:

> „Es ist so unerlässlich, dass möglichst viele Priester echte ‚Begegnungsstätten zwischen der Welt und Gott' sind. Ein Einziger, der seine innere Wahrhaftigkeit verrät, richtet in der Welt mehr Unheil an als all diejenigen zusammen, die vielleicht etwas zögerlich sind, denn sie halten da, wo sie sind, die Ankunft Gottes in unserer Welt auf."

Was sie bei diesem Priester erraten hatte, war der Mangel an Wahrhaftigkeit, der dazu führte, dass er vor dem Ruf weglief, den Gott an ihn richtete. Damit lief er vor der Wirklichkeit weg, die ihn umgab, und schließlich auch vor seiner eigenen Wirklichkeit:

> „Ich hatte viel gebetet, dass Sie sich dieses inneren ‚Weglaufens' bewusst werden, das ja der Grund für alles Übel ist, damit Sie dagegen angehen können."[254]

Und damit er nicht in die Falle geriet, in die seine Gefühle zu führen drohten und die ihn dazu bringen konnten, ein Amt anzunehmen, für das er nicht geschaffen war, legte sie noch einmal nach:

---

253 Brief vom 6. September 1946 an einen Priester, in: OC II, 139. (Dieser Priester ist nicht Abbé Lorenzo, wie es fälschlicherweise im Kommentar zu diesem Brief heißt.)

254 Ebd, 138.

„Denken Sie nicht stattdessen, dass das feine Gespür für die menschliche Wirklichkeit, das Sie haben, Ihnen dafür geschenkt wurde, dass Sie andere Menschen aufrütteln, ihnen Orientierung geben und sie führen sollen, und zwar Priester wie Laien? Für eine Aufgabe, in der Sie nicht hinter sich selbst zurückbleiben müssen?“[255]

Als dieser Priester im Abstand von einigen Jahren auf diesen Punkt seines Lebens zurückschaute, konnte er zugeben, wie heilsam für sein Leben diese harten, klaren und energischen, in seinen Augen aber völlig gerechtfertigten Worte waren. Madeleine hat hier eine erstaunliche Freiheit an den Tag gelegt – in einer Zeit, in der es nur wenige Frauen gewagt hätten, so mit einem Priester umzugehen.

Auch wenn Madeleine von der Entwicklung der „Charité“ und von jedem ihrer Mitglieder sehr in Anspruch genommen war, vergaß sie darüber nicht ihre Familie. Das war übrigens auch ein wichtiger Punkt in der Charta ihrer Gemeinschaft. Madeleine fuhr regelmäßig zu ihrem Vater nach Le Chaupre bei Mussidan und setzte sich seinen unterschiedlichsten Launen aus.

Zum Glück konnte sie sich auf Madame Eva Loncan verlassen, die bei ihm war. Und moralisch wurde sie auch von den übrigen Mitgliedern der „Charité“ unterstützt. Es war überhaupt so, dass die Angehörigen einer jeder von ihnen sehr präsent waren. Sie wurden oft besucht, zumindest wenn sie in der Pariser Umgebung wohnten.

Beim Aufbruch zu einem ihrer Besuche in Mussidan, wahrscheinlich im November 1946, ist Madeleine vom Fahrrad gestürzt; danach war sie noch monatelang beeinträchtigt.[256]

255 Ebd., 141.
256 OC II, 149.

Neue Texte

Madeleine hat die Lust am Schreiben nie verloren, ganz im Gegenteil. Im November 1946 veröffentlichte sie in der Zeitschrift *La Vie Spirituelle* einen Artikel mit der Überschrift: „Warum wir Pater de Foucauld lieben".[257] In diesem Artikel bringt sie ihre Nähe zu Charles de Foucauld zum Ausdruck, und zwar vor allem in Bezug auf ihre Berufung:

> „Er lehrt uns, dass es neben den notwendigen Formen des Apostolats, in denen sich der Apostel fast völlig dem Milieu angleichen muss, dem er das Evangelium verkünden will, noch ein anderes Apostolat gibt. Dieses erfordert es, durch und durch einfach zu werden, alles erworbene Wissen und die eigene gesellschaftliche Identität hinter sich zu lassen. Es erfordert eine fast schwindelerregende Armut. Diese apostolische Armut, die vom Evangelium kommt, ermöglicht es, sich an einem beliebigen Ort beliebigen Schwestern und Brüdern zuzuwenden, ohne dass eigene Prägungen und Vorstellungen den Weg zu ihnen behindern. Neben dem Apostolat, das sich auf ein bestimmtes Milieu spezialisiert hat, stellt Charles de Foucauld damit an alle die Frage nach der totalen Hingabe."[258]

Man spürt in diesen Zeilen, wie sehr das Apostolat Charles de Foucaulds die Berufung der „Charité" inspirieren oder zumindest bestätigen konnte – das Apostolat, das er am Ende mitten unter den Tuaregs gelebt hat, für alle verfügbar, auf Gedeih und Verderb denen ausgeliefert, „die vorüberkommen",[259] bis dahin,

---

257 Der Text ist verkürzt in der Sammlung „La joie de croire" erschienen. 2009 wurde er in voller Länge in OC VII, 101–121 abgedruckt.

258 Ebd., 116f.

259 Das ist im Französischen die Anspielung auf den Titel eines Buches von Jean-Loup Bernanos über seinen Vater Georges Bernanos: „Bernanos à la merci des passants" (dt.: „Der Gnade derer ausgeliefert, die vorüberkommen").

dass die, die zuletzt vorbeikamen, ihm das Leben nahmen. Die „Charité" fühlte sich bestätigt in ihrem Verzicht auf „die gesellschaftliche Identität", um einfach da zu sein; bestätigt auch in der Suche nach Christus und der Gemeinschaft mit ihm, um sich ganz in ihn hineinzuverlieren, damit er umso mehr durch uns hindurchscheinen kann – wie der brennende Dornbusch in der Wüste, der durch das Feuer der göttlichen Liebe brennt. Den letzten Platz einzunehmen ist dann kein Problem mehr; es ist die logische und notwendige Folge dieser Wahl:

> „Er hat uns gelehrt, dass einige von uns dazu berufen sind, in der Gesinnung Christi den Hebel an den Dingen dieser Welt anzusetzen oder Verantwortung für das Gemeinwohl zu übernehmen; dass aber andere dazu berufen sind, sich mit Christus zusammen an den letzten Platz zu begeben, mit dem alleinigen Ziel, diesen Platz mit ihm zu teilen."[260]

Im Licht der Erfahrung Charles de Foucaulds erscheint die Berufung Madeleines und ihrer Gefährtinnen wie eine Berufung zum „letzten Platz". Den letzten Platz einzunehmen, bedeutet aber nicht, sich von der Welt zurückzuziehen oder sich jeglichen Engagements für die Menschen zu entziehen. Es bedeutet vielmehr, sich Christus und all denen, die vorüberkommen, auszuliefern, allen ohne Unterschied – durch den Verzicht auf das, was Madeleine die „gesellschaftliche Identität" nennt, die durch eine bestimmte Aufgabe definiert ist.

Von dort her scheint die eucharistische Dimension der Berufung Charles de Foucaulds und der Gruppe „La Charité" in voller Klarheit auf. Wer den letzten Platz einnimmt, wird eins mit dem Gekreuzigten. Er teilt seine Erfahrung des Todes: Charles de Foucauld, der vor seinem Zelt ausgestreckt daliegt, gleicht einer Hostie, die in der Kapelle auf den Boden geworfen wurde.

260 OC VII, 121.

Die langen Gebetszeiten, die Bruder Charles vor dem Allerheiligsten verbrachte, erhalten von daher einen tieferen Sinn: Diese langen Stunden ließen ihn Christus gleich werden bis in den Tod. Diesem innigen Eins-Sein entspringen die Ströme der Gnade, die in die Welt hinein fließen. – Madeleine forderte die Christen deshalb mit Nachdruck dazu auf, im Kontakt mit dem Allerheiligsten zu bleiben, damit Christus seine Liebe in ihre Herzen ausgießen kann und sie mitten unter ihren Brüdern und Schwestern „Christus sein können".

Zwischen 1945 und 1950 schrieb Madeleine die Texte, die heute zu den bekanntesten und beliebtesten gehören. Man hat sie unter dem Stichwort „poetische Meditationen" zusammengefasst.[261] Es sind in der Tat geistliche Meditationen, die in poetischer Weise verfasst wurden und sowohl vom alltäglichen Leben inspiriert sind als auch implizit von Passagen aus der Heiligen Schrift.

Das Leben und das Evangelium sind dabei in einer Weise ineinander verwoben, wie sie für Madeleines geistliches Leben typisch war. Das Evangelium hat sie nie losgelassen, und bei jedem Ereignis stellte sie spontan einen spirituellen Bezug her. *„Humor in der Liebe"*, *„Die kleinen Übungen der Geduld"*, *„Der neue Tag"*, *„Liturgie der Außenseiter"*, *Die Armut dessen, der unterwegs ist"*, sowie dann auch *„Freuden vom Berg herab"* und der berühmte *„Ball des Gehorsams"*: all diese Gedichte wurden 1947 beziehungsweise 1949 veröffentlicht.

Sie beschränkte sich aber nicht auf dieses literarische Genre, das sie hervorragend beherrschte und in dem wieder die künstlerische Ader ihrer früheren Gedichte zum Ausdruck kommt – allerdings zutiefst bereichert durch ihre Lebenserfahrung und

261 Sie sind im dritten Band der Gesamtausgabe von Madeleine Delbrêls Texten herausgegeben worden: OC III, 25ff.

ihren geistlichen Suchprozess. In ihrem Anliegen, die Laien an der Liturgie der Kirche zu beteiligen, veröffentlichte sie 1947 auch einen Artikel in den *Cahiers de la Vie spirituelle* mit dem Titel: „Liturgie et vie laîque".[262] Sie sah, wie schwierig es für Christen ist, die im Berufsleben stehen und vom Lärm der Großstädte umgeben sind, das Stundengebet der Kirche mitzubeten. Doch davon ließ sie sich nicht entmutigen. In einem Bild veranschaulichte sie den Rhythmus der liturgischen Riten:

> „Beim Stundengebet geht es um unsere menschliche Zeit. Die Kirche hat diese Zeit mit dem Gebet bekleidet. Doch um dieses wunderbare Kleid anzuziehen, fehlt uns oft ausgerechnet die Zeit."

Das Leben vieler Männer und Frauen war auch damals, im Jahr 1947, schon sehr strengen Rhythmen unterworfen, die den Tag segmentierten. Madeleine gibt ganz konkrete Ratschläge, wie man da das Stundengebet und das Hören auf das Wort Gottes unterbringen kann. Sie hat damit unserer Zeit vorgegriffen, in der man Christen in öffentlichen Verkehrsmitteln im Stundenbuch lesen und die Psalmen beten sieht. Neun Jahre zuvor hatte sie in „Nous autres gens des rues" bereits geschrieben:

> „Wir, die wir auf der Straße leben, zwischen die Menschen gepresst, bereiten unsere Seelen zu ebensolchen Höhlen des Schweigens, in denen das Wort Gottes ruhen und widerhallen kann."[263]

Dem Wort Gottes im Gebet einen Empfang bereiten, war für das Leben Madeleines und ihrer Gefährtinnen zentral. Sie ist nie ohne ihr Evangelienbuch weggegangen; sie hat vieles darin

---

262 „Liturgie im Leben von Laien", in: *Cahiers de la Vie spirituelle*, Nr. 9–10, 1947. Der Artikel war nur mit M.D. unterzeichnet. Er wurde wieder neu herausgegeben in OC VII, 133.
263 Ebd., 24.

unterstrichen, markiert und kommentiert. Sie betrachtete das Evangelium nicht in erster Linie als einen Text, über den man nachdenken muss, auch wenn sie sich so sehr mit ihm beschäftigt hat, dass die Zitate unaufhörlich aus ihrer Feder quollen; es war für sie vielmehr ein Text, den es aufzunehmen und aus dem es zu leben gilt: „Das Evangelium ist nicht dazu da, um gelesen, sondern um in uns aufgenommen zu werden."[264]

Wenn sie die Aspekte in die Praxis umsetzte, die sie verstanden hat, ist ihr daraus ein Verständnis für die Passagen zugewachsen, deren Sinn sich ihr noch nicht erschlossen hatte:

> „Nur kindliche Treue zu dem, was wir begreifen, wird uns dahin führen, das zu verstehen, was geheimnisvoll bleibt."[265]

„Wer aber die Wahrheit tut, kommt zum Licht", heißt es im Johannesevangelium (3,21). Madeleine blieb dem treu, was sie in „Nous autres gens des rues" so markant ausgedrückt hatte.

1948 kam sie in einer langen Meditation über einen Satz im Johannesevangelium („Wer mir nachfolgt, wird nicht in der Finsternis umhergehen", Joh 8,12), wieder darauf zurück:

> „Man muss sich der beiden großen dunklen Räume bewusst sein, zwischen denen sich unser Leben abspielt: unergründliches Dunkel Gottes und Finsternis der Menschen. Dann liefert man sich ganz und gar dem Evangelium aus, entdeckt es als die einzig lesbare Spur, die es uns ermöglicht, durch unser doppeltes Nichts hindurch unsere Kreatürlichkeit und unser Sündersein zu leben."[266]

Und wer nach dem Buch greift,

---

264 OC III, 56.

265 Ebd., 57.

266 OC VII, 154. Die Version des Textes, die in dem Buch „Nous autres gens des rues" abgedruckt ist, ist fehlerhaft: Madeleine Delbrêl, Nous autres gens des rues, Paris 1996, 72. Vgl. NK, 58.

> „wird von den Worten ergriffen werden, die Geist sind. Sie werden in ihn eindringen wie das Saatkorn in den Acker, wie die Hefe in den Teig, wie der Baum in die Luft; und wer das zulässt, kann schlicht zu einem neuen Ausdruck dieser Worte werden.“[267]

Wenn es das Ziel des christlichen Lebens ist, so sehr mit Christus eins zu werden, dass man selbst Christus wird, dann ist es ein Weg zu diesem Eins-Sein, das Wort Gottes in sich aufzunehmen. Christen sollen zu einem „neuen Ausdruck“ der Worte des Evangeliums werden, zu einem konkreten Ausdruck, der sich im Handeln erweist. Das heißt für Madeleine Zeugnis geben.

Dieser wunderbare Text wurde leider zu ihren Lebzeiten nicht veröffentlicht. Indessen wurde sie von verschiedenen Zeitschriften gebeten, etwas zu schreiben; so veröffentlichte sie zwischen 1946 und 1949 fünf Artikel. Das scheint wenig, doch sie schrieb daneben noch ganz anderes: Sie nahm unscheinbare Begebenheiten des Alltags zum Anlass, an den Büchern über Alcide weiterzuschreiben, diesen fiktiven kleinen Mönch, der zu den Leuten gehört, „die gern heilig werden würden“.[268] Oft war es das Gemeinschaftsleben, das sie dabei inspirierte. Humorvoll konnte sie das, was ihr auffiel und was sie anmerken wollte, zur Sprache bringen – was nicht so gut ankäme, wenn es todernst vermittelt würde. So schreibt sie im „Buch des Fortgeschrittenen“:

> „Über die heilige Armut (Fortsetzung)
> Der Gottsucher trinkt lieber alles, was man ihm anbietet,
> als dass er selbst wählt, worauf er verzichtet.
> (Als man Alcide, dem kleinen Mönch,
> Muskatwein einschenken wollte)

---

267 Ebd., 156.
268 OC IV, 36. Vgl. oben S. 189f,

Über den Gehorsam (Fortsetzung)
Der Gehorsam ist ein wenig Sache des Leibes,
viel aber eine Sache des Herzens.
(Als Alcide, der kleine Mönch, einmal stöhnend
aufsprang, um zu tun, was man ihm gesagt hatte)

Über die Demut (Fortsetzung)
Es ist besser, ein mittelmäßiges Kompliment anzunehmen,
als sich einen Tadel selbst auszusuchen.
(Als man Alcide, dem kleinen Mönch,
zu einer Fähigkeit gratulierte,
von der er selbst nichts hielt)“[269]

Weitere Einsatzorte

Das Haus in der Rue Raspail Nr. 11 war und blieb der Sammelpunkt für alle Mitglieder der „Charité“. Der Einsatz der Equipe von Champigny bei Ivry war ja während des Krieges wegen Meinungsverschiedenheiten mit dem Pfarrer wieder aufgegeben worden. Als sich dann eine Equipe der *Mission de France* vorläufig in Vitry, einem Nachbarort, ansiedelte, bahnte sich 1943 eine Zusammenarbeit mit den Priestern der *Mission* an zwei Orten an: zuerst in Cerisiers im Département Yonne (an der Grenze zu Burgund und zur Champagne), und dann in Vernon/Eure in der Normandie.

Der Einsatz in Vernon dauerte nur drei Jahre. Es gab vermutlich unterschiedliche Vorstellungen: Zwei der drei Frauen hatten eine Stelle als Lehrerinnen in zwei katholischen Schulen, „La Providence“ und „Saint-Adjutor“. Diese Arbeit hat sie zu sehr in Anspruch genommen; sie wollten gerne mehr unter den

269 Ebd., 43f.

Familien präsent sein und am Leben der Stadt teilnehmen, in der sie wohnten. So haben sie Vernon wieder verlassen und sich der Gruppe in Cerisiers angeschlossen.

Madeleine notierte am Rand einer Chronologie der Einsatzorte der Equipen:

> „Das Motto ‚Mitarbeiterinnen der Pfarrei' hat sich erledigt. In Cerisiers und Vernon leben die Equipen nach dem neuen Motto: als ‚Mitglieder der Pfarrei' – und nicht als ‚Mitarbeiterinnen der Pfarrei'. Auch die sozialen Aktivitäten wurden aufgegeben, weil sie zu viel Raum einnehmen. Die Equipen haben jetzt ein neues Gesicht."[270]

Von da an wurde allmählich umgesetzt, was schon bei Kriegsende offenkundig geworden war. Eine Anstellung als Gemeindehelferinnen oder -assistentinnen kam nicht mehr in Frage. Das hätte sie zu sehr festgelegt und daran gehindert, mit einem großen Teil der Bevölkerung in Kontakt zu kommen. Sie hatten nicht vor, sich von der Pfarrei zu trennen, aber sie wollten so wie die anderen Christen einfach „Mitglieder der Pfarrei" sein und nicht mehr „Mitarbeiterinnen der Pfarrei", denn das hieße, in die Aufgaben und Aktivitäten der Pfarrei eingebunden zu sein. Sie übten einen Beruf aus, lebten unter den Menschen und waren für alle da. Die „sozialen Aktivitäten" wurden aufgegeben, weil sie ihrer Meinung nach „zu viel Raum einnehmen". Auch hier war es die Absicht, sich nicht von bestimmten Aufgaben zu sehr absorbieren zu lassen, die im Lauf von Monaten und Jahren immer mehr zugenommen haben. Denn das hat sie davon abgehalten, für ganz unterschiedliche Menschen da sein und sich dem gemeinschaftlichen Leben widmen zu können.

270 AMD II 4c; in Vernon waren sie zu dritt: Christine de Boismarmin und Paulette Penchenier waren Lehrerinnen in katholischen Einrichtungen. Suzanne Perrin arbeitete in einer Schuhfabrik von Bata.

Inzwischen war in Ivry noch eine weitere Gemeinschaft entstanden, und zwar in der Rue Blanqui, im Umfeld der Praxis von Raymonde Kanel. Im April 1947 scheiterte ein Versuch, sich im Département Aisne niederzulassen. Der Pfarrer hatte die Ankunft von „Gemeindeassistentinnen" angekündigt. Damit war das Unternehmen schon im Keim erstickt.[271] Das Beispiel zeigt aber auch, dass die Schwierigkeiten, mit denen sich die „Charité" auseinandersetzen musste, helfen konnten, ihren Auftrag und ihre Berufung tiefer zu erkennen.

Dennoch war es für die Equipen zunächst nicht leicht, in dieser Frage Gewissheit zu finden. In Cerisiers warfen die Priester der *Mission de France* ihnen vor, dass sie nicht zurückhaltend genug seien:

> „Der große Vorwurf an uns lautet, dass wir zu sehr auf uns aufmerksam machen."[272]

Das erschien im Widerspruch zum Grundton des Artikels „Nous autres gens des rues" von 1938, der unter den Priestern und Seminaristen der *Mission de France* weit verbreitet war.

In Ivry waren Madeleine und ihre Gefährtinnen wohlbekannt, und sie hielten mit ihrem Glauben nicht hinter dem Berg. Sie hatten nicht vor, anonym in der Menge aufzugehen; sie wollten vielmehr bei den Menschen sein und ihnen ihren Glauben durch die gelebte Liebe bezeugen, und – wenn man sie danach fragte oder wenn sie spürten, dass es notwendig war – auch dadurch, dass sie darüber sprachen. In Ivry kannten alle die Nr. 11 in der Rue Raspail. Die Zurückhaltung, die man nun von ihnen forderte, erschien ihnen deshalb wie ein Verrat an ihrem Auftrag.

---

271 Brief Madeleines an einen Ordensmann, der für die Pfarrei verantwortlich war, in: OC II, 151.

272 Brief von Marthe Sauvageot an Hélène Manuel, in: AMD II, 9.

Damit wurde es nun für sie doch sehr schwierig, sie selbst zu sein, sodass sie auch Cerisiers aufgeben mussten. Der Abschied fand im Jahr 1950 statt, zu einer Zeit, in der Madeleine, die der *Mission de France* am Anfang sehr nahe gestanden hatte, schon allmählich auf Abstand zu ihr gegangen war.[273] In Bezug auf Cerisiers schreibt sie selbst:

> „Konflikt zwischen der Spiritualität der *Mission de France*, vertreten durch ihren Pfarrer, und der Wesensart der ‚Charité'."[274]

Zur „Wesensart" der „Charité" gehörte ein eigener Rhythmus; man wollte sich nicht an anderen Lebensformen orientieren. Ja, es ging darum, unter Armen und unter Menschen zu leben, die Christus nicht kennen. Aber auch darum, für sie Christus zu sein und ihn deshalb durch die Liebe zu bezeugen, und, falls erforderlich, auch durch das Wort; und das alles ohne Strategie und ohne missionarische Taktik, ganz einfach in den Begegnungen, wie sie sich ergaben, und in der Reaktion auf die Bedürfnisse und Notwendigkeiten, die sich gerade zeigten, ohne irgendjemanden auszuschließen.

Als Cerisiers aufgegeben wurde, musste man sich nach neuen Orten umschauen. Eine Möglichkeit tat sich in Herserange bei Longwy auf, im Département Meurthe-et-Moselle, in einem Industriegebiet und so unter Menschen, die weitgehend zur Arbeiterschicht gehörten. Die Familie von Guitemie Galmiche, die 1947 Mitglied der Equipen geworden war, kannte einen Industriellen, Michel Grison, den Direktor der Fabrik Senelle-Maubeuge, der nach personellem Ersatz Ausschau hielt,

---

273 In seinem Nachwort zur Textsammlung „Nous autres gens des rues" schreibt P. Augros, der erste Regens der *Mission de France*, auch etwas zu diesem Rückzug: „Und dann kam sie nicht mehr [ins Seminar nach Lisieux]. Warum? Zweifellos hatte sie allmählich den Eindruck, dass es einen Dissens oder zumindest eine Dissonanz zwischen unserer und ihrer Position gab", in: Nous autres gens des rues, 296.

274 AMD II, 4c.

nachdem die Schwestern weggegangen waren, die das Krankenhaus betrieben hatten.

Das war natürlich nicht gerade das, was die „Charité" suchte; doch man nahm Kontakt auf, zunächst über Suzanne Perrin. Hélène Manuel zog dann im November 1948 dorthin. Abgesehen davon, dass sie eine unterschiedliche Sicht auf die Ausrichtung der „Charité" hatte (was sie allerdings schon etwas zurückgenommen hatte), war das gemeinschaftliche Leben mit ihr nicht einfach. Sie war hoch begabt in Bezug auf die soziale Arbeit, legte dabei aber einen Perfektionismus an den Tag, der die anderen schnell überfordern konnte. Den Alltag mit ihr zu teilen, wurde zu einer Heldentat; es soll auch nur einem einzigen Mitglied der Gruppe gelungen sein. Deshalb musste Hélène schließlich allein leben, wenige Kilometer von den anderen entfernt, zu denen sie sich von Zeit zu Zeit gesellte.[275]

Die anderen, das waren Suzanne Perrin und Guitemie Galmiche. Sie wohnten in Doncourt-Cité, wo sozial schwache Familien in alten Kasernen untergebracht waren. Die Bedingungen waren schwierig; es gab keine Läden, nur Einkaufsgenossenschaften. Suzanne und Guitemie gingen jeden Tag dorthin, um die Frauen zu treffen.

Die einzige Möglichkeit, mit den Menschen in Kontakt zu kommen, war ja, ihnen da zu begegnen, wo sie ohnehin zusammenkamen. Wenn man sie dann näher kennengelernt hatte, lud man sie zu sich nach Hause ein. So wurde die Nr. 11 in der Rue Raspail in Ivry allmählich zu einem Treffpunkt zwischen „Alteingesessenen" unterschiedlicher Herkunft und Neuankömmlingen, sodass sie bald Freunde wurden. Christine de Boismarmin erzählt aus erster Hand:

„Was unternehmen wir miteinander? Wir haben kein bestimmtes Programm. Es sind die Freunde, die durch ihren Ge-

275 Vgl. unten S. 318f.

schmack, ihre Bedürfnisse, ihre Ideen (oder auch wenn ihnen nichts einfällt) etwas einbringen, wovon alle etwas haben ... Die Probleme des einen werden die Probleme aller, und man versucht, eine Lösung zu finden, die die Sache ins Lot bringt – wie es auch in einer Familie ist, wo alle ein gemeinsames Interesse haben."[276]

So entstand eine kunterbunte menschliche Gemeinschaft, in der man sich gegenseitig unterstützte und endlose Gespräche führte – und in der auch der Humor nicht zu kurz kam.

Natürlich waren in diesem kleinen Kosmos die professionellen Kompetenzen der Mitglieder der „Charité" als Krankenschwestern, als Ärztin, als Sozialarbeiterinnen mehr als nützlich.

Aber diese neue Ausrichtung der Equipen, vor allem ihre angstfreien Beziehungen zu allen Einwohnern von Ivry, einschließlich der kommunistischen „Feinde", war für manche ihrer Mitchristen schwierig. Christine de Boismarmin erzählte gerne, dass Madeleine von einem der Priester von der Kanzel herab beschimpft worden war, ohne dass sie dabei namentlich erwähnt wurde. Seit dem Dekret des Heiligen Offiziums von 1949 war Christen die Zusammenarbeit mit Kommunisten ausdrücklich verboten, sodass sich manche das jetzt zunutze machten. Madeleine hatte zwar keine Zusammenarbeit im Sinn, doch um des Apostolats willen ging sie sehr wohl auf die Kommunisten zu. Das ist ein feiner Unterschied, doch für jemand, der sich noch nicht damit befasst hatte, war das nicht immer erkennbar.

An einem anderen Tag überging einer der Vikare sie ostentativ bei der Kommunionausteilung. Madeleine verließ ihren Platz in aller Ruhe und begab sich ans andere Ende der Kommunionbank, wo der Priester dieses Mal nicht umhinkonnte, ihr die Kommunion zu reichen. Anschließend schrieb sie ihm, um mit ihm wieder im Frieden zu sein.

276 Christine de Boismarmin, a. a. O. 87 (96).

Einige hatten die Sorge, dass sich die „Charité“ absonderte und eine Pfarrei in der Pfarrei bilden wollte. Deshalb waren Gespräche mit verschiedenen Christen in der Rue Raspail Nr. 11 vorgesehen, und man dachte, dass der Pfarrer – Abbé Widemann – damit einverstanden sei. Offenbar war das für ihn aber doch nicht so klar. Madeleine schrieb ihm deshalb am 19. Februar 1949:

> „Mein letztes Gespräch mit Ihnen und das, das Sie mit Raymonde Kanel geführt haben, hinterlässt bei mir den Eindruck, dass Sie einige Vorbehalte gegenüber den Begegnungen haben, zu denen es in der Rue Raspail kommt und die auch für die Rue Blanqui[277] vorgesehen sind. Diese Vorbehalte zeigen, dass wir uns entweder nicht richtig verständlich machen konnten oder dass Sie ein solches Experiment nicht wünschen. Da es sich streng genommen um eine pfarreiliche Angelegenheit handelt, wegen ihres Zieles und wegen der Leute, die damit zu tun haben, und da wir die Initiative dieses Experimentes ergriffen haben, halte ich es für meine Pflicht, Sie nach dem tieferen Grund Ihres Einwands zu fragen und zugleich von meiner Seite her das Ganze noch einmal genauer darzustellen. Denn es wäre ja überhaupt nicht normal, wenn wir einfach weitermachen würden ohne Ihre volle Zustimmung.“[278]

Sie legt ihm dann die Motive dar, die dieser Initiative zugrunde liegen. Sie sagen sehr viel über ihre innere Einstellung:

> „Unser Leben, das zutiefst mit den Ungläubigen verwoben ist, hat uns deutlich gemacht, dass es zu wenig Liebe für unsere christlichen Brüder und Schwestern gibt. Wir dachten, dass wir nicht weit genug damit gehen, mit denen, die wir

277 Dort war die Wohnung von Raymonde Kanel.
278 OC II, 173. Vgl. auch Prophetin einer Kirche im Aufbruch, 225.

kennen, das Evangelium Jesu Christi zu teilen. Es schien uns, dass wir mit diesen Christen, den Mitgliedern unserer Pfarrei, versuchen könnten, gemeinsam zu einer tieferen Liebe gegenüber denen zu finden, die nicht an Gott glauben und die um uns herum leben. Es schien uns, dass das die beste Weise sei, Gott zu dienen, und dass das auch dem Wohl der Pfarrei dienen würde. [...] Wir haben Sie gefragt, ob Sie – Ihr Einverständnis vorausgesetzt – dafür unser priesterlicher Begleiter sein oder einen Ihrer Vikare dafür bestimmen möchten. Sie haben darüber nachgedacht und zugestimmt, sodass wir uns auf den Weg gemacht haben."[279]

Dieser Brief zeigt, dass sich Madeleine der Pfarrei gegenüber korrekt verhielt: „Es geht also nicht darum, einen Staat im Staat zu schaffen oder eine Pfarrei in der Pfarrei",[280] schrieb sie weiter. Das einzige Ziel dieses Versuchs ist ein apostolisches: sich denen zuzuwenden, die nicht an Gott glauben. Sie hoffte auch, dass Pfarrer Widemann ihr – nachdem sie ihm ihre Analyse der Pfarrei vorgelegt hatte – „in aller Einfachheit und Offenheit" antwortete.

„Was auch immer Sie entscheiden: Es ist in Ordnung, denn Sie sind unser Pfarrer – aber Sie sind auch der Pfarrer ‚all der anderen' und Sie haben die Gnade für sie wie für uns empfangen."[281]

Man weiß nicht, was der Pfarrer ihr geantwortet hat, doch die Gruppe hat sich jedenfalls nicht mehr getroffen.

Im Februar 1950 stellte sich ihnen auf Vermittlung von Abbé Lorenzo ein Herr vor, der im Ruhestand war. Er war früher Professor an der *École Centrale* in Paris und Fabrikdirektor ge-

279 Ebd., 174. Vgl. Prophetin einer Kirche im Aufbruch, 225f.
280 Ebd., 179. Vgl. Prophetin einer Kirche im Aufbruch, 229.
281 Ebd., 180. Vgl. Prophetin einer Kirche im Aufbruch, 230.

wesen und suchte nun nach einer Möglichkeit, sich nützlich zu machen. Sein Name war Jean Durand. Madeleine nahm seinen Dienst immer wieder in Anspruch, wenn es darum ging, komplizierte Sachverhalte zu klären und zu helfen, wenn jemand Arbeit suchte. Er kam oft in die Rue Raspail, und er und seine Frau wurden bald zu Freunden der „Charité".

Als Madeleines Eltern 1955 starben, war er für sie eine große Hilfe. Er hatte zudem ganz viele Fragen und liebte es deshalb, mit Mademoiselle Delbrêl zu diskutieren, wie er sie immer nannte. Sie wiederum sprach mit ihm, wie sie mit vielen anderen sprach. Er führte ein Tagebuch, in dem er akribisch alles notierte, was sich in der Rue Raspail zutrug. Dieses Tagebuch ist heute eine kostbare Quelle für die Historiker.

Im Dialog mit Jacques Loew

Madeleine wurde allmählich in der französischen Kirche immer bekannter. Ihre Beziehungen zur *Mission de France* brachten sie mit vielen in Kontakt, die missionarisch engagiert waren. Diese konsultieren sie immer wieder, denn sie hat bereits viel über die Voraussetzungen und die Probleme der Mission nachgedacht. Ihr bevorzugter Gesprächspartner war aber in den kommenden Jahren wie erwähnt der Dominikaner Jacques Loew, der als Docker in Marseille arbeitete.

Sie kannten sich ja schon seit Ende 1943, seit dem Blitzbesuch von „Père-Frère", wie sie ihn später nannte, in der Rue Raspail. Er war damals mit einigen jungen Frauen aus der Gruppe, die er ins Viertel La Cabucelle in Marseille einführen wollte, zu ihr gekommen.[282]

282 Vgl. oben S. 179f.

Ab 1950 wurde der Dialog zwischen Madeleine und Jacques Loew immer intensiver. Es gab immer mehr Arbeiterpriester, und der missionarische Aufbruch ging voran. Da Madeleine schon seit fast zwanzig Jahren in Ivry lebte, konnte sie die damit zusammenhängenden Probleme besser als viele andere einschätzen. Sie hielt sich nicht bei Einzelheiten auf, sondern kam gleich zum Wesentlichen. Ihr war daran gelegen, dass ihre Überzeugungen auf dem Glauben und auf einer soliden theologischen Basis gründeten.

Davon handeln die beiden langen Briefe, die sie am 10. Juli 1950 und am 18. April 1951 an Jacques Loew schrieb. Wie auch ein großer Teil ihrer Korrespondenz sind es mehr als nur Briefe: Es sind wertvolle Dokumente.

Sie geht davon aus, dass der „Missionar vor allem erst einmal Christ ist“[283]. Das heißt für sie, dass der Missionar deshalb auf die Welt zugeht, weil das Gewicht seines Glaubens und das Gewicht des Wortes Gottes, auf das er antwortet, ihn antreiben. Die Wahrhaftigkeit seines Lebens und seines missionarischen Einsatzes hängt also von seiner Verbundenheit mit Christus ab. Es ist Christus, der in Christen auf die Welt hin zustrebt. Der Wunsch, missionarisch zu wirken, muss deshalb zuerst eine tiefe Erneuerung des christlichen Glaubens hervorrufen.

Missionar sein heißt nicht, sich ins Schlepptau der Welt nehmen zu lassen, „ins Schlepptau der Glücksrezepte, die die Welt derzeit anbietet“[284]. Es geht also nicht darum, sich der Gesellschaft anzupassen. Es geht darum, Christus in der Welt präsent werden zu lassen, diese Welt durch ihn zu verstehen und sie so zu lieben, dass ihr das Evangelium ohne Abstriche verkündet werden kann. Wenn es die Liebe Christi ist, die uns zur Welt hintreibt und uns dazu drängt, ihr das Evangelium zu verkünden, dann müssen wir aus der Quelle dieser Liebe schöp-

283 OC II, 197.
284 Ebd., 198.

fen, indem wir unser christliches Leben immer wieder erneuern lassen:

> „Christus, aus dem [der Christ] lebt, schenkt ihm keine Flügel für die Flucht in den Himmel, sondern ein Schwergewicht, das ihn in die tiefsten Tiefen der Erde hinabzieht. Diese Berufung zur Welt, die das Wesentliche der missionarischen Berufung zu sein scheint, ist nur die Folge davon, dass wir uns von Christus haben in Beschlag nehmen lassen. Wenn wir unsere Bindung an Christus und an die Kirche lockern und verringern, schwächen wir auch – allem Anschein zum Trotz – das, was uns zur Welt hin tendieren und uns in sie eintauchen lässt. Das ist die Bedingung einer Liebe zur Welt, die sich nicht mit ihr identifiziert, sondern ein Geschenk für sie ist."[285]

Sich das bewusst zu machen, war umso wichtiger, als der Kontakt mit dem Marxismus verführerisch sein konnte.

> „Wenn wir die Marxisten lieben und unter ihnen leben und deshalb ihre Methoden und ihre Initiativen als Allheilmittel betrachten, dann sind wir total auf dem Holzweg."[286]

Deshalb darf man das Ziel des missionarischen Einsatzes niemals vergessen:

> „Das eigentliche Werk Christi und jedes Christen, der aus ihm lebt, ist es, Menschen das ewige Leben zu schenken, die es nicht haben oder nicht mehr haben."[287]

Madeleine hatte ja selbst die „Versuchung des Marxismus" erfahren. Sie wusste um die Begeisterung, die die Solidarität im Kampf für die Gerechtigkeit bei großherzigen Männern und

---

285 Ebd., 204.
286 Ebd., 205.
287 Ebd., 225.

Frauen hervorrufen konnte. Für diese Menschen, die größtenteils aus christlichen Familien stammten, war das eine aufwühlende Erkenntnis. Mit der ihnen eigenen Bereitschaft, alles zu geben, kämpften sie für eine soziale Gerechtigkeit, die die gesellschaftlichen Strukturen in Frage stellte und die den Armen Würde und einen aufrechten Gang verlieh. Diese Aussicht und die Bewunderung, die sie den Kommunisten entgegenbrachten, die sich für ihre Brüder und Schwestern aufopferten, ließ sie blind werden; sie konnten deshalb vergessen, dass den Marxisten etwas Wesentliches fehlte, nämlich Gott, und dass es ihnen, den Christen, zukam, es ihnen zu sagen. Am 18. April 1951 schrieb Madeleine an Jacques Loew:

> „[Die Kommunisten] haben am größten Elend teil, das ein menschliches Wesen erleiden kann, einem Elend, das nur als Sünde bezeichnet werden kann: am Hass auf Gott."[288]

Ihre Freundschaft mit den Kommunisten von Ivry hinderte sie also nicht daran, ihnen gegenüber klar zu bleiben. Sie kam selbst aus dem Atheismus, wie auch Jacques Loew, und das war vielleicht der Grund dafür, dass sie sich so unmittelbar verstanden. Sie wusste aus eigener Erfahrung, was ihr alles gefehlt hatte, bevor sie Christus entdeckte. Beide wurden mit ihren Einstellungen von anderen Akteuren des missionarischen Aufbruchs nicht wirklich verstanden. Das hat auch Jacques Loew in seinen eigenen Büchern so zum Ausdruck gebracht, dessen erstes 1946 unter dem Titel „En mission prolétarienne"[289] erschien.

---

288 Ebd., 232.
289 Paris, Edition Ouvrières.

Der Fall Miguel Grant

Im Jahr 1949 kam es zur Affäre um Miguel Grant, einen nach Frankreich geflüchteten spanischen Republikaner. Während des Krieges hatte er sich den Widerstandskämpfern der Partisanen angeschlossen. Nun wurde er angeklagt, im August 1944 während der Kämpfe um die Befreiung in einen Vergeltungsschlag verwickelt gewesen zu sein. Er wurde gefangen genommen und 1949 verurteilt. Während des Prozesses beteuerte er, dass er auf Befehl seiner Vorgesetzten gehandelt habe, die ihm befohlen hätten, einen eingeschleusten feindlichen Agenten und dessen Komplizin zu exekutieren. Die Aussagen einiger Entlastungszeugen wurden übergangen, und die Anklage setzte sich durch. Er wurde zu zehn Jahren Gefängnis verurteilt.

Miguel Grant kannte Madeleine Delbrêl. Er wusste, so schreibt Christine de Boismarmin, „um die Leidenschaft, mit der Madeleine gegen das ankämpft, was in ihren Augen ein Unrecht ist“[290]. Er bat sie deshalb um Hilfe. Madeleine schätzte ihn ebenfalls: Sie hielt ihn für „intelligent, sehr aufrichtig, und für einen Autodidakten; obwohl er überzeugter Kommunist war, blieb er geistig unabhängig und gab seine kritische Haltung nicht auf“[291]. Sie machte sich ans Werk und las die Akten gründlich durch, eine Arbeit, die ihr vertraut war.

In den Jahren 1949 und 1950 beteiligte sie sich am Komitee, das zu seiner Unterstützung gegründet wurde. Diesem Komitee gehörten zahlreiche Bewohner Ivrys aus allen möglichen politischen und weltanschaulichen Richtungen an; organisiert wurde es aber hauptsächlich von den Kommunisten vor Ort. Die Beteiligung war beachtlich. Als sich Madeleine in die Akten vertiefte, stellte sie Unregelmäßigkeiten fest. Das Ganze war offen-

290 Christine de Boismarmin, a. a. O., 93 (102).

291 „Mise au clair personelle“ („Persönliche Klarstellung“), 17. Januar 1951, in: AMD fascicule Guéguen, 2958.

sichtlich eine innerparteiliche Angelegenheit, und „je gründlicher man die Akten untersucht, desto mehr kommen die versteckten Widerstände ans Licht."[292]

Jacques Loew erzählte, dass Madeleine dabei sehr diskret war. Sie sprach nicht viel darüber. Ihr war klar, dass man taktisch klug vorgehen musste, denn die Partei spielte ein doppeltes Spiel. Auf der einen Seite unterstützte sie die Initiativen zur Freilassung von Miguel Grant; auf der anderen Seite tat sie alles dafür, dass er im Gefängnis blieb. Sie fürchtete wohl, dass Miguel Grant nach seiner Freilassung etwas preisgeben würde, das einigen Parteimitgliedern unangenehm werden könnte.

Angesichts dieser verfahrenen Situation wandte sich Madeleine direkt an Vincent Auriol, den Präsidenten der Republik, denn die Justizbehörden weigerten sich sowohl, den Prozess noch einmal aufzurollen, als auch, das Amnestiegesetz anzuwenden. Sie bat ihn deshalb um Begnadigung des Verurteilten und fügte als Beleg die Akten bei. Insgesamt stellte sie nicht weniger als drei Gnadengesuche. Die erste Akte reichte sie am 26. Januar 1951 ein, zusammen mit einem Bericht, der an den Generalsekretär des Justizrates gerichtet war; darin listete sie die „ungeklärten Punkte" auf, aus denen hervorging, dass der Vorgang von hochrangigen Personen behindert wurde:

> „Die ungeklärten Punkte sind folgende:
> 1. Bei der ersten Untersuchung ging man davon aus, dass das Ganze eine Frage des militärischen Gehorsams war, und kam zu dem Ergebnis, dass es sich um die Ausführung eines Befehls gehandelt hatte.
> Bei der zweiten Untersuchung sprach aber kein Mensch mehr davon, dass Befehle ausgeführt wurden, geschweige denn, dass es solche Befehle überhaupt hätte geben können.

---

292 Christine de Boismarmin, a. a. O., 93 (103).

> Der Einzige, der vor diesen Befehlen nicht geschützt war, der vielmehr zu den Leuten von Orsini[293] gehörte, wurde freigesprochen.
> Die Freundin von Fladelmuller,[294] die Zeugin der Befehle gewesen war, die an Miguel Grant ergangen sind, wurde zwar bei der ersten Untersuchungen verhört, bei der zweiten Untersuchung jedoch nicht mehr.
> 2. Die persönliche Akte über Orsini, die bei der ersten Untersuchung hinzugezogen wurde, wurde bei der zweiten Untersuchung stillschweigend übergangen.
> 3. Bei der zweiten Untersuchung ging man von der Hypothese einer ‚Killerbande' aus.
> Oberst Amblanc[295], der den Fall Orsini angeblich nicht kennt, der ihn aber den Gewaltakten zuordnet, die von Fladelmuller angeordnet wurden, macht sich um all diese Gewaltakte keine Gedanken, um die er wusste und für die er aufgrund seines militärischen Grades verantwortlich war.“[296]

Präsident Vincent Auriol empfing Madeleine höchstpersönlich am Dienstag, den 31. Juli 1951. In jedem ihrer Briefe, die sie ihm geschrieben hatte, betonte sie, dass ihre Motive keineswegs politisch seien, sondern dass sie für Miguel Grant „das tun wollte, was seine Mutter für ihn tun würde“[297]. Nach zweijährigem Bemühen wurde Miguel Grant schließlich am 9. August 1951 freigesprochen.

Der Fall konnte trotzdem noch nicht ad acta gelegt werden. Madeleine hatte Miguel Grant zunächst bei ihren Gefährtinnen in Cerisiers untergebracht, weil das Gefängnis von Melun,

---

293 Name des Agenten, der von Miguel Grant erschossen wurde.
294 Vorgesetzter von Miguel Grant, der ihm den Befehl gab, Orsini zu exekutieren.
295 Vorgesetzter von Fladelmuller.
296 Kopie des Berichts, die Madeleine Delbrêl aufbewahrt hat, in: AMD, fascicule Guéguen, 2965.
297 Ebd., 2961.

in dem er inhaftiert gewesen war, in der Nähe lag. Aber er musste auf Anweisung der kommunistischen Partei von dort weggehen. Und nach einer neuerlichen, kürzeren Inhaftierung, die aus verwaltungstechnischen Gründen erfolgt war (als spanischer Staatsbürger galt er in Frankreich als illegal und drohte deshalb ausgewiesen zu werden), verließ er Frankreich und hielt sich lange in Polen auf.

Obwohl sie freundschaftlich verbunden blieben, konnte Madeleine ihn niemals wiedersehen, auch nicht während ihrer Reise nach Warschau im Jahr 1961. Sie musste vorsichtig sein. Sie befürchtete vor allem, dass Miguel Grant einem Fememord zum Opfer fallen könnte. Aber sie hatte auch Angst um sich selbst[298] und um ihre Freunde Alberto und Carmen Codina-Pagès, die sich zusammen mit ihr sehr für Miguel Grant eingesetzt hatten.[299] Das war wohl der Beginn einer tiefen Freundschaft mit diesen beiden spanischen Republikanern, die nach Frankreich geflüchtet waren, sich dann in der Résistance engagierten und deportiert wurden. Carmen war in Ravensbrück interniert gewesen, wo sie Geneviève de Gaulle-Antonioz kennengelernt hatte.

Veröffentlichung weiterer Artikel

Neben all diesen vielfältigen Anforderungen verfasste Madeleine weiterhin einiges zu ganz verschiedenen Themen. 1950 veröffentlichte sie im „Supplément de La Vie spirituelle"

298 Francette Rodary berichtet: „Ich erinnere mich, dass Madeleine uns sagte, sie sei sich wegen des Falls Miguel Grant bewusst, dass sie in Gefahr sei, und dass sie deshalb nicht am Rand des Bürgersteigs gehen würde, um nicht von einem Auto überfahren zu werden." Auch Janette Bernat erinnert sich daran: „Christine de Boismarmin hat mir mehrmals gesagt, dass Madeleine während des Falls Miguel Grant das Gefühl hatte, in Gefahr zu sein, und dass sie deshalb aufpasste, wenn sie auf der Straße unterwegs war" (aufgenommen von Gilles François Ende 2011).

299 Madeleine hat all diese Details Jean Durand erzählt, der sie in seinem Tagebuch festhielt, in: AMD VI 3, 3 ms dact.

einen Artikel über die Frau in der Kirche, und dabei vor allem über die Beziehung zwischen engagierten Laien und Priestern.[300] Dieser Artikel wurde von Raymonde Kanel mitunterzeichnet, die ein Mitglied der Equipen war und als Ärztin in Ivry praktizierte. Sie beschrieben zunächst sehr differenziert und mit psychologischer Kenntnis die unterschiedlichen Anlagen von Mann und Frau und zogen daraus Konsequenzen für die Beziehungen zwischen Priestern und Frauen; dann kamen sie auf die Ebene des Glaubens zu sprechen:

> „Wer die Ehelosigkeit um des Himmelreiches willen gewählt hat, findet auf dieser menschlichen Ebene keinen wirklichen Halt. Dieser ist dort zu finden, wo für Gott ‚alles möglich' ist: auf der Ebene des Glaubens."[301]

Es ist der Glaube, von dem sie weiß, dass er für eine materialistische Welt, die sich immer weiter entwickelt, etwas Ungewohntes ist; der Glaube, der den ideologischen Ballast hinter sich lässt, in den die Menschen immer wieder zurückfallen; der Glaube, der zu verstehen gibt,

> „dass da, wo das Reich Gottes in seiner ganzen Fülle aufscheint, Mann und Frau einander auf geheimnisvolle Weise ergänzen in einer Ebenbürtigkeit, die über die physiologischen und psychologischen Gegebenheiten weit hinausgeht".[302]

Aber Madeleine beließ es nicht bei diesem Artikel, sondern vertiefte sich weiter in das Thema. Nicht weniger als sechzig Seiten kamen dabei heraus, die sie allerdings nicht veröffentlicht hat.[303] Doch sie wären es wert gewesen, denn Madeleine gelang es gut,

---

300 „La femme, le prêtre et Dieu", in: Supplément de La Vie Spirituelle, Mai 1950, 151–161; neu veröffentlicht im neunten Band der Gesamtwerke: OC IX, 57–70.
301 Ebd., 68.
302 Ebd., 69.
303 Ebd., 55–116.

die Unterschiede zwischen Männern und Frauen aus der Sicht des Glaubens zu interpretieren und dabei auch ihren Humor einfließen zu lassen:

> „Als Gott zur Frau sagte: ‚Unter Schmerzen gebierst du Kinder‘ [...] ist ihr die Fähigkeit zu zwei Eigenschaften zugewachsen, die vom Ursprung der Worte her so sehr an ‚Passion‘ erinnern: Geduld (*patience*) und Leidensbereitschaft (*passivité*).
> Die Frau weiß zuinnerst, dass Leiden Arbeit ist.
> Je größer die Arbeit der Kirche ist, je mehr sie arbeitet, desto mehr müssen wir Frauen vergessen, dass wir vibrierende ‚Nervenenden‘ haben, um in der Kirche das zu sein, wozu wir da sind: kraftvolle Orte der Hoffnung.
> Mir scheint, dass es in der Schrift irgendwo heißt: ‚Ich warte und werde weiter warten ...‘
> Niemand kann nachvollziehen, und auch wir selbst verstehen es ja nicht, wie wir es fertigbringen, nächtelang ohne zu schlafen am Bett eines kranken Kindes zu wachen.
> Die Kirche ist immer darauf angewiesen, dass jemand Nachtwache hält ..., und seit Gründonnerstag ist es besser, die Männer dabei nicht allein zu lassen!“[304]

1951 veröffentlichte sie etwas ganz anderes, einen Artikel, um den sie von der Zeitschrift *Esprit* gebeten worden war: „Vielfalt und Einheit des proletarischen Lebens“[305]. Schonungslos bringt sie auf den Punkt, worunter diejenigen zu leiden haben, die wider Willen den Bedingungen des Arbeiterlebens ausgesetzt sind. Am Ende schreibt sie:

---

304 Ebd., 113.

305 „Diversité et unité de la condition prolétarienne“, in: Esprit, Juli-August 1951, 54–62; veröffentlicht im achten Band der Gesamtwerke: OC VIII, 25. Unter dem Titel „Vielfalt und Einheit der proletarischen Existenz“ wurde er auch in NK, 77–87 abgedruckt.

> „Zwischen zwei Menschen gibt es immer etwas, was nicht mitteilbar ist. Zwischen der Masse derer, die ihr Brot mit den Händen verdienen, und denen, die es anders verdienen, gibt es ein zusätzliches Geheimnis, das sie ihr Leben lang voneinander unterscheidet."[306]

Sie wendet sich gegen diejenigen, die glauben, dass es „eine unabänderliche gesellschaftliche und politische Ordnung gibt"[307] und die sich über die Auseinandersetzungen und über die Gräben zwischen den gesellschaftlichen Schichten wundern. Die Privilegierten müssten die Reaktionen derer verstehen, die den Bedingungen des Arbeiterlebens ausgesetzt sind:

> „Ein anderes Leiden, das mehr oder weniger auf dem Arbeiterleben lastet, ist die Geringschätzung. Die erste Ursache dafür ist eine Art Unkenntnis. In der Werkstatt fühlt sich der Mensch für andere Menschen weniger sichtbar als die Maschine. Wenn er in einer Arbeiterstadt lebt, schätzt man ihn in seinem Wohnblock nach seiner Funktion ein und nicht nach den lebendigen Wesen, die seine Familie bilden, um ihm daraufhin eine Wohnung dieser oder jener Kategorie zuzuweisen."[308]

Anders gesagt, man beurteilt einen Menschen nicht nach dem, was er ist, sondern nach dem, was er macht.

Madeleine hat mit diesem Artikel einen Skandal aufgedeckt: den Skandal einer Menschheit, die in zwei Teile zerschnitten ist. Es ist nicht verwunderlich, dass es heftige Reaktionen darauf gab, vor allem von einigen Fabrikbesitzern. Madeleine suchte daraufhin das Gespräch mit ihnen, weil sie auf ihre Anfragen eingehen wollte. Sie mochte es nicht, wenn Unverstandenes im

---

306 OC VIII, 40, NK, 87.
307 Christine de Boismarmin, a. a. O., 92 (101).
308 OC VIII, 38.

Raum stehenblieb. Es war ihr aber auch völlig bewusst, dass beide Seiten – Fabrikbesitzer und Arbeiter – auf ihren gegensätzlichen Meinungen beharren könnten, sodass jeder Dialog unmöglich würde.

Um ihr Anliegen zu Ende zu denken, verfasste sie einen weiteren Artikel, der aber nicht veröffentlicht wurde. In seiner Schlussfolgerung war er noch revolutionärer als der erste, auch wenn sie ihre Überlegungen nicht aus ideologischen Revolutionstheorien schöpfte, sondern aus dem Evangelium. Sie lud die beiden Welten, die einander nicht kannten, dazu ein, sich aufeinander einzulassen:

> „Wenn wir aus dieser Begegnung mit der gesellschaftlichen Maschinerie, die für uns neu war, ruhig und zufrieden hervorgehen, dann mögen wir unser Leben fortsetzen, wie wir es begonnen haben.
> Wenn wir aber unruhig und beschämt daraus hervorgehen, dann sollten wir den Mut haben, zu ermessen, was unser Leben, das unzähligen anderen gleicht, durch passive Mitwirkung zur chronischen Gewaltsamkeit beiträgt, an der die Menschheit leidet, und in der Menschheit Millionen von Wesen, die uns gleich sind. Vielleicht wird dann die gesellschaftliche Zelle, für die wir verantwortlich sind, heilbar sein.
> Und wenn manche angesichts dieser in zwei Teile zerschnittenen Menschheit Gewissensbisse bekommen, dann kann der Baumstamm unserer alten Welt vielleicht den lastenden jungen Zweig des Proletariats tragen, ohne daran zu sterben. Wenn nicht, wird er Platz machen müssen: Die alten Bäume gehören ins Feuer, wenn sie für den Frühling nicht mehr taugen.“[309]

309 Ebd., 68f; NK, 89.

Diese Prognose war hart: Wenn sich nichts ändert, wird diese alte Welt untergehen. Und der tote Baum wird verbrannt.

Madeleine blieb aber nicht auf das materielle Elend der Welt fixiert. In den folgenden Monaten hat sie zwei Mal einen Essay verfasst, dem sie den Titel „Das Elend des Geistes" gab. Sie entlarvt darin

> „eine Intelligenz, die sich ausschließlich auf das Nutzbringende konzentriert hat, und nutzbringend dabei nur in Bezug auf eine begrenzte Definition vom Glück: das nenne ich Elend des Geistes"[310].

Ihr war bewusst geworden, wie sehr es zu einer Falle für den Glauben werden kann, wenn man sich auf eine rein materielle Analyse des Elends beschränkt. Sie konnte sich nicht mit Halbwahrheiten zufrieden geben. Dafür wusste sie zu sehr aus eigener Erfahrung, dass das größte Elend die Abwesenheit Gottes ist.

Eine Pilgerreise nach Rom

In den Jahren 1951/52 bahnten sich in der Kirche große Spannungen in Bezug auf die *Mission de France* und die Arbeiterpriester an. Dass Priester arbeiten gingen, hatte Rom als Experiment zugelassen. Schon während der Besatzungszeit hatten zahlreiche Priester und Ordensmänner junge Franzosen betreut, die als Zwangsarbeiter in Deutschland waren. Dabei hatten sie das Arbeiterleben kennengelernt, und mit den Arbeitern war eine geschwisterliche Solidarität entstanden. Nun waren sie aus dem Krieg zurückgekehrt. Es war offensichtlich, dass die Priester, die in der Fabrik arbeiteten, eine viel höhere Ausbildung hatten als die Arbeiter. In Deutschland hatten diese sie beispielsweise gebeten, ihnen beim Ausfüllen von Formularen

---

310 Ebd., 90; NK, 107.

behilflich zu sein oder ihnen zu helfen, ihrer Verlobten oder ihrer Frau zu schreiben. Zurück in Frankreich, fragte man sie öfter um Rat und bat sie, sich in den Gewerkschaften zu engagieren. Da sie schreiben und gut reden konnten, hat man sie ganz selbstverständlich zu ihren Sprechern gewählt. Mehrere traten deshalb in den Allgemeinen Gewerkschaftsbund ein.[311]

Nun gingen Gerüchte um, dass einige von ihnen in die kommunistische Partei eingetreten seien. In Wirklichkeit war keiner der Arbeiterpriester direkt mit ihr verbunden, doch die Gerüchte verbreiteten sich rasch und brachten sie in Verruf, zumal die marxistische Ideologie damals eine große Faszination auf die intellektuellen Eliten Frankreichs ausübte. Erst als 1956 der ungarische Volksaufstand niedergeschlagen wurde, ist diese kaum reflektierte und durch die sowjetische Propaganda geschickt genährte Begeisterung erschüttert worden.

Innerkirchlich stellte diese neue Lebensweise einiger Priester das Bild des Priesters in Frage, wie er seit Jahrhunderten für die christliche Gemeinde zuständig war. Viele Christen waren nicht bereit, einen Priester zu akzeptieren, der sich unter die „Ungläubigen" begeben hatte und wie alle anderen Menschen lebte: Für sie gehörte zum Priestertum die Distanz zur Welt.

Die Gemüter erhitzten sich zusehends. Die Hierarchie befürchtete vor allem, dass der Marxismus großherzige Männer beeinflussen könnte, die sich danach sehnen, die Gesellschaft im Kampf für die Gerechtigkeit zu verändern, die aber kaum darauf vorbereitet waren, einer so wirkmächtigen Ideologie etwas entgegenzusetzen. Es genügte nicht, großherzig zu sein; es bedurfte auch der Klarsicht, um das Evangelium nicht einfach mit der sozialen Gerechtigkeit gleichzusetzen.

Madeleine ahnte, dass es zu Schwierigkeiten kommen würde. Sie befand sich mitten in diesem großen missionarischen

---

311 *Confédération Générale du Travail* (CGT). Dieser Gewerkschaftsbund war eng mit der kommunistischen Partei verbunden.

Aufbruch der französischen Kirche und kannte die Fallen, in die die Arbeiterpriester gerade aufgrund ihrer Großherzigkeit stolpern konnten. Ihr war auch der Druck vonseiten der konservativen Strömungen bewusst, der den missionarischen Schwung zerschlagen könnte.

Mit einer spontanen Reaktion überraschte sie ihre Gefährtinnen: Sie wollte nach Rom, ins Herz der Kirche, fahren, um dort zu beten, wo die folgenschweren Entscheidungen getroffen wurden. Was für ein Einfall! Die Reise war doch viel zu teuer für ihre einfachen Verhältnisse! Doch eine Frau, die bei ihnen übernachtet hatte, schenkte ihnen ein Los der Nationallotterie. Sie ließen es zunächst auf der Anrichte liegen, bis sie merkten, dass sie mit diesem Los genau die Summe gewonnen hatten, die für die Reise erforderlich war. Das war für sie das Zeichen, das noch gefehlt hatte.

So nahm Madeleine am 5. Mai 1952 den Nachtzug Paris–Rom, der am Bahnhof Austerlitz abfuhr. Ein Mitglied ihrer Gemeinschaft, Francette Rodary, kannte P. Guéguen, einen jungen Priester, der Sekretär des Generaloberen der Oblaten von der Unbefleckten Jungfrau Maria war. Sie schrieb ihm, doch seine Antwort kam nicht mehr rechtzeitig an. Er erwartete Madeleine am Bahnhof Termini. Aber da sie sich nicht kannten und sie nicht wusste, dass sie erwartet wurde, blieb sie sich selbst überlassen. Sie begab sich sofort zum Petersdom, wo sie den ganzen Tag betete. Abends nahm sie den Zug zurück nach Paris. P. Guéguen hatte für sie eine Karte für eine halböffentliche Papstaudienz dabeigehabt. Doch zu der war es nun nicht gekommen; ihr blieb nur, sich „das Herz aus dem Leib zu beten … und fast den Mut zu verlieren“[312]. Viel später schrieb sie darüber:

312 OC X, 28. Vgl. NK, 112.

„Ich war mit einem ganz bestimmten Ziel nach Rom gegangen: um zu erbitten, dass die Gnade des Apostolats, das Frankreich gegeben worden ist, durch uns nicht verlorengehe, sondern dass wir sie in Einheit bewahren; um zu erbitten, dass diese Gnade von der Kirche anerkannt und gestärkt werde."[313]

Ihre Absicht ist also klar: Sie sehnte sich zutiefst danach, dass die Kirche die Gnade des Apostolats, die Frankreich geschenkt wurde, anerkennen und stärken möge, und dass sie zugleich in der Einheit bewahrt blieb. Das ganze Leben Madeleines und die ihr zuteil gewordene Gnade sind in diesen wenigen Worten enthalten: „die Gnade des Apostolats". Das war es, was sie im Herzen der Kirche leben wollte; denn Christus sendet die „Apostel" durch die Kirche aus, und getrennt von der Kirche kann man nicht gesandt sein. 1951 hat sie deshalb den Ausdruck „Christus-Kirche" geprägt, um deutlich zu machen, dass man in ihrer Sicht das Haupt unmöglich vom Leib trennen kann.

In den beiden oben zitierten Sätzen ist Madeleines Haltung während der ganzen Krise der Arbeiterpriester zusammengefasst; es sind zwei Sätze, die miteinander in Spannung liegen. Diese Spannung ist dann auch der Grund ihres Leidens. Sie war auch der Grund dafür, dass sie in einer ganz und gar symbolischen Geste nach Rom gefahren war, um zu beten: Für die Kirche betet man im Herzen der Kirche. Neunzehn Jahre zuvor war sie schon einmal dort gewesen, im September 1933, bevor sich die „Charité" in Ivry niedergelassen hatte. Und sie ist dann noch oft, genauer: neun Mal hingefahren; ihre letzte Romreise war im Januar 1962, wenige Monate vor der Eröffnung des Zweiten Vatikanischen Konzils.

---

313 Ebd., 27; NK, 111.

Bei ihrer Rückkehr erfuhr sie, dass P. Guéguen für sie eine Karte für die Audienz mit Papst Pius XII. bekommen hatte. Sie schrieb daraufhin dem Papst, um sich zu entschuldigen und um ihm den Sinn ihrer Reise zu erklären:

> „Es sollte ausschließlich ein Akt des Glaubens sein. Deshalb bin ich nach meiner Ankunft am Morgen direkt zum Grab des heiligen Petrus gegangen ...“[314]

Wortmeldungen zugunsten politisch Verfolgter

Es war schon die Rede von der tiefen Freundschaft, die zwischen Madeleine und ihren Gefährtinnen und Carmen und Alberto Codina-Pagès entstanden ist, als sie sich gemeinsam für Miguel Grant einsetzten. Mit ihnen und mit anderen spanischen Freunden gründet Madeleine eine Produktionsgenossenschaft.

Alberto war von Beruf Konditor. Die Familie war seinerzeit in einer schwierigen Lage. Deshalb wurde im Mai 1952 der Beschluss gefasst, „Touron“ herzustellen, eine Spezialität des Landes, die vor allem aus Mandeln und Zucker besteht. Im Garten wurde eine Werkstatt errichtet, in der man mit der Produktion beginnen konnte. Darüber hinaus brauchte es Verkaufsstellen für den Warenabsatz und eine professionelle Buchhaltung. Jean Durand erwies sich in der Hinsicht als unschätzbare Hilfe, und auch Madeleine übernahm einen Teil der Arbeit.

Da es in Ivry mehrere Arbeiterpriester gab, die in den Fabriken arbeiteten, erscheint dieser kleine Handwerksbetrieb, den Madeleine ins Leben gerufen hat, etwas eigenartig. Was sollte das für den Arbeiterkampf bringen? Doch Madeleine

314 Brief an Pius XII., Sommer 1952, in: AMD III. Vgl. auch Christine de Boismarnin, a. a. O., 112 (126f.).

war frei von ideologisch geprägten Vorstellungen. Sie sah darin eine Gelegenheit zu helfen – und zudem eine Möglichkeit, die Grundversorgung ihrer Gemeinschaft ein wenig zu unterstützen; denn in den Nachkriegsjahren war das Leben hart, und Geld war in der Rue Raspail nicht gerade im Überfluss vorhanden. Ihre Arbeit beschreibt sie so:

> „Wenn ich meine Arbeit im Zusammenhang mit der Arbeit all derer betrachte, die unter ihrer Arbeit leiden, dann erscheint sie mir vielleicht als bescheidener, aber zugleich auch als aufrichtiger, als wenn ich es mir freiwillig ausgesucht hätte, in einer Fabrik oder auf einem Bauernhof zu arbeiten."[315]

Sie hatte sich diese Arbeit tatsächlich nicht ausgesucht: Es waren die Umstände, die sie dazu gebracht hatten. Doch diese Arbeit ließ sie mit all denen solidarisch sein, die in einer schwierigen Lage waren, und das „ist bei vielen Menschen der Fall", wie sie schreibt. Und sie fährt fort:

> „So bin ich froh, auf diese Weise mit Menschen zusammenzuarbeiten, die nicht an Christus glauben, und ihn durch sie hindurch lebendig werden zu lassen."[316]

Sie blieb ihrem missionarischen Anliegen treu. Die Freundschaft mit Carmen und Alberto, die durch die gemeinsame Arbeit weiter gefestigt wurde, dauerte jahrelang an, so wie auch die Freundschaft mit vielen anderen Personen, die gewissermaßen zur Rue Raspail gehörten.

Ihre spanischen, genauer gesagt: katalanischen Freundschaften führten zu einem weiteren öffentlichen Engagement. Zu Beginn des Jahres 1951 hatte ein Streik die Stadt Barcelona erschüttert, nachdem die Tarife für den öffentlichen Nahverkehr

315 Madeleine Delbrêl, J'aurais voulu ..., Paris 2016, 108. Im Folgenden: OC XIV.
316 Ebd.

erhöht worden waren. Es gab Verhaftungen, und ein Militärgericht verhängte die Todesstrafe für die Verantwortlichen des Streiks, was einen internationalen Protest auslöste.

Wie viele andere war auch Madeleine über das Missverhältnis zwischen den verhängten Strafen und den tatsächlichen Vergehen schockiert. Deshalb schrieb sie einen Artikel für die Zeitschrift *Témoignage chrétien,*[317] die ihn am 11. Februar veröffentlichte. Sie machte auf dieses Missverhältnis aufmerksam, in dem sie ein Zeichen für den „tragischen Bruch" zwischen dem Franco-Regime und Spanien sah.

Außerdem schrieb sie an den Erzbischof von Paris, Kardinal Feltin. Denn gerade zu der Zeit – vom 27. Mai bis zum 1. Juni 1951 – sollte in Barcelona ein internationaler Eucharistischer Kongress stattfinden, der erste nach dem Krieg. Das Thema lautete: „Die Eucharistie und der Friede". Madeleine begriff sofort, wie viele andere auch, welche fürchterlichen Folgen dieser Kongress für die Kirche haben würde – wegen dieser Vorkommnisse und wegen der Härte des Franco-Regimes. In ihrem Brief an den Kardinal schrieb sie:

> „Der Kongress bedeutet für die spanischen Flüchtlinge, dass die Weltkirche von der Kirche Spaniens ins Franco-Regime eingeladen worden ist. Das ist für sie ein Zeichen, dass diesem Regime Sympathie entgegengebracht wird."[318]

Jean Durand berichtet, dass Madeleine am 21. Mai 1951 in einer vierköpfigen Delegation von Kardinal Feltin empfangen wurde; doch das änderte nichts daran, dass eine französische Delegation zum Kongress fuhr.

---

317 Französische Wochenzeitschrift, die 1941 durch die Bewegung „Résistance intérieure française" (RIF, innerfranzösischer Widerstand) gegründet wurde; deren Urheber war P. Pierre Chaillet. Der Artikel wurde in OC IX, 246–249 abgedruckt.

318 „Congrès eucharistique à Barcelone", handschriftliches Manuskript, das wahrscheinlich an Kardinal Feltin geschickt wurde; es wurde in OC IX, 250-253 abgedruckt.

Es ist ein Beispiel für Madeleines Engagement in konkreten Situationen an der Schnittstelle von Politik und Glauben. Wenn sie sich zu Wort meldete, hatte sie sich vorher kundig gemacht, konnte deshalb genaue Details liefern und sich damit wirksam einbringen. Andererseits hat sie zum Beispiel den „Stockholmer Appell" vom März 1950 nicht unterschrieben, eine von militanten Kommunisten und Sympathisanten gestartete Unterschriftenkampagne.[319] Vermutlich hat sie die Doppelbödigkeit dieser Kampagne (für eine Ächtung der Atombombe) wahrgenommen, abgesehen davon, dass sie grundsätzlich allgemeinen Aktionen und Deklarationen misstraute.

Ein weiterer Anlass, sich zu Wort zu melden, ergab sich für Madeleine in der Affäre des Ehepaars Rosenberg. Diese beiden amerikanischen Forscher wurden 1950, also mitten im Kalten Krieg, angeklagt, atomare Geheimnisse an die Sowjetunion verraten zu haben. 1953 wurden sie zum Tode verurteilt.

Französische Anwälte, die den Prozess genau kannten, waren überzeugt, dass es sich um ein Konstrukt von Anklagen ohne Beweise handelte. Sie alarmierten einflussreiche Persönlichkeiten und baten Madeleine, die einige von ihnen kannten, sich an den Papst zu wenden. Sie willigte sofort ein. Doch statt den Fall selbst in Rom vorzutragen, zog sie es vor, dass einer der beiden Rechtsanwälte, André Haas, ein Jude, dort vorsprach; denn sie ging davon aus, dass man ihn im Vatikan empfangen würde.

Durch die Vermittlung von P. Guéguen wurde er nacheinander von Pierre Veuillot, der damals zur französischen Abteilung des Staatssekretariates gehörte, und von Giovanni Montini, dem künftigen Papst Paul VI., empfangen. Tatsächlich war

319 Vgl. den Artikel von Yvon Tranvouez, „Mission et progressisme", in: Les communistes et les chrétiens. Alliance ou dialogue? Madeleine Delbrêl (1904–1933–1964), Le Supplément, 78.

Rom von der Initiative des Rechtsanwalts Haas bewegt, und man sagte ihm zu, dass der Papst intervenieren werde, um die Besorgnis vieler Christen deutlich zu machen und die Begnadigung durch den Präsidenten zu erbitten.

Madeleine selbst meldete sich bei einer großen Versammlung in Paris, im Vel'd Hiv[320], zu Wort und schickte ihr Manuskript danach an die Tageszeitung *La Croix,* die es als Leserbrief veröffentlichte:

> „Gegenüber dem Unglück der anderen ist das Schweigen niemals neutral: Schweigen heißt zustimmen. Angesichts einer Hinrichtung bedeutet schweigen nicht zweifeln, sondern völlig sicher sein, dass ein Mensch zu sterben hat. Der Zweifel, der leiseste Zweifel, muss reden. Ein Zweifel, der stumm bleibt, macht uns zu Lügnern …
> Denn wir müssen das einbringen, was sonst niemand tun wird, wenn wir es nicht tun: das Wort Christi, das dem Unglück eines jeden Menschen gilt. Wenn es um diese Botschaft geht, ist es schwer, nicht zu lügen.
> Lügen heißt, unsere Unruhe gegenüber den Machthabern eines Systems ausschalten; heißt, sich nur einseitig betreffen zu lassen; heißt, einen Menschen, und sei es auch nur einen einzigen, unserem Herzen gegenüber als Fremden betrachten. Lügen heißt, sich nicht für die Rosenbergs interessieren, weil sie Marxisten sind, oder sich nicht für einen Polen interessieren, weil er kein Marxist ist; heißt, die Staatsräson des Westens anklagen und die des Ostens ausblenden; heißt, anprangern, wenn jemand in Moskau verdächtigt wird, und es gutheißen, wenn es in Washington geschieht."[321]

---

320 Abkürzung von „Vélodrome d'Hiver" (Radsporthalle). (Anmerkung A. S.)
321 La Croix, 3. März 1953. Dieser Leserbrief ist auch in OC IX, 255f abgedruckt. Vgl. auch Madeleine Delbrêl, Gott einen Ort sichern, 105.

Madeleine hoffte bis zum Schluss. Die Nacht vom 19. auf den 20. Juni verbrachte sie im Gebet. Doch am Morgen erfuhr sie, dass die Hinrichtung vollstreckt worden war.

In ihrer Argumentation ging es ihr nicht um die Wahrheit oder Unwahrheit der Beschuldigungen. Sie stützte sich auf den Zweifel. Wer zweifelt und nichts sagt, ist faktisch ein Lügner. Solange es Zweifel gibt, darf es keine Verurteilung geben. Madeleine spricht sich auch nicht für oder gegen eine Ideologie aus; ihr geht es um die elementare Gerechtigkeit. Ungerecht ist es, im Osten etwas zu denunzieren, was man im Westen nicht denunzieren würde – und umgekehrt.

Während ihres Engagements für Menschen in einem anderen Teil der Welt vergaß Madeleine nicht ihre eigenen Angehörigen: weder ihren Vater, den sie weiterhin in Mussidan besuchte, noch ihre Mutter, mit der die Beziehung immer tiefer wurde. Diese schrieb ihr am 4. Juni 1953 einen Brief, den Madeleine in ihrem „Herbarium", das heißt in ihrem Messbuch, aufbewahrte:

„Als Du weggefahren bist, ... habe ich mich daran erinnert, wie ich Dich einmal umarmt habe und Dir ‚vor aller Augen' all das zugeflüstert habe, wovon mein Herz übervoll war, aber ... ich weiß nicht mehr, was ich alles gesagt habe. Eins weiß ich jedoch, mein Liebes: Unsere Einheit ist tief, sie reicht bis auf den Grund unserer Seelen, und ich glaube, dass wir uns so lieben, wie man sich im Himmel lieben soll. Kann das denn dann anders sein, wenn wir einmal dort beisammen sein werden? ... Ich denke jeden Tag, dass Du es bist, die mich an diesen Punkt geführt hat."[322]

Diese berührenden Worte zeigen, welche Rolle Madeleine in der Glaubensgeschichte ihrer Mutter gespielt hat.

---

322 Zitiert in: Madeleine Delbrêl connue et inconnue, 151f.

Audienz bei Papst Pius XII.

Am 15. Juli 1953 kehrte Madeleine wieder nach Rom zurück. Die Krise der Arbeiterpriester hatte sich zugespitzt. Es kursierten Gerüchte, dass das Experiment gestoppt werden könnte. Müsste man nun nicht versuchen, den römischen Autoritäten die Sicht einer Person verständlich zu machen, die mittendrin stand, die in das Experiment der Arbeiterpriester hineinverwoben war, ohne direkt in deren Situation zu sein? Madeleine bildete sich nicht ein, dass sie ein größeres Recht als andere hätte, darüber zu sprechen. Aber jemand musste darüber sprechen, jemand, der gerade keinen Auftag hatte und deshalb in aller Freiheit sprechen konnte. Christine de Boismarmin sagte dazu: „Rom zieht Madeleine geradezu magnetisch an."[323]

Sie reiste ab, ohne sich um eine Unterkunft gekümmert zu haben, und hoffte einfach, dass P. Guéguen sie irgendwo würde unterbringen können. Doch er befand sich gar nicht in Rom. Sie hatte ihm einen Bericht über die Arbeiterpriester und über die Kirche Frankreichs geben wollen; nun war sie im Zug, ohne zu wissen, wo sie wohnen würde. Und wem sollte sie ihren Bericht geben? Am Bahnhof Bourg-en-Bresse traf sie Marc-Amand Lallier, den Bischof von Nancy, den sie noch aus seiner Zeit als Kurat der Pfadfinder kannte. Sie berichtete ihm in aller Eile von ihrem Vorhaben, und als sie sich ein paar Stationen weiter wieder trennen mussten, hatte sie eine Empfehlung für eine Unterkunft und einen Brief in der Tasche, der ihr den Zugang zu Pierre Veuillot ermöglichte.

Dieser war Attaché im Staatssekretariat und seit 1949 einer der engsten Mitarbeiter von Giovanni Montini. Nach ihrer Ankunft in Rom begab sie sich direkt zu Veuillots Büro, wo

323 Christine de Boismarmin, a. a. O., 131 (136).

sie ihren Bericht abgab. Er verabredete sich daraufhin mit ihr und traf sie drei Mal während ihres Romaufenthalts.[324] Das sagt einiges über den Eindruck, den Madeleine auf ihn gemacht hat und über das Interesse, das er an ihrem Bericht gefunden hat.

Es war der Beginn eines Dialogs, der bis zum Tod Madeleines andauerte und in den Veuillot viel Zeit und Kraft investierte – zuerst in Rom, dann in Angers, wo er zum Bischof ernannt wurde, und schließlich in Paris, nachdem er dort Erzbischof geworden war. Es war ein Dialog, der zunächst über die Krise der Arbeiterpriester und über die französische Kirche geführt wurde und später vor allem über die Equipen, die er nach dem Tod Abbé Lorenzos auf die Bitte von Kardinal Feltin geistlich begleitete.

Anfang August begab sich Madeleine nach Castel Gandolfo, wo sie von Papst Pius XII. in einer halböffentlichen Audienz empfangen wurde. Diese Begegnung wurde für sie entscheidend. Sie schrieb hinterher an Veuillot:

> „Als ich dem Heiligen Vater gesagt hatte, was ich ihm sagen wollte, hat er mir zwischen den Fragen, die er mir stellte und dem Segen, den er mir gab, drei Mal und mit großer Eindringlichkeit gesagt: ‚Apostolat'. Ich war sofort davon getroffen, denn dieses Wort war für mich irgendwie ‚fremd': In Frankreich sagen wir seit Langem ‚Mission'."[325]

Bei ihrer Rückkehr hat ihre Umgebung nicht wirklich verstanden, was ihr da widerfahren war, und sich deshalb zunächst

324 Am Mittwoch, den 29. Juli, Freitag, den 31. Juli und Samstag, den 1. August, bei der Messe in Saint-Louis-des Français; AMD III, correspondance active et passive Madeleine Delbrêl–Veuillot.

325 Brief vom 12. August 1954 an Msgr. Veuillot, AMD III; vgl. auch OC XIV, 89.

nicht besonders für ihren Bericht interessiert. So musste sie allein – aber unterstützt von Veuillot – nach und nach herausfinden, was dieses Wort „Apostolat“ bedeutet.

VI

„GÄNZLICH JESUS CHRISTUS ANGEHÖREN“

Bestätigung einer Berufung (1953–1958)

Das Verbot der Arbeiterpriester

Die Krise, die Madeleine vorausgesehen hatte, brach tatsächlich im Lauf des Jahres 1953 aus. Schon 1952 wurde P. Augros, der erste Regens des Seminars der *Mission de France*, entlassen. Das Seminar wurde nach Limoges verlegt und als Ableger des Priesterseminars dieser Diözese der Leitung des dortigen Regens, P. Basseville, unterstellt. Das Experiment dauerte ein Jahr; es wurde 1953 beendet.

Am 27. Juli verbot Kardinal Pizzardo, der Präfekt der Kongregation des Heiligen Offiziums, den Seminaristen die Fabrikpraktika. Das brachte sie und auch die bereits geweihten Priester in einen Zwiespalt. Mehrere Priester arbeiteten bereits in Fabriken von Ivry; Madeleine kannte sie. Sie konnte ihre innere Not und ihre Sorge um die Zukunft gut nachvollziehen. Was sollte nun aus der *Mission de France* und der *Mission de Paris* werden?

Alles deutete darauf hin, dass sich ein größerer Konflikt zwischen Rom und den Arbeiterpriestern anbahnte. Madeleine nahm zudem wahr, dass die Seminaristen und Priester der *Mission de France* dazu neigten, radikaler zu werden: Die Seminaristen legten das Gewicht einseitig auf die Arbeit, und die Priester, die sich in einer Gewerkschaft engagierten, tendierten immer mehr zum Allgemeinen Gewerkschaftsbund, der der kommunistischen Partei nahestand.

Deshalb beschloss sie, wieder nach Rom zu reisen; dieses Mal nicht nur, um zu beten wie im Jahr 1952, sondern um ihre Beobachtungen einigen römischen Verantwortungsträgern mitzuteilen. Ihr Wunsch war nach wie vor derselbe:

> „... dass die Gnade des Apostolats, die Frankreich gegeben worden ist, durch uns nicht verlorengehe, sondern dass wir sie in Einheit bewahren ...“[326]

In einem Text, den sie um 1955 geschrieben hat (er ist zeitlich nicht genau einzuordnen), stellt sie die Bewegung der Arbeiterpriester in einen Zusammenhang mit den vielen französischen Priestern, die „in die Missionen“ aufgebrochen sind:

> „Wenn Franzosen schon seit Jahrhunderten von der Kirche erbeten haben, dass sie sie ans Ende der Welt sendet, und wenn sie zahlreicher sind als in anderen Ländern, kommt man auf den Gedanken – oder zumindest darauf, dies als naturbedingtes Phänomen zu sehen – dass Gott die Gnade, missionarisch zu wirken, Frankreich in reichem Maße geschenkt hat.“[327]

Französische Priester brachen und brechen auch weiterhin zur Mission in ferne Länder auf. Doch nun haben sich neue Felder für das Apostolat aufgetan, geografisch viel näher und doch „nicht weniger weit weg“, wenn es darum geht, sie zu integrieren

326 OC X, 27; NK, 111. Vgl. auch oben S. 231.
327 AMD I 38 VM 1h2. Dort sind auch die folgenden Zitate zu finden.

und zu verstehen. Eines dieser Felder, so Madeleine, ist das Proletariat:

> „Priester sind dorthin gegangen, als ob sie ans Ende der Welt ausgewandert wären … Ivry hat mich gelehrt, dass es tatsächlich nicht weniger weit weg ist als das Ende der Welt. Doch man war sich oft nicht im Klaren, dass diese Priester tatsächlich ‚ausgewandert' sind, oder man hat einen Aufbruch belächelt, der nicht weiter reichte als über eine Straße."

Madeleine Delbrêl hat das Experiment der Arbeiterpriester mit der ganzen Kraft ihres eigenen missionarischen Drangs begleitet. Nicht umsonst haben sich diese Pioniere am Weg, den Madeleine in Ivry selbst gegangen ist, ein Beispiel genommen. Und so haben sie der Kirche ein Gesicht gegeben, das nicht länger anonym war.

> „Als die Priester in die Fabriken gegangen sind, war das für die Pfarrei eine Weise – nicht die einzige – nicht mehr nur eine ‚moralische Instanz' gegenüber der Stadt zu sein. Den Marxisten hat das persönlich vielleicht nicht viel bedeutet; aber es war ganz und gar nicht unerheblich, wenn sie dem Proletariat nun vermittelt haben, was ein Priester ist."

Mehr noch: die Arbeiterpriester haben wieder eine Verbindung zwischen den Arbeitern und dem Bischof, der sie gesandt hat, geschaffen:

> „Als die Priester in die Fabriken gegangen sind, erhielt unser Bischof die Möglichkeit, die Voraussetzungen für einen Dialog mit den ihm anvertrauten Menschen aus der Arbeiterwelt kennenzulernen; dies konnten die Laien ihm aus sich heraus nicht in dem Maße ermöglichen, sondern nur zusammen mit einem Priester, der aus der Sicht aller spricht."

Letzteres würde Madeleine heute wohl nicht mehr so formulieren. Ihre Auffassung von der Beziehung zwischen Laien und Priestern beruhte auf einer Theologie und einer Praxis, die sich seitdem deutlich weiterentwickelt haben. Es bleibt aber gültig, dass ihre Nähe zu den Arbeiterpriestern apostolisch motiviert war, denn sie hat sie mit der missionarischen Berufung der französischen Kirche und des französischen Klerus in Zusammenhang gebracht. Ihre tiefe innere Zustimmung zum Experiment der Arbeiterpriester ist deshalb indiskutabel.

Im selben Text merkt sie an, dass die Missionare, die in die fernen Länder ziehen, vom Gebet eines ganzen Volkes begleitet seien, das ihnen zur Seite stehe. Bei den Arbeiterpriestern war das offenkundig nicht der Fall, denn für die meisten Christen war es alles andere als einsichtig, dass das Evangelium auch im Proletariat verkündet werden muss. Und zudem waren die Priester selbst überhaupt nicht auf das vorbereitet, was sie erwartete:

> „Man hatte ihnen für das Leben, das sie jetzt führen sollten, weder ein Rezept noch einen Wegweiser mitgegeben. Nur diejenigen, die das ‚Land‘ nicht kannten, haben sich dann gewundert, dass manche nicht wieder zurückgekommen sind …“

Madeleine kannte das „Land“. Sie wusste aus Erfahrung um die Verwirrung, die der Kontakt mit dem Marxismus in den Köpfen und in den Herzen stiften konnte, denn sie hatte ihm gegenüber selbst Stellung beziehen müssen. Und sie sah, wie diese Verwirrung allmählich um sich griff:

> „Angesichts des Marxismus waren wir wie Kinder, die von einer herrlichen Zukunft geblendet waren.“

Man könnte auch sagen: Wir waren versucht, nicht sehen zu wollen, was wir eigentlich sehen mussten, und zu vergessen, dass wir für das Heil dieser Menschen mitverantwortlich waren, die im größtmöglichen Elend lebten: der Leugnung Gottes. So war für Madeleine klar:

> „Die Kirche konnte nicht anders, als [das Experiment der Arbeiterpriester] anzuhalten ..."

Aber sofort bringt sie auch die andere Seite ins Spiel:

> „... so wie sie auch nicht anders kann, als es ‚wieder in Gang zu bringen' – wann immer der Herr es will; denn geleitet von der Wahrheit drängt die Liebe sie durch all die Jahrhunderte hindurch dazu, die Armen zu entdecken, denen das Evangelium zu verkünden ist."

Die Kirche musste das Experiment anhalten, denn es war von seiner apostolischen Grundausrichtung abgewichen; aber zugleich muss sie es aufgrund der ihr innewohnenden apostolischen Dynamik notwendigerweise wieder in Gang bringen. Das ist es, was Madeleine in diesen schmerzhaften Jahren sowohl den Verantwortlichen in der Kirche als auch den Arbeiterpriestern und den Gläubigen immer wieder und in immer neuen Formulierungen nahebringen wollte. Mit dieser klaren Position kam sie am 5. August 1953 nach Castel Gandolfo, nachdem sie mehrmals lange mit Pierre Veuillot darüber gesprochen hatte.

Die erwähnte Begegnung mit Pius XII. wurde dann entscheidend für die Vertiefung dieser ihrer bisherigen Überlegungen. Die Worte, die der Papst ihr gesagt hatte, mögen banal erscheinen, denn er hatte nichts anderes getan, als drei Mal das Wort „Apostolat" zu wiederholen. Andere hätten wohl kaum darauf geachtet und eher gedacht, dass ihr hochverehrter Gesprächspartner ihnen offensichtlich nichts Besonderes zu sagen hatte. Madeleine hingegen nahm das mehrfach wiederholte Wort auf wie ein Wort des Evangeliums: Es hat sich in ihrem Leben ausgebreitet wie ein ins Wasser geworfener Stein, der Kreise zieht.

Deutlich wird dies in jenem Brief, den Madeleine am 12. August 1954 an Veuillot über die inzwischen ein Jahr zurückliegende Audienz schrieb:

> „Wenn der Papst ein einziges Mal persönlich mit mir spricht, muss ich ernst nehmen, was er mir sagt – so dachte ich mir, und so denke ich auch heute noch. Als ich dem Heiligen Vater dann gesagt hatte, was ich ihm sagen wollte, hat er mir zwischen den Fragen, die er mir stellte, und dem Segen, den er mir gab, drei Mal und mit großer Eindringlichkeit gesagt: ‚Apostolat'."[328]

Mit diesem ihr zunächst „irgendwie fremden" Wort im Herzen (in Frankreich sagten sie ja „seit Langem ‚Mission'") war sie also aus Castel Gandolfo wieder abgereist. Lange dachte sie darüber nach:

> „Während der Woche, die ich daraufhin noch in Rom verbringen musste, habe ich versucht, neu zu entdecken, was ‚Apostolat' bedeuten könnte. Ich habe, glaube ich, verstanden, dass es nicht dasselbe meint wie unser Wort ‚Mission': Die Mission hat einiges ans Licht gebracht, was das Apostolat beachten muss; aber dafür hat sie einiges vergessen, was für die Verkündigung des Evangeliums immer unerlässlich ist."

In ihrer typischen Art versuchte sie das, was ihr aufgegangen war, in den Kontext ihres Lebens zu übertragen:

> „Es war ja klar, dass ich nun schauen wollte, ob sich das, was ich entdeckt hatte, in meinem Umfeld bestätigte. Sie wissen ja, dass die Marxisten dort die ‚Ungläubigsten' unter meinen Gefährten sind. Sie wissen auch, wie sehr es mir am Herzen liegt, ihnen das Evangelium nahezubringen."

---

328 Brief vom 12. August 1954 an Veuillot, AMD III. Vgl. auch oben S. 239.

Und dann bringt Madeleine ihre Erkenntnis auf den Punkt:

> „Mir ist nach und nach aufgegangen, dass es der eigentliche Beweggrund des Apostolats war, der dem gefehlt hat, was ich – oder vielleicht was wir – Mission genannt haben: die Verherrlichung Gottes, die einen Vorrang vor der Verkündigung der Frohen Botschaft und selbst vor dem Heil der Menschen hat. Diese Blickrichtung brachte wie mit einem Schlag die Dimension wieder ins Spiel, an deren Mangel die Mission offenbar gelitten hat. Mit ihr fielen auch die falschen Zugeständnisse in sich zusammen, indem sie den ersten apostolischen Imperativ klar vor Augen treten ließ: Gott soll für die ganze marxistische Welt nicht mehr tot sein.“[329]

Denn davor graute ihr:

> „Wird Gott für all diejenigen, unter denen wir leben, weiterhin ‚tot‘ sein? Sie wissen, dass wir ihnen unser Leben gewidmet haben, dass wir ihnen das auch gesagt haben und dass wir es nicht bereuen; sollte das denn nicht einen ‚Zweifel‘ an diesem Tod säen?“[330]

Die Verherrlichung Gottes war für sie das erste Motiv für das Apostolat; und Gott die Ehre zu geben hieß, ihn vor all denen zu bekennen, für die er tot ist, vor all denen, die ihn nicht kennen. Das war es, was Madeleine aus dem Wort „Apostolat“ herausgehört hat.

Mehrmals kam sie in ihren Schriften auf diese Begegnung vom 5. August 1953 zurück. Gewiss war das, was ihr da aufgegangen war, für sie nichts völlig Neues. Denn seit ihrer Konversion stand ihre Hingabe an Christus und an Gott für sie immer an erster Stelle, war sie immer auf Gott hin ausgerichtet. Doch

329 Vgl. auch Madeleine Delbrêl, Deine Augen in unseren Augen, 211.

330 „Eine Berufung für Gott unter den Menschen“, persönliche Notiz von 1956, in: La joie de croire, 158.

nun hat plötzlich das Wort Apostolat, das sie von der Kirche empfangen hat – vermittelt durch ihren höchsten Repräsentanten, den Papst – die Situation noch einmal neu erhellt, in der sich die missionarische Bewegung der französischen Kirche befand. Für Madeleine klärten sich damit ihre Überzeugungen, und zugleich fühlte sie sich darin bestärkt.

Das Apostolat blieb unbedingt notwendig, wie Jacques Loew dem Generaloberen der Dominikaner sagte, als er am 1. März 1954 aus Gehorsam seine Arbeit niederlegte. Doch die missionarischen Bemühungen mussten wieder in die richtige Richtung gelenkt werden; sie mussten „apostolisch“ werden im Vollsinn des Wortes, den Madeleine vom Papst „empfangen“ hatte.

„Tendenz zum Bündnis – Tendenz zum Heil“

Nach ihrer Rückkehr aus Rom begann Madeleine eine regelmäßige Korrespondenz mit Pierre Veuillot. Am 13. September 1953 unternahm sie eine Blitzreise nach Marseille, um an der Redaktion eines Berichts über die Arbeiterpriester mitzuarbeiten, um den Jacques Loew vermutlich von den Bischöfen gebeten worden war. Sie blieb dort drei Tage.

Während der Krise der Arbeiterpriester erkannte sie immer mehr, welche Nähe es zwischen Jacques Loew und ihr gab, sowohl in der pastoralen Ausrichtung als auch in der spirituellen Suche. Sie sah, wie sehr er für die Verkündigung des Evangeliums brannte, sie erkannte auch sein feines Gespür für mögliche Fehlentwicklungen. Auf der anderen Seite vermochte er seine Arbeit bei den Dockern in seinem Marseiller Viertel La Cabucelle mit dem Leben der Pfarrei zu verbinden – in diesem sozialen Brennpunkt der Stadt, wo er mit einigen Gefährten in einfachsten Verhältnissen lebte.

Als Dominikaner brachte er das Evangelium immer auch ausdrücklich zur Sprache, wenngleich sein Apostolat unter den Dockern vor allem darin bestand, durch die Arbeit unter ihnen präsent zu sein. In dieser zweifachen Ausrichtung fand sich Madeleine wieder. Sie war der Meinung, dass sich viele Arbeiterpriester zu sehr von ihrer örtlichen Pfarrei losgelöst hätten, sodass ihr Leben für diese keine Bedeutung hatte. Sie hegte deshalb einen Moment lang die Hoffnung, dass Rom das Experiment in La Cabucelle auch nach dem Verbot der Arbeiterpriester weiter zulassen könnte, weil es ihr so vorbildlich erschien. Doch das blieb ein Wunschtraum. Ungeachtet dessen wurde ihre Beziehung zu Jacques Loew in diesen schwierigen Jahren intensiver. Mehrere Texte haben sie gemeinsam verfasst; manchmal ist nur schwer zu unterscheiden, was aus welcher Feder stammt.

Jacques Loew hatte seinerseits großes Vertrauen zu Madeleine; er schätzte ihre Fähigkeit, sofort zum Wesentlichen zu kommen, und teilte ihre globale Sicht auf die Situation: Einerseits sah er, wo sich einige missionarische Initiativen auf dem Holzweg befanden; andererseits wusste er, dass das Verbot der Arbeiterpriester dazu führen würde, dass die Kirche „in so manchen entchristlichten Gebieten, in denen die Menschen ihren täglichen Lebenskampf zu bestehen haben, nicht mehr mütterlich präsent sein würde"[331].

Doch die Situation war schon verfahren. Die Versuche Madeleines und Jacques Loews, beide Seiten zu einem tieferen Dialog zu bewegen, scheiterten. Am 23. September 1953 kam Kardinal Marella, der Apostolische Nuntius in Paris, mit den Kardinälen Feltin und Liénart zusammen. Anschließend rief er die Verantwortlichen für die Arbeiterpriester an einen Tisch,

331 Unveröffentlichte Notiz vom 1. September 1953; vgl. auch Madeleine Delbrêl, genèse d'une spiritualité, 261.

um ihnen die Entscheidung Roms, das Experiment zu beenden, mitzuteilen. Dieses Verbot sollte für alle Diözesanpriester und Ordenspriester zum 1. März 1954 in Kraft treten. Doch könnten die Bischöfe und Ordensoberen ihren Priestern auch nahelegen, die Arbeit schon früher niederzulegen, falls es ihnen richtig erscheine.

Madeleine war auch mit Bischof Lallier im Kontakt. Sie kannte ihn schon seit ihrer Zeit als Pfadfinderin, das heißt seit mehr als zwanzig Jahren. Ihm verdankte sie ja auch die Begegnung mit Veuillot in Rom. Am 14. Oktober 1954 wartete sie am Bahnhof Austerlitz auf ihn, um ihm einen dreiseitigen getippten Text mit dem Titel „Tendenz zum Bündnis, Tendenz zum Heil“[332] zu überreichen.

In diesem Text, dem Jacques Loew bis an sein Lebensende eine hohe Bedeutung zumaß, versuchte Madeleine zu beschreiben, welche Haltung ihrem Verständnis nach dem Marxismus gegenüber angemessen ist. Die Überschrift dieses Textes wurde oft missverstanden. Man hat entweder das Wort „Bündnis“ („alliance“) im Sinne des biblischen Bundesgedankens verstanden, was hier aber nicht gemeint ist; oder man hat versucht, die Radikalität dieser Formulierung abzumildern.

Wenn der Missionar von der Großmut der ihm bekannten Marxisten und von dem, was sie zustande bringen, wie verzaubert ist, dann bleibt er möglicherweise – so Madeleine – dabei stecken, im Kampf für Gerechtigkeit mit ihnen gemeinsame Sache zu machen, und er verliert dann aus den Augen, dass er ihnen gegenüber nicht nur der Empfangende ist. Er hat auch etwas Unschätzbares zu geben: das Heil. Denn, so schreibt sie, „von Gott her gesehen sind die Marxisten die unglücklichsten, die kränksten Menschen ...“[333]

332 OC X, 50; vgl. auch NK, 114f und Deine Augen in unseren Augen, 208f.
333 OC X, 56; vgl. auch NK, 116.

Sie hat also den Mut zu einem Perspektivenwechsel. Im Namen ihres Glaubens erinnert sie daran, was bei jeder Art von Verkündigung auf dem Spiel steht: Es ist Aufgabe von uns Christen, diesen Gott, den wir lieben, bekanntzumachen, denn sonst bleibt er für einen Großteil der Menschen „tot". Sich mit anderen nur zu verbünden, hieße zu vergessen, was wir sind. Sie beruft sich auf ihre Erfahrung mit dem Apostolat in Ivry; es gab dort Situationen, in denen es angebracht war, mit den Marxisten gemeinsame Sache zu machen, während das in anderen Situationen nicht angebracht war, weil es bedeutet hätte, den Glauben zu verraten.

Madeleine hielt es für legitim, jemanden zu bewundern, solange man sich von ihm nicht so weit beeinflussen lässt, dass man das Ziel der Mission aus den Augen verliert. Es geht dabei um den ganzen Menschen, weist aber zugleich darüber hinaus: Es muss den Menschen auf den hin ausrichten, der alles angenommen hat, was zum Menschsein gehört, um es zum Vater zu führen: auf Christus. Madeleine stellt fest:

> „Wir sind zwar dorthin gegangen, wohin man gehen musste; aber als wir dort angekommen sind, haben wir aus dem Missionar etwas anderes als einen Apostel gemacht."[334]

In ihrer Wortwahl zeigt sich der nachhaltige Einfluss ihrer Begegnung mit Papst Pius XII. vom vorhergehenden Sommer:

> „Wir nehmen das Wort ‚Apostolat' kaum noch gern in den Mund. Ist es vielleicht in der jüngsten Vergangenheit seiner Bedeutung auf eigenartige Weise entfremdet worden? Ich meine aber, dass wir es mit dem konfrontieren müssen, was wir heutzutage ‚missionarisch' nennen. Dann fänden wir auch wieder den Sinn des Strebens nach dem Heil."[335]

---

334 OC X, 55. Vgl. auch NK, 117 und Deine Augen in unseren Augen, 210.
335 OC X, 56.

Es folgten weitere Texte von ihr. Am 20. Oktober 1953 schrieb sie einen langen Brief an P. Daniel Perrot, den Bischofsbeauftragten für die *Mission de France*; eine Kopie davon schickte sie an P. Augros, den früheren Regens der *Mission de France*, der im Vorjahr von dieser Aufgabe entpflichtet worden war.

Daraufhin gab es Gerüchte über Stellungnahmen zur *Mission de France*, die sie angeblich verbreitet hatte. Solche Mutmaßungen waren ihr zuwider. Sie wollte sich klar und deutlich äußern und verfasste deshalb einen langen Text, in dem sie das, was sie die „Wurzeln der Mission“ nennt, analysiert – das heißt die Mission, die die Bischöfe aufgrund der Situation der französischen Kirche von 1941 gewollt und errichtet haben; und dieser Analyse folgt dann die Reflexion darüber, ob die *Mission de France* diesen ihren Wurzeln treu geblieben ist oder nicht. Wie immer legte sie ihr ganzes Herzblut in diesen Text, der so endet:

> „Wenn Marxisten uns zu ihren Brüdern und Schwestern gemacht haben, haben wir nicht den Mut zu sagen, dass das Glück nicht in der ausgleichenden Gerechtigkeit, sondern in der Armut besteht; dass es eine vollkommene Gerechtigkeit nur in der Ewigkeit geben wird; dass die Welt angesichts des Todes ganz klein ist. Heute wie zu allen Zeiten wäre es der ‚Apostel‘, der das den anderen sagen würde. Wenn nun das Wort ‚Apostolat‘ heutzutage so sehr aus der Mode gekommen ist: Könnte das nicht daran liegen, dass wir anderen gegenüber zu vorsichtig geworden sind? Es ist manchmal leichter, stumm zu bleiben, als sich anhören zu müssen: ‚Darüber wollen wir dich ein andermal hören‘.“[336]

336 Ebd., 73. Vgl. auch Deine Augen in unseren Augen, 212. Vgl. auch die Studie von B. Pitaud über „Madeleine Delbrêl und die Mission de France“ in: Madeleine Delbrêl connue et inconnue, 173–233. – Der letzte Satz ist ein Zitat aus Apg 17,32, eine Reaktion auf die Areopagrede des Paulus.

Das Wort Apostolat arbeitete also in Madeleine weiter und beflügelte ihren Wagemut. P. Augros schrieb ihr allerdings in seinem Antwortbrief, dass ihre Analyse nur zum Teil zutreffe, weil sie nicht im Blick habe, was die Equipen der *Mission de France* in den ländlichen Regionen gelebt hätten. Ihr Brief geriet dann wohl in Vergessenheit, denn weder P. Perrot noch P. Augros erinnerten sich am Ende ihres Lebens noch daran.

Gewiss, zu dem Zeitpunkt, als sie ihnen diesen Brief schickte, trieben andere Probleme die Verantwortlichen der *Mission de France* um. Das Seminar wurde vorläufig geschlossen, über die Arbeiterpriester musste von Fall zu Fall entschieden werden, und gleichzeitig setzten sich die französischen Bischöfe für ein neues kirchenrechtliches Statut für die *Mission de France* ein, das schließlich am 15. August 1954 in Kraft gesetzt wurde.

Wie Jacques Faupin in seinem Buch „La Mission de France"[337] geschrieben hat, ließ die Entscheidung Roms erkennen, dass sowohl Rom als auch die französischen Bischöfe den missionarischen Aufbruch durchaus weiter befürworteten; er sollte allerdings neu ausgerichtet werden. Die Zuständigen in Rom hatten auch versprochen, dass das Seminar wiedereröffnet werden könnte, sobald die neuen Statuten in Kraft gesetzt worden seien.[338]

Madeleines „Brief" ist damals offenbar im Stapel der Texte untergegangen, die alle gelesen werden mussten. Heute gilt er als einer der präzisesten Texte zum missionarischen Aufbruch jener Epoche, den sie am Beispiel jener Bewegung aufzeigt, in der er am deutlichsten sichtbar wird. Es wird darin auch ersichtlich, warum sich Madeleine in mancher Hinsicht von der *Missi-*

337 Paris 1960.

338 Mitteilung Kardinal Liénarts an Bischof de Bazelaire, den Vertreter der Bischöfe gegenüber dem Seminar der *Mission de France*; diese Mitteilung wurde von Bischof de Bazelaire in seinem Brief zitiert, den er am 6. September 1953 an alle Seminaristen der *Mission de France* geschickt hat (vgl. Jacques Faupin, a. a. O., 51).

on de France distanziert hat, ohne die freundschaftlichen Beziehungen aufzukündigen, die sie geknüpft hatte. Wie auch in anderen Dokumenten leuchtet darin auf, wie sehr sie sich in jenen bewegten Zeiten Gedanken über das Apostolat machte und wie klar sie die Geister zu unterscheiden vermochte.

Wie vorauszusehen war, sind zahlreiche Arbeiterpriester der Entscheidung Roms gefolgt und haben ihre Arbeit niedergelegt; andere wiederum weigerten sich. Am 18. November 1953 schrieb Madeleine einem Arbeiterpriester, der möglicherweise bei seiner Arbeit bleiben wollte, folgende Zeilen, in denen – im Bild einer Geburt – ihre Treue zur Kirche und ihr Einfühlungsvermögen als Frau zusammenfließen:

> „Wenn der missionarische Auftrag nicht unter Schmerzen aus Euch geboren wird, bleibt er vielleicht in der Arbeiterklasse, aber wie eine tote Leibesfrucht, die eine Frau in ihrem Schoß trägt. Es scheint mir, dass die Kirche immer schon auf diese Weise geboren wurde, zu allen Zeiten und als ein und dieselbe. Immer sind es die gleichen Kämpfe, die die Heiligen zermalmt haben. Sie waren zur Fruchtbarkeit berufen; wenn sie es geschehen ließen, dass das, was in ihnen erwachsen war, ganz armselig und hilflos herauskam, ganz klein und erniedrigt durch die grausamen, blutigen, aber organisch notwendigen Zuckungen des Gehorsams, dann ist Christus-Kirche von Neuem auf die Welt gekommen. Andere, die zur gleichen Fruchtbarkeit berufen waren, haben die Gesetze des Lebens nicht erkennen können; sie haben sie mit den Schmerzen eines kranken Leibes verwechselt, und Christus konnte nicht durch sie hindurch weitergehen."[339]

---

339 Christine de Boismarmin, a. a. O., 127. Vgl. auch Deine Augen in unseren Augen, 206.

Madeleine bat demnach die Arbeiterpriester, der römischen Anweisung Folge zu leisten, und zwar aufgrund des Glaubens; denn nur das „Wagnis der Unterwerfung“[340] vermag – als Mysterium des Kreuzes – wahre Fruchtbarkeit hervorzubringen; man kann Christus nicht außerhalb seines Leibes, der Kirche, bezeugen.

Was Madeleine diesem Arbeiterpriester schreibt, bringt aber auch ihren eigenen Schmerz zum Ausdruck. Denn diese Spannung zerriss sie ja auch selbst: In ihrem Verlangen, apostolisch zu wirken, hatte sie das Experiment der Arbeiterpriester unterstützt und hoffte deshalb inständig, dass es so schnell wie möglich wieder aufgenommen würde; auf der anderen Seite sah sie – und darin stimmte sie mit Jacques Loew überein – dass der missionarische Aufbruch noch einmal von Grund auf überdacht und wieder neu ausgerichtet werden musste. Es schmerzte sie auch zu sehen, wie sehr nun gewisse konservative Kreise aus dem Scheitern des Experiments Kapital schlugen. Und sie wusste ebenso, welche Schlussfolgerung nun viele Arbeiter zwangsläufig ziehen würden: dass die Kirche sie fallen ließ.

So manche Arbeiterpriester konnten nicht nachvollziehen, was Madeleine meinte. Andere wiederum folgten ihrem Rat und blieben mit ihr im Gespräch. Sie war zum Beispiel weiterhin mit P. Joseph de Lorgeril, genannt Jo Logeril, im Kontakt;[341] er war Mitglied der Equipe der Jesuiten im 13. Arrondissement von Paris, und er unterwarf sich der Entscheidung aus Rom. Nachdem er 1952 aus dem Betrieb, in dem er gearbeitet hat, entlassen worden war, hatten ihm die Arbeiter einen Kelch geschenkt, in den sie eingravieren ließen: „Für Lorgeril, unseren Priester, Abgeordneter und Sekretär der Gewerkschaft, zur Erinnerung an zwei Jahre Kampf und Freundschaft“. Manche in-

340 Überschrift eines Textes, den sie im Januar/Februar 1954 schrieb, in: OC X, 75–85.

341 Vgl. sein Tagebuch in: Christus, Nr. 28, Oktober 1060, 531–549.

terpretierten diese schöne Geste als eine Einladung, wieder in die Pfarrseelsorge zurückzukehren. Das hat ihn zutiefst schockiert. Nachdem das Experiment der Arbeiterpriester gestoppt worden war, ist er krank geworden. Seine Gesundheit verschlechterte sich rapide, und im November 1956 ist er an Multipler Sklerose gestorben.

Madeleine war mit ihm in Kontakt geblieben und hat in ihrem „Herbarium“ einen Brief von ihm aufbewahrt, in dem er ihr dankte: „Ich bin sehr berührt von dem, was Sie mir am Ende Ihres Briefes geschrieben haben, denn ich hatte tatsächlich für Sie alle mit gelitten.“[342]

Am 24. Februar 1954 schrieb sie an P. Jean Guéguen:

> „Sie ahnen ganz richtig: Mein Pfeiler bekommt zurzeit – im Geist – immer häufiger meinen Besuch.[343] Die Arbeit des Leibes Christi ist derzeit hart, und innerhalb dieses Leibes nach allen Seiten hin unterwegs zu sein, ist ein schrecklich schwerer Weg ... Es gibt Augenblicke, in denen es so schwierig ist, die Wahrheit zu erkennen. Allein das Leiden kann einem dann wie einem Blinden den Weg weisen.“[344]

Madeleine war tatsächlich „nach allen Seiten hin unterwegs“. Es war eine Zeit intensiver Arbeit; hinzu kamen die Sorgen um die Zukunft der einzelnen Personen. All das wirkte sich auf ihre Gesundheit aus. So fuhr sie nach Marseille, um sich zu erholen, aber dort fand sie eine katastrophale Situation vor. Jacques Loew war selbst am Boden zerstört; er hatte dem Generaloberen

---

342 Brief von Jo Lorgeril an Madeleine, 21. August 1954, in: AMD IV 12, Messbuch von Madeleine, genannt „Herbarium“.

343 Madeleine Delbrêl deutet hier ihre Romreise von 1952 an, wo sie den ganzen Tag im Petersdom in Rom um eine gute Entscheidung in der Krise um die Arbeiterpriester gebetet hat; sie hat sich dabei neben einem der großen Pfeiler in der Nähe des Papstaltars niedergelassen, unter dem sich die Confessio befindet. Vgl. Deine Augen in unseren Augen, 204.

344 AMD III.

der Dominikaner einen sehr schönen Brief geschrieben, in dem er seine Bereitschaft zum Ausdruck brachte, sich der Entscheidung zu unterwerfen, in dem er ihm aber zugleich deutlich vor Augen führte, wie unabdingbar der missionarische Einsatz ist. Aber er konnte sich kaum von dem Schlag erholen, der ihm nun zugefügt wurde, nachdem ihn zuvor viele kirchliche Verantwortungsträger unterstützt hatten.

Madeleine fand ihn mitten in dieser Krise vor. Zum Glück kam gerade Bischof Baron vorbei, der Rektor von *San Luigi dei Francesi*[345] in Rom, der sich gut mit der aktuellen Situation in Frankreich auskannte. Ihm gelang es, Jacques Loew zu beruhigen, sodass dieser wieder ein wenig Mut fasste. Am 20. Dezember 1954 – nach einem Kurzbesuch in Ivry am 1. Dezember – schrieb Loew Madeleine einen Brief, in dem zum Ausdruck kommt, welch wesentliche Rolle sie während dieser schmerzhaften Monate für ihn und für andere gespielt hatte:

„Es stimmt, was Sie bei meinem kurzen Besuch wahrgenommen haben: Ich bin fix und fertig, weil zu viele verschiedene Dinge gleichzeitig obenauf liegen. Der einzige Ausweg scheint mir zu sein, mich Gott zu übergeben und seinem liebenden Willen selbst das zu überlassen, was mir am meisten am Herzen liegt: das Viertel, die Equipe, Saint-Maximin, die Zukunftspläne ... Ich merke, dass wir keine Lebenskraft mehr haben, aber Gott kann vielleicht anderen diese Lebenskraft schenken und aus dem, was vernichtet wurde, etwas Neues entstehen lassen.“[346]

Auf Madeleine kamen nun immer neue Anforderungen zu. So bat man sie, über ihre Erfahrung zu sprechen. Am 24. November 1954 hielt sie vor Pariser Pfarrern erneut einen Vortrag.[347] Der springende Punkt war für sie dabei die Frage: „Stellt

345 Die französische Nationalkirche in Rom (Anmerkung A. S.).
346 AMD III.
347 Sie hatte 1953 schon einmal zu ihnen gesprochen.

der Marxismus für die Kirche eine apostolische Herausforderung dar?“ Anders gesagt: Verbietet die Gefahr einer „Ansteckung durch den Marxismus“, die angeblich diejenigen, die mit ihm in Kontakt kommen, unweigerlich befällt, einen apostolischen Einsatz bei den Marxisten? Oder muss man sich nicht vielmehr fragen: Wie kann man diese Ansteckung vermeiden, warum und unter welchen Voraussetzungen ist uns ein angemessenes apostolisches Engagement den Marxisten gegenüber möglich? Die begangenen Fehler, die von „wohlmeinenden Richtern“[348] denunziert worden waren, wie sie Madeleine in ihrem Buch „Ville marxiste terre de mission“ genannt hat, dürften die apostolische Dynamik der Christen nicht zum Erliegen bringen – unter der Bedingung, dass diese besser verstehen, was ihr Auftrag im marxistischen Milieu ist und was sie ihnen im Namen des christlichen Glaubens sagen müssen.

Diese Fragen hat sie in jenen Jahren immer wieder gestellt. Sie verfasste einen Text, der im Büro von Kardinal Feltin, dem Erzbischof von Paris, landete, der es aufmerksam las und für sich zusammenfasste. Ihre Ausführungen schickte sie am 12. August 1954 auch nach Rom an Veuillot, der aber erst im Februar 1955 dazu kam, darauf zu antworten. Er gab ihr dann aber wertvolle Hinweise; zunächst einmal um der besseren Verständlichkeit ihres Textes willen, denn aufgrund ihrer knappen Formulierungen war nicht immer klar, was sie meinte. Vor allem aber, um Lesern mit einem anderen Verstehenshorizont eine Brücke zu bauen, z. B. Verantwortungsträgern aus Rom oder Menschen hinter dem Eisernen Vorhang.

Veuillot unterstützte sie auch darin, dass sie ihren Text in den Kontext von Ivry stellte, damit man ihn genau verorten konnte; sie sprach ja von dem Marxismus, dem sie in Ivry

348 Ville marxiste terre de mission, 78. Vgl. auch Auftrag des Christen in einer Welt ohne Gott, 76.

begegnet war. Das universal Gültige ist nicht durch Verallgemeinerungen zu erreichen; wohl aber lässt sich, wenn man an einem Beispiel in die Tiefe geht, daraus eine universal gültige Frage ableiten.

Es wurde der Beginn eines intensiven schriftlichen Austauschs zwischen Madeleine und Pierre Veuillot, der schließlich – auf der Grundlage von Madeleines Ausführungen – zur Publikation des Buches „Ville marxiste terre de mission" (1957) führte, auf das noch eigens eingegangen wird.[349]

Am 5. März 1955[350] empfing Kardinal Feltin sie noch einmal und ermutigte sie, eine Arbeit fertigzustellen, die unter den Verantwortlichen der französischen Kirche sowie des Vatikans verbreitet werden sollte.

Trauerfälle im persönlichen Umfeld

Das Jahr 1955 war von äußerst schmerzhaften Verlusten geprägt. Am 27. April verstarb P. Augustin-Jean Maydieu. Seit der Auflösung ihrer Verlobung hatten er und Madeleine sich wohl nicht mehr wiedergesehen, wenn nicht zufällig bei irgendwelchen Gelegenheiten.[351] Madeleine hat nie versucht, ihn zu treffen oder auch nur zu erfahren, was aus ihm geworden war, wie sie seiner Schwester zwei Tage nach seinem Tod gestand:

> „Ich bin Ihrem Bruder in zweifacher Hinsicht dankbar: dass ich durch ihn Gott begegnet bin – und dass er fortgegangen ist. Doch schon bald hatte ich das Gefühl, dass ich dann Gott gegenüber auch konsequent sein müsste. Ich habe es

349 Siehe unten S. 272ff.

350 Tagebuch von Jean Durand, AMD VI 3,3.

351 Christine de Boismarmin erzählte von einer Begegnung, die sich anlässlich eines Vortrags ergab, an dem beide teilnahmen. Sie sind aneinander vorbeigegangen, ohne ein Wort miteinander zu sprechen. Madeleine war deshalb sehr aufgewühlt, als sie nach Hause kam.

> deshalb darauf ankommen lassen und nichts unternommen, um mich entweder bewusst von Ihnen fernzuhalten oder Ihre Nähe zu suchen, und auch nichts, um herauszufinden, welche Aufgabe P. Maydieu in der Kirche hatte.“[352]

Bedenkt man, wie sie ihre Trennung gedeutet hat, so versteht man auch, dass sie nie aktiv versucht hat, etwas über ihn in Erfahrung zu bringen. Doch natürlich wusste sie zumindest in groben Zügen, wie Jean Maydieu lebte, welche Rolle er in der Résistance gespielt hatte, welchen Platz er unter den katholischen Intellektuellen einnahm und dass er Herausgeber einer Zeitschrift war (vor allem, weil Madeleine selbst wegen ihrer Artikel oft mit katholischen Verlagen zu tun hatte).

Am 3. Juni starb dann auch Madeleines Mutter, Lucile Junière. Nach der Trennung von ihrem Mann war sie in Paris geblieben. Auch wenn die Mutter sich so zurücknahm, dass ihre Tochter ihren eigenen Weg gehen konnte, standen sich die beiden Frauen sehr nahe und hatten ein überaus herzliches und vertrauensvolles Verhältnis zueinander. Madeleines Lebensentscheidung hatte Madame Delbrêl innerlich berührt und ihr zu einem tieferen Glauben verholfen. Beide bedauerten es, dass Madeleines vielfältige Verpflichtungen es nicht zuließen, sich öfter zu sehen.

Zu diesem schmerzhaften Abschied kam dann noch ein äußerst taktloser Zwischenfall: Als der Sarg ihrer Mutter von dem vorläufigen Grab auf dem Friedhof in Choisy nach Ivry überführt werden sollte, wo das eigentliche Grab vorgesehen war, stellte sich heraus, dass die Friedhofsangestellten just an dem Tag streikten. Madeleine beschreibt, was dann geschah:

---

352 Unveröffentlichte Briefe von Madeleine an Paulette Maydieu vom 29. April und 5. Mai 1955, in: AMD III.

„Aufgrund eines dreifachen Zusammentreffens – des Streiks der Totengräber, unmenschlicher Behörden und eines unvorstellbaren Polizeikommissars – ist der Sarg bis zum 14. vormittags aufrecht hingestellt worden, mit dem Kopf nach unten, obwohl das Grab am 13. abends bereits ausgehoben war. Der Kommissar ließ uns eine halbe Stunde vor der Tür warten (sicher deshalb, weil er notgedrungen kommen musste) und belästigte uns mit kleinkarierten Vorschriften, und erst um elf Uhr durften wir auf den kommunalen Friedhof von Ivry gehen, wo es dann endlich ruhig und menschlich zuging."[353]

Wenn man weiß, welches Grauen Madeleine dem Tod gegenüber empfand, kann man sich vorstellen, wie sehr sie unter diesen unmenschlichen und demütigenden Umständen gelitten hat.

Noch schmerzlicher war es für Madeleine dann aber, dass ihr Vater seiner Frau gegenüber auch über ihren Tod hinaus gehässig blieb. Er wurde selbst immer schwächer und erkrankte Ende August. Sein schwerer Todeskampf zog sich über zwei Wochen hin. Am 18. September starb er.

Nachdem er lange mit aller Gewalt an seiner Verbitterung und Verschlossenheit festgehalten hatte, tauchte er einige Tage vor seinem Tod aus seinem inneren Gefängnis auf und wandte sich seiner Tochter voller Liebe und Zärtlichkeit zu. Sie fand ihn wieder so, wie er in seinen besten Zeiten gewesen war:

„Gott hat mir 24 Stunden geschenkt, in denen mein Vater so war wie früher und wir uns wiedergefunden haben ... Diese Stunden waren teuer erkauft ... Mein Vater war ein wahrer Schmerz-Produzent, für sich selbst wie für die Seinen."[354]

---

353 Brief an René (wahrscheinlich René Martineau) vom 29. Dezember 1955, in: AMD III, 3.

354 Brief vom 11. September 1955, vermutlich an das Ehepaar Durand gerichtet, in: AMD III.

Der Tod ihrer Eltern hat Madeleine tief erschüttert; sie hatte immer unter ihrer Trennung gelitten und liebte doch beide gleichermaßen. Dazu kamen noch die Probleme mit der Erbschaft; sie regelte es so, dass Eva Loncan, die sich aufopferungsvoll um ihren Vater gekümmert hatte, reichlich bedacht wurde, ebenso Clémentine, die dadurch bis an ihr Lebensende in Mussidan leben konnte.

Doch Madeleines Leiden sollte damit noch längst nicht zu Ende sein, denn nun brauten sich über der „Charité de Jésus“ dunkle Wolken zusammen.

Konflikte in der „Charité de Jésus“

Im Lauf der beiden nächsten Jahre erfuhr Madeleine eine Einsamkeit, die ihr bisher erspart geblieben war. Gewiss, sie hatte einige treue Freunde, zum Beispiel Jean Durand und seine Frau, und sie stand einigen ihrer Gefährtinnen sehr nahe, zum Beispiel Christine de Boismarmin. Aber ihre häufige Erschöpfung, ihre vielfältigen Betätigungsfelder und die Unzufriedenheit, die dadurch aufkam, dass es kein klares kirchliches Statut für die „Charité“ gab, erschütterten das Vertrauen, das ihr bisher entgegengebracht worden war.

Einige ihrer Gefährtinnen wollten, dass sich die Gruppe einem Säkularinstitut anschloss. Diese Institute waren am 2. Februar 1947 durch die Apostolische Konstitution *Provida Mater* kirchlich anerkannt worden. Madeleine hatte schon immer darunter gelitten, dass es keine offizielle kirchliche Anerkennung ihrer Gruppe gab. Seitdem ihr Gesuch, die „Charité“ der *Mission de France* zu unterstellen, von P. Augros abgelehnt worden war, hatte sich nichts mehr getan.

Die Gruppe war natürlich bekannt, die Pariser Erzbischöfe hatten sie ermutigt und Abbé Lorenzo hatte den Auftrag bekommen, sie zu begleiten. Aber das genügte weder Madeleine, die sich eine klarere Form gewünscht hätte, noch einigen anderen Mitgliedern der „Charité", die wohl noch unzufriedener waren als sie.

Man könnte fragen, ob Madeleine das Unbehagen einiger ihrer Gefährtinnen ernst genug genommen hat. Immer wieder wurde sie um Vorträge gebeten, sie hatte viele Beziehungen, und sie engagierte sich sehr in den Themen, die die Kirche Frankreichs umtrieben. Hatten ihre Gefährtinnen vielleicht das Gefühl, dass sie sich immer weiter von ihnen entfernte? Es ist schwer zu sagen, denn an diesem Punkt haben sich alle sehr zurückgehalten. Jedenfalls, so schreibt Christine de Boismarmin, „scheinen sich einige Mitglieder, die auf der Suche nach ihrer Identität sind, von der Gruppe trennen zu wollen".[355] In einem Text von 1956 stellt Madeleine das Problem so dar:

> „Wir sind ein lebendiger Widerspruch, denn in uns kommt zweierlei zusammen: eine der ältesten Kräfte der Kirche und eine ihrer jüngsten Energiequellen:
> – die Hingabe an Gott aus demselben Motiv wie beim Ordensleben
> – und eine Lebensform, die keinerlei äußeres Hindernis aufbaut, das die Gemeinschaft mit allen Menschen beschneiden könnte: der Laienstand.
> Dieser Widerspruch, in dem wir uns befinden, sieht von außen betrachtet viel komplizierter aus, als er in Wirklichkeit ist: Es müssen ihn einige nur leben, um ihn so einfach wie das Leben selbst werden zu lassen."[356]

Für Madeleine war also das Hauptproblem nicht die fehlende kirchliche Anerkennung, sondern die Frage ihrer Identität:

355 Christine de Boismarmin, a. a. O., 139 (155).
356 OC XIV, 273. Vgl. auch Deine Augen in unseren Augen, 143.

Sind sie Ordensfrauen oder Laien? Man hatte sie gebeten, Laien zu bleiben und keine neue Kongregation zu gründen; aber in ihrer Weise, nach den evangelischen Räten zu leben – ohne dass sie Gelübde abgelegt hätten –, ihr Leben miteinander zu teilen und das Evangelium zu bezeugen, empfanden sie sich manchmal dem Ordensleben näher als so manche Ordensfrauen.

Madeleine kam in ihren Schriften immer wieder auf dieses Paradox zurück: Sie waren eine Art Ordensfrauen ohne Habit und ohne einen bestimmten Auftrag, aber lebten ebenso in der radikalen Hingabe ihrer selbst an Christus. Wäre die Zugehörigkeit zu einem Säkularinstitut nicht eine gute Möglichkeit, einen klaren und offiziell anerkannten Status in der Kirche zu haben, der das Paradox, das Madeleine einen „lebendigen Widerspruch“ genannt hat, wenigstens teilweise auflösen könnte?

Doch schon im November 1955 riet Veuillot davon ab, sich „als Säkularinstitut zu institutionalisieren“, denn das „würde der Originalität Ihrer Lebensform zuwiderlaufen“[357]. Und er fügte hinzu: „Leben Sie aus der Tiefe dessen, was Ihnen als Gnade geschenkt wurde, in Treue zum Bischof.“ Seiner Meinung nach war die Treue zum Bischof eine Weise, sich im Innern der Kirche zu verwurzeln, und die Garantie dafür, dass sich ein neues Charisma entfalten konnte.

Abgesehen davon, dass es schwierig gewesen wäre, den hohen Stellenwert, den das gemeinschaftliche Leben für die „Charité“ hatte, mit einem Säkularinstitut zu vereinbaren, ging es auch um das spezifische Charisma der Gruppe. Doch musste diese es vielleicht erst wiederfinden, um sich selbst besser zu erkennen? Musste sie vielleicht durch geistliche Erfahrungen hindurch erst wieder zu ihrer ursprünglichen Intuition zurückfinden, um wahrhaftiger und damit auch fruchtbringender daraus

357 Korrespondenz Veuillot-Delbrêl, in: AMD III.

leben zu können? Der künftige Kardinal Veuillot hat mit außergewöhnlicher Klarheit sofort das Charisma der Gruppe erkannt, zugleich aber auch, dass sie noch einen Weg vor sich hatte, um sich dieses Charismas voll bewusst zu werden.

Madeleine sah dies ganz ähnlich, auch wenn sie es nicht in dieser Klarheit ausdrücken konnte. Sie hatte ja auch immer Vorbehalte in Bezug auf den Anschluss an ein Säkularinstitut. Eine Verantwortliche des Instituts „Caritas Christi", mit dem die „Charité" seit zwei Jahren im Gespräch war, bestätigte dies: „Madeleine wollte sich uns nicht anschließen."[358]

Veuillot schlug vor, dass sie jetzt ehrlich miteinander im Gespräch bleiben und sich in der Unterscheidungskraft üben sollten, um so gemeinsam zur Klarheit zu finden. Diesen Weg gingen sie zwei Jahre lang. Es war keine einfache Zeit; erschwerend kam hinzu, dass Abbé Lorenzo, der geistliche Begleiter der Gruppe seit ihrer Gründung, diesen Weg offenbar nicht wirklich mittragen wollte. Obwohl er geistlicher Berater und Beichtvater von Madeleine blieb, war es zwischen ihnen zu einem Missklang gekommen, der nur schwer zu ergründen ist.

Abbé Lorenzo verstand es, Berufungen zu wecken.[359] Seine vom Evangelium inspirierten Worte trafen seine Zuhörer zuinnerst und brachten etwas in ihnen in Gang. Er war offenkundig ein Mann Gottes, der unmittelbar zum Wesentlichen hinführte. Doch dann wunderte er sich oft darüber, was aus den Berufungen wurde, die er hervorgelockt hatte. Möglicherweise ist es ihm mit Madeleine auch so gegangen, als er sah, was sie alles aus ihrer Berufung gemacht hatte. Doch das lässt sich nicht mit Sicherheit feststellen; es gibt dazu keine Dokumente, beziehungsweise die vorhandenen sind nicht aussagekräftig genug.

---

358 Madeleine Thoumin im Gespräch mit Bernard Pitaud und Gilles François, 26. Juni 2007.

359 Vgl. oben S. 83f.

Außerdem gab es interne Spannungen, die es erschwerten, in Ruhe über einen möglichen Anschluss an ein Säkularinstitut nachdenken zu können. Die Equipe von Herserange, im Kohlebecken von Longwy, drängte sehr stark auf einen Anschluss und machte ihrer Ungeduld Luft. Ihre Wortführerin war Hélène Manuel, eine der drei ersten Equipe-Mitglieder, die im Oktober 1933 mit Madeleine nach Ivry gekommen war.

Nach heutigem Kenntnisstand ist es schwierig, die eigentlichen Gründe nachzuvollziehen. Offensichtlich war Hélène Manuel der Meinung, dass Madeleine zu beansprucht war und sich in zu vielen Bereichen engagierte, um die Gruppe weiterhin leiten zu können. Dass die Equipen räumlich weit auseinander waren, machte einen wirklichen Austausch nicht einfacher, und die anderen Mitglieder der „Charité“ konnten kaum ermessen, wie sehr es dem Ganzen schadete, wenn das Vertrauen in Madeleine untergraben wurde.

Jedenfalls wurde es schwierig, wenn nicht unmöglich, miteinander danach zu suchen, wohin der Weg führen sollte, denn der Konflikt wurde nicht offen ausgetragen, sondern schwelte untergründig. Dazu kam, dass sich einige bereits auf den Weg in ein Säkularinstitut festgelegt hatten, bevor gemeinsam darüber nachgedacht worden war.

Madeleine hat sich in keiner Weise auf den Konflikt eingelassen. Sie hat sich nicht verteidigt, sie hat die anderen reden und agieren lassen. Jean Durand schreibt in seinem Tagebuch, dass er sie niemals schlecht über ihre Gefährtinnen habe reden hören. In ihrem Briefwechsel mit Veuillot, vor allem im Jahr 1958, als die Schwierigkeiten immer klarer zu Tage traten, hat sie Hélène Manuel zwar erwähnt, aber sie blieb dabei sachlich und ließ keine Aggression ihr gegenüber aufkommen.

Soweit bekannt, hat sie sich ein einziges Mal über Gefährtinnen beklagt: als sie an eine schmerzliche Episode erinnerte, in der sie spürte, wie entsetzlich einsam sie war; das war im September 1955, nach dem Tod ihres Vaters. Sie kam in Bagneux an, wo die Einkehrtage der Gruppe schon begonnen hatten; es war ihr nicht möglich gewesen, früher zu kommen. Sie war völlig erschöpft und innerlich noch mit Erbschaftsproblemen beschäftigt, die sie lösen musste. Niemand machte sich die Mühe, sie zu begrüßen, sie zu trösten oder sich ihr ein wenig zuzuwenden. Am 7. April 1956 vertraute sie sich schließlich Hélène Manuel an, die nichts damit zu tun gehabt hatte:

> „Zum Beispiel die Retraite, zu der ich wie ein nasser Hund dazu gestoßen bin, der sich ans Feuer flüchtet, nachdem ich viel gearbeitet, gebetet und nachgedacht hatte. Ich suchte dort ein wenig Wärme und wollte zur Ruhe kommen, aber dann habe ich mich wie ein Fremdkörper gefühlt. Ich sah M. l'abbé erst, als die Retraite zu Ende war, und ich konnte nicht einmal andeuten, was ich ihm sagen wollte, weil ich in meinem Zimmer vor Einsamkeit und Kummer schier umgekommen bin; und so war es auch in all den Tagen, an denen wir uns ausgetauscht und gebetet haben."[360]

Madeleine fragte sich aber auch, ob sich die Gruppe ihr gegenüber nicht deshalb so zurückhielt, weil sie sie schützen und in Ruhe lassen wollte.

In diesen schweren Tagen erfuhr sie eine ganz unerwartete Hilfe, und zwar durch den Abt der Zisterzienserabtei Bricquebec, Dom Marie-Joseph Marquis, der sie verstand und ermutigte.[361] Christine de Boismarmin berichtet in ihrer Biografie darüber: „Von diesem Gespräch kehrt sie mit einem Gefühl von Frieden nach Hause und mit der inneren Sicherheit, dass sie das Recht und die Pflicht hat, Verantwortung dafür zu übernehmen, dass die ursprüngliche Berufung der Gruppe gewahrt

360 Brief an Mirette (= Hélène Manuel) vom 7. April 1956, in: AMD III c.
361 Tagebuch von Jean Durand, AMD VI 3, 12. Juli 1956.

bleibt. In der Begegnung mit dem Abt konnte Madeleine innerlich auftanken; sie sah wieder klar und fasste neuen Mut.“[362]

Die Realität schien allerdings doch denen Recht zu geben, die davon überzeugt waren, dass Madeleine die Leitung der Gruppe nicht mehr wahrnehmen konnte. Weil sie so erschöpft und überlastet war und weil sie so oft auf Vortragsreisen quer durch Frankreich unterwegs war und immer wieder auch nach Rom reiste, hatten einige aus der Gruppe das Gefühl, dass Madeleine ihre Verantwortung besser abgeben sollte, um sich universelleren Aufgaben zu widmen. Man unterstellte ihr sogar, dass sie ihr Ansehen und ihren Einfluss nutzte, um an der Spitze einer Gruppe zu bleiben, die das Vertrauen in sie verloren hatte. Selbst Christine de Boismarmin, die treue Freundin, fragte sich, warum Madeleine sich so darin verbohrte.

Ende Oktober 1956 nahm Madeleine Clémentine mit nach Rom, zum Dank dafür, dass sie ihrer Familie immer so treu ergeben gewesen war. Sie traf sich dort mit Veuillot. Für ihn hatte sie einen kleinen Text verfasst: eine überzeugende Darstellung der Geschichte der Gruppe. Das Charisma der „Charité“ kam darin klar zum Ausdruck – und es lag ganz offensichtlich nicht auf der Linie eines Anschlusses an das Säkularinstitut „Caritas Christi“, mit dem sie in Verhandlung waren. Die Ausführungen standen in eigenartigem Kontrast zu der Zurückhaltung, mit der Madeleine bisher dem Prozess Raum gegeben hatte, ohne sich mit ihrer eigenen Position einzubringen. Veuillot fragte sie daraufhin, was sie denn eigentlich selbst denke, wenn es nur nach ihr ginge. Da verlor sie die Fassung und brach in Tränen aus. Am nächsten Morgen schrieb sie einen langen Text mit dem immer wiederkehrenden *cantus firmus*: „Ich hätte ge-

362 Christine de Boismarmin, a. a. O., 142 (158).

wollt"[363] ... Was war es nun, das sie eigentlich gewollt hätte? Vor allem dies: Jesus Christus voll und ganz anzugehören:

> „Zu versuchen, sein Evangelium zu leben; rückhaltlos für seinen Willen verfügbar zu sein; im Herzen der Kirche und für das Heil der Welt."

Im Herzen der Kirche, im „besonderen Gehorsam den Bischöfen und dem Papst gegenüber", „der wie der alltägliche Gehorsam einer Person gegenüber ist, die man kennt". Es war im Grunde etwas Einfaches und zugleich Radikales: Sie waren ganz normale Frauen, keine Ordensfrauen, und auch als Laien strebten sie keine formelle Weihe an. Sie wollten mitten in der Welt leben, um dort das Evangelium zu bezeugen; aber das, so Madeleine, ist nur „im Herzen der Kirche" möglich, im „besonderen Gehorsam", der im alltäglichen Gehorsam gegenüber der Verantwortlichen der Gruppe konkret wird.

Das Einzige, worum Madeleine bat, war die kirchliche Bestätigung, dass diese innere Ausrichtung ein eigenständiger Weg ist, dass er also von einem Bischof unterstützt wird.

Es war ja diese Ausrichtung gewesen, die sie veranlasst hatte, nach Ivry aufzubrechen, und die ihr als Kriterium für so manche Entscheidung gedient hatte, nach Kriegsende vor allem für den Verzicht auf ihre berufliche Tätigkeit.

Aus dieser Warte konnte der Versuch, sich einem Säkularinstitut anzuschließen, nur eine Sackgasse sein: Das war nicht ihre Berufung. Aber Madeleine musste diese Zeit durchstehen, in der sie nichts anderes tun konnte, als den Heiligen Geist wirken zu lassen, und zwar in jeder Einzelnen ihrer Gefährtinnen.

Dennoch ist verständlich, dass sie die Zügel in der Hand behalten wollte, damit die Berufung der „Charité" nicht verlorenging. Aber sie war, wie so oft, hin und her gerissen: Sie wollte die

363 „J'aurais voulu ...", OC XIV, 17–21.

ursprüngliche Zielvorstellung der „Charité“ bewahren – und zugleich sich dem überlassen, was der Geist mit der gesamten Gruppe vorhatte; deshalb musste sie schweigen, gerade weil sie die Verantwortliche war.

Als Madeleine aus Rom zurückkehrte, verschlechterte sich ihr Gesundheitszustand wieder. Sie musste sich elf Zähne auf einmal ziehen lassen. Ihr Zahnarzt traf diese Entscheidung notfallmäßig, weil das Risiko einer Infektion bestand, die sich zu einer Sepsis hätte ausweiten können.[364]

Die Equipen sahen in diesem Zwischenfall das Zeichen dafür, dass Madeleine zu wenig auf ihre Gesundheit achtete. Sie waren überzeugt, dass es zu solch extremen Situationen kam, weil sie sich nicht genügend schonte. Ihre Hausärztin war Raymonde Kanel, ein Mitglied der Gruppe – was die Beziehungen untereinander nicht unbedingt vereinfachte.

Mitte Dezember 1956[365] brach Madeleine völlig zusammen; sie nannte es später die „Nacht der Türen“. Ihre körperliche Erschöpfung löste einen Kontrollverlust aus. Eines Abends wusste sie stundenlang nicht mehr, wo sie war, und hatte das Gefühl, in einem fremden Haus von Tür zu Tür zu irren (daher der Name „Nacht der Türen“). Es gab kaum Zeugen dieses Vorfalls, und höchstens zwei oder drei ihrer Gefährtinnen bekamen über-

364 Dieser Zahnarzt war Dr. Guichard, den Madeleine und ihre Familie schon aus den Zeiten des Montaigne-Kreises von Dr. Armaingaud kannten. Im Gegensatz zu dem, was manchmal behauptet wurde, war er ein sehr kompetenter Zahnarzt und Professor für Kieferchirurgie an der zahnmedizinischen Hochschule in Paris. Er war der Großvater von Françoise Mathieu, Madeleines Patenkind. Vgl. auch oben S. 34.

365 Dieses Datum kann man nur in etwa benennen, weil es nicht genügend Belege dafür gibt. Es könnte sich aber um die Nacht vom 15. zum 16. Dezember handeln. Jean Durand gibt in seinem Tagebuch an, dass Madeleine an diesem Tag ein wichtiges Treffen absagen musste, weil es ihr in der Nacht zuvor sehr schlecht gegangen war. Sie musste P. Thomas oder P. Serrand einen „Aufsatz“ abliefern – sehr wahrscheinlich einen vorläufigen Text von „Ville marxiste terre de mission“ oder sogar schon Teile dieses Buches; AMD VI 3.

haupt mit, was passiert war. Madeleine ist dann sehr spät eingeschlafen; Christine de Boismarmin hatte bis drei oder vier Uhr morgens bei ihr gesessen und sie beruhigt. Christine dachte zuerst, dass sich nun bestätigte, was sie selbst befürchtete und was mehrere ohnehin dachten: dass Madeleine ihre Verantwortung abgeben sollte. Aber am nächsten Morgen konnte Madeleine sich ganz genau an alles erinnern. Sie wusste, dass sie die Kontrolle über ihren Verstand verloren hatte; es sei für sie so gewesen, als würde sie eine ganze Nacht lang im Dunkeln tappen. Sie bat Christine de Boismarmin, Abbé Lorenzo zu verständigen, und erklärte, dass sie nicht mehr in der Lage sei, weiterhin die Verantwortung für die Gruppe zu übernehmen. Angesichts dieser Klarheit und dieser Demut änderte Christine de Boismarmin ihre Meinung und war stattdessen überzeugt, dass Madeleine die Leitung der „Charité" behalten sollte.

Madeleine hat nur ganz selten über diesen Vorfall gesprochen. Einer Freundin[366] vertraute sie an, welche Ängste sie in dieser Nacht ausgestanden hatte. Sie sagte ihr, dass sie Gott daraufhin ihr kostbarstes Gut wie eine Opfergabe dargebracht habe: ihren Verstand. Seit ihrer Jugend hatte sie ja immer schon befürchtet, dass sie psychisch erkranken könnte – wie ihr Großvater und ihr Vater. Doch die Fachärzte, die hinzugezogen wurden, stellten fest, dass es keine pathologischen Ursachen für das Phänomen dieser Nacht gebe und dass keine weiteren psychischen Folgen zu befürchten seien; der Vorfall sei einfach der extremen Erschöpfung geschuldet, in der sich Madeleine zu dem Zeitpunkt befand.

Als sie 1959 noch einmal auf ihre Aufzeichnungen von 1945 zurückkam, griff sie auf, was sie im „Kleinen Mönch" geschrieben hatte und bezog es auf sich selbst:

---

366 Nūria Deletra, eine junge Frau, die aus Katalonien stammte und mit ihrer Familie in Genf lebte. Sie war zu Besuch in der Rue Raspail Nr. 11.

> „Du bist da, um zu trösten, nicht um getröstet zu werden (als ihn eine melancholische Stimmung überkam)."[367]

Christine de Boismarmin kommentierte diese Passage später in ihrer Biografie: „Dennoch hatte Madeleine bei all ihrer Tapferkeit auch das Bedürfnis, getröstet zu werden, und sie nahm das so an. Wer wird je ermessen können, wie sehr die Hilfe und die unverbrüchliche schwesterliche Zuneigung der einen oder anderen aus der Gruppe sie durch dunkle Zeiten getragen haben und ihr ermöglichten, ein so reiches und so erfülltes Leben zu leben ..."[368]

Madeleine konnte es annehmen, getröstet zu werden. Das war ein Zeichen ihrer tiefen Demut. Und sie hatte Gefährtinnen, die sie trösteten, was zeigt, dass die Gruppe trotz allem, was es an Unruhen gegeben hatte, zusammenhielt.

Die Veröffentlichung von „Ville marxiste terre de mission"

Trotz all dieser schwierigen Bedingungen kam Madeleine mit der Arbeit an ihrem Buch „Ville marxiste terre de mission" voran. Es ist aus verschiedenen Aufzeichnungen entstanden, die sie während der Krise der Arbeiterpriester verfasst und an Pierre Veuillot, an Kardinal Feltin, an Bischof Lallier, an P. Loew und an viele andere geschickt hatte.[369] Diese Texte fanden ein positives Echo, sodass sie unter denen, die sich für die Beziehungen zwischen Marxisten und Christen interessierten, weite Verbreitung fanden.

Die Leserinnen und Leser waren von Madeleines langjähriger Erfahrung beeindruckt und spürten, dass ihre Sichtweise ins

367 OC IV, 60.
368 Christine de Boismarmin, a. a. O., 154 (174).
369 Vgl. dazu auch oben S. 241ff.

Schwarze traf. Für das Apostolat gegenüber den Marxisten empfahl sie, „Schritt für Schritt vorzugehen und weder unverbindlich zu bleiben noch Druck auszuüben"[370]. Zugleich betonte sie aber auch, wie sehr es auf das Wort Gottes, ein Wort der Liebe, ankomme, das Christen den Marxisten schuldeten. Es kann nach Madeleine nicht darum gehen, Menschen auf die eigene Seite zu ziehen oder ihre Gruppierungen zu „unterwandern". Sie hat keine Hintergedanken; ihr geht es darum, präsent zu sein im Glauben und in der Liebe, die von Gott kommt; den Menschen, die Gott nicht kennen und deshalb im „denkbar größten Elend" gefangen sind, Gottes Heil erfahrbar werden zu lassen. Und dies kann nur glaubwürdig werden durch die Nähe zu den Ärmsten der Armen und in der echten Freundschaft mit allen.

Madeleine wurde weiterhin auch immer wieder zu Vorträgen eingeladen. Sie hat zum Beispiel mehrfach vor Pariser Pfarrern gesprochen. Im Februar 1956 traf sie sich auf Vermittlung von Jacques Loew regelmäßig mit P. Roger Guyot de la Pommeraye[371] und hielt mehrere Vorträge für die Mitglieder der Katholischen Arbeiterbewegung. P. de la Pommeraye besaß schließlich eine umfangreiche Akte, die er aus Aufzeichnungen zusammengestellt hatte, die Madeleine ihm gegeben oder die er ihren Vorträgen entnommen hatte. Diese Dokumentation wurde mit einem Vorwort des Erzbischofs von Marseille, Jean Delay, vervielfältigt.

---

370 Bericht von der Audienz mit Kardinal Feltin am 22. November 1956, in: OC XIV, 294.

371 Roger Guyot de la Pommeraye (1912–2000) wurde 1935 zum Priester der Diözese Marseille geweiht. Von 1946 bis 1961 hatte er im Auftrag des Erzbischofs von Marseille, Jean Delay, die Verantwortung für die Katholische Arbeiterbewegung inne, deren Präses er von 1954 bis 1967 war. Er war hochgebildet, verfolgte aufmerksam die Entwicklungen der Zeit und erhielt dann den Auftrag, das Katechumenat der Diözese, die Priesterfortbildung und das Sekretariat für die Evangelisierung von Nichtchristen zu leiten.

Zunächst hat Madeleine dieser Verbreitung ihrer Texte kein größeres Gewicht beigemessen. Doch dann hat sie sich selbst daran beteiligt. Auf Bitten der Zuständigen der Katholischen Arbeiterbewegung entwarf sie sogar ein Porträt ihrer Person, damit die Leser ihre Gedanken besser einordnen konnten. Am Schluss dieser Einführung betont sie aufs Neue, wie wichtig ihr die Begegnung mit Pius XII. im August 1953 war:

> „Ein einziges Wort, das Wort APOSTOLAT, das sie vor drei Jahren vom Heiligen Vater vernommen hat, liegt diesen Aufzeichnungen zugrunde."[372]

Es wurde ihr aber bald bewusst, welche Folgen es haben konnte, wenn ihre Aufzeichnungen einfach weitergereicht wurden, ohne dass sie das noch in der Hand hatte: Es konnte zu Missverständnissen führen und war besonders problematisch, wenn ein für einen bestimmten Anlass entstandener Text aus dem Zusammenhang gerissen wurde. So bereitete es ihr Sorgen, dass Texte von ihr ohne näheres Hintergrundwissen benutzt und verbreitet wurden, zumal wenn sie Diskretion verlangt hätten wie ihr Briefwechsel mit Rom. Kurzum: Madeleine überlegte, ob sie nicht das Ganze überarbeiten sollte, um eine unkontrollierbare Verbreitung aufzuhalten, die sie nicht für wünschenswert hielt. Zunächst ging es noch gar nicht um ein Buch. Pierre Veuillot war dagegen, aus Gründen, die nur schwer nachzuvollziehen sind. Wollte er, dass sie lieber unauffällig im Windschatten von Rom weiterarbeiten sollte? Nichtsdestotrotz hat er einiges zu einem Text beigetragen, der in gewisser Weise der erste Entwurf für „Ville marxiste terre de mission" wurde: „Stellt der Marxismus für Christen eine apostolische Herausforderung dar?"

Madeleine hatte ihm wie geschildert den Entwurf am

372 AMD 1 38a.

12. August 1954 geschickt, doch weil er von seinen Aufgaben im Staatssekretariat so beansprucht war, kam er erst im Februar 1955 dazu, darauf zu antworten. Er äußerte sich grundsätzlich sehr lobend, kritisierte aber hier und da den Stil und einige Stellen, die er für unklug und theologisch ungenau hielt. Das war der Beginn eines längeren Briefwechsels, in dem sich Veuillot als unerbittlicher Leser erwies, der Madeleine dazu zwang, sich präzise und verständlicher auszudrücken.

So veränderte sich der Text allmählich. Madeleine fügte auch verschiedene Anhänge hinzu. Aus dem ersten – über die Stadt Ivry – wurde später das erste Kapitel von „Ville marxiste terre de mission".

In einem Brief vom 25. August 1955 taucht erstmals die Idee einer Buchveröffentlichung auf. Sie kam durch einen Priester, P. Suavet, einen Dominikaner, ins Spiel. Er kannte die Akte, die P. de la Pommeraye zusammengestellt hatte, und schlug eine Veröffentlichung vor – nicht genau dieses Dokuments, sondern überarbeiteter Teile daraus, unter anderem derjenigen, in denen es vor allem um das Leben als Christen ging.

Madeleine hatte davor vielleicht schon selbst an eine Buchform gedacht oder zumindest daran, ihre Aufzeichnungen drucken zu lassen, nachdem sie sie selbst überarbeitet und korrigiert hätte. Jedenfalls schrieb sie am 8. April an Jacques Loew, dass „es anscheinend unangebracht wäre, meine Arbeit über den Marxismus drucken zu lassen". Wie dem auch sei: Veuillot hielt nichts davon und bat sie weiterhin, bei der Verbreitung ihrer Aufzeichnungen vorsichtig zu sein. Er befürchtete, dass es von Rom her Schwierigkeiten mit Texten geben könnte, die noch nicht ausgereift waren. Am 26. März 1956 schrieb Madeleine an P. de la Pommeraye:

> „Als ich letzten Sommer in Rom war, musste ich mit Msgr. Veuillot über die Herausgabe sprechen, denn ich hatte

damals – durch Ihre Vermittlung – in ein Buchprojekt mit P. Suavet eingewilligt. Doch er hat mir absolut abgeraten, […] irgendetwas zu veröffentlichen […] Es würde mir nun sehr widerstreben, etwas gegen den Rat von Msgr. Veuillot zu unternehmen, denn ich verdanke ihm viel, allein schon auf geistigem Gebiet.“

Was Madeleine selbst darüber dachte, war also keineswegs klar, denn sie schreibt in diesem Brief, dass sie „in ein Buchprojekt mit P. Suavet eingewilligt“ hatte. Natürlich wollte sie nichts gegen den Rat von Veuillot unternehmen, aber sie hatte sich persönlich noch längst nicht festgelegt. Als Kardinal Feltin, dem sie den Vorschlag von P. Suavet unterbreitete, sich damit einverstanden zeigte, änderte sie ihre Meinung: Unverzüglich teilte sie Veuillot mit, dass sie sich nun für die Veröffentlichung entschieden habe.

Dieser nahm sich daraufhin gegenüber dem Kardinal zurück und enthielt sich jeglicher kritischen Bemerkung. Im Gegenteil: Er ermutigte sie, ihre Arbeit fertigzustellen. Er bat sie nur darum, genau zu unterscheiden zwischen dem Apostolat der Katholischen Aktion gegenüber den „marxistisch angehauchten Massen“, wie er es nannte, und dem Apostolat gegenüber militanten Marxisten, die von ihrem Weg überzeugt und entsprechend geschult waren. Seiner Meinung nach war Letzteres eher etwas für Madeleine und einen Teil ihrer Equipen. Veuillot hielt eine solche Unterscheidung für notwendig, um zu verhindern, dass sich großherzige Christen unvorbereitet an dieses Apostolat heranwagten.

Anfang 1957 schickte Madeleine ihm ihren Text, den sie unter schwierigen gesundheitlichen Bedingungen überarbeitet hatte. Wieder warf er ihr vor, dass ihr Stil noch zu schwer verständlich sei. Sie machte sich deshalb an weitere Korrekturen. Am 8. April, nachdem sie ihr Buch in Druck gegeben hatte, schrieb sie an Veuillot:

„Ich glaube jetzt, dass mein Buch sehr unzulänglich ist: Es ist allmählich gewachsen, es konnte nicht gedanklich vorentworfen werden. Hier und da kommt wahrscheinlich noch eine Möchtegern-Dichterin zum Vorschein, aber wie dem auch sei: Im Moment bereue ich nichts, weder dass ich es geschrieben, noch dass ich es aus den Händen gegeben habe. Es kann aber durchaus sein, dass ich in ein paar Tagen innerlich umschwenke und dass es mir mulmig wird.“

In dieser Mischung aus Humor und Gelassenheit hat sie das Buch abgeschlossen, das sie so viele schlaflose Nächte und so viel Mühe gekostet hatte.

Es erschien Anfang September 1957 als Nummer 50 in der Sammlung „Rencontres“ im Verlag du Cerf, in der auch H. Godin und Y. Daniel ihr Buch „La France, pays de mission?“ veröffentlicht hatten. Madeleine ließ ihr Werk an 164 Personen verschicken, darunter acht Bischöfe und zahlreiche Priester.

Das Buch kam gut an. Angeblich soll die erste Auflage nur wenige Leser gefunden haben, doch das Gegenteil ist richtig: Es war so rasch vergriffen, dass schon 1958 eine zweite Auflage erforderlich wurde. Natürlich sprach es nur ein Milieu an, das mit der Fragestellung vertraut und bereit war, sich auf eine eigenständige Position einzulassen: einerseits eine Ablehnung einer unkritischen Verbündung mit dem Marxismus, andererseits keine grundsätzliche Angst vor dem Apostolat im marxistischen Milieu.

Allmählich fand das Buch immer weitere Verbreitung. Das Interesse, das ihm so hochgestellte Persönlichkeiten wie Giovanni Montini, der spätere Papst Paul VI., oder Charles Journet, ein Schweizer Theologe und künftiger Kardinal, entgegenbrachten (beide sprachen später davon), beweist, dass es tatsächlich Wirkung zeigte, nicht zuletzt bei einflussreichen Männern der Kirche. P. Fessard, ein Jesuit, hat sich zum Beispiel in seinem Buch „De l'Actualité historique“ intensiv mit „Ville marxiste terre de mission“ auseinandergesetzt.[373]

Erwähnenswert ist auch die Reaktion von Venise Gosnat, dem stellvertretenden Bürgermeister von Ivry, auf Madeleines Buch. Sie hatte ihm ein Exemplar mit einer Widmung zukommen lassen, in der sie sich humorvoll als seine „schlechte Schülerin in Sachen Marxismus“ und als „treue Freundin“ bezeichnet. Die Beziehung zwischen Venise Gosnat und Madeleine Delbrêl war ja sehr herzlich und beruhte auf gegenseitiger Achtung. Sie schätzten aneinander vor allem die Glaubwürdigkeit ihrer Überzeugungen. Am 18. September hat er Madeleine geantwortet: „Wie Sie es geahnt haben werden, kann ich Ihr Werk nicht billigen, vor allem, weil Sie im Grunde die Umgestaltung der Gesellschaft bekämpfen … Nachdem nun der Marxist, der ich bin, Ihnen dargelegt hat, wie sehr unsere Meinungen in Bezug auf die soziale Frage auseinandergehen, möchte jetzt der Freund Ihnen sagen, dass Sie sich nicht getäuscht haben in Ihrem Vertrauen, dass ich Sie verstehen würde.“

Madeleine war offenbar besorgt gewesen, wie ihr Freund ihr Buch aufnehmen würde, denn sie schreibt ihm sofort zurück und redet ihn mit „Lieber Freund und Bruder“ an. So pflegte sie sich sonst nicht auszudrücken. Ihre Freundschaft mit den Marxisten von Ivry hatte offenbar unter dieser Publikation nicht gelitten, obwohl sie darin einige marxistische Positionen unverblümt anprangert, zum Beispiel, dass zur politischen Strategie auch die Lüge gehören könnte.

Einige Tage später hat sie dann auch auf den Vorwurf reagiert, sie habe kein Interesse an der Umgestaltung der Gesellschaft. Sie stellt klar, dass sie nicht „an einer Veränderung der Gesellschaft mitwirken“ könne,

---

373 Vgl. unten S. 296f.

„die auf einem Verbot beruhen würde: dem Verbot, die Annahme, dass Gott existiert (was angeblich absurd ist) der Absurdität eines individuellen oder kollektiven menschlichen Geschicks vorzuziehen, das immer neu aus dem Nichts auftaucht"[374].

Freunde aus Ivry

In diesen Jahren war Madeleine keineswegs nur mit der Arbeit an „Ville marxiste terre de mission" beschäftigt oder von den Problemen ihrer Gemeinschaft so sehr in Anspruch genommen, dass für die Freuden und Leiden des alltäglichen Lebens in Ivry kein Platz mehr gewesen wäre. Sie hat zwar sehr viel Kraft und Zeit ins Schreiben und Korrigieren investiert und zahlreiche Briefe beantwortet, war aber dennoch für ihre Gefährtinnen und für Besucher in einer Weise präsent, dass diejenigen, denen sie begegnete, das Gefühl hatten, für sie die Einzigen auf der Welt zu sein.

Die Beziehung zur Familie Guelfi ist dafür ein gutes Beispiel, neben vielen weiteren Freundschaften, die sich im Leben der Rue Raspail Nr. 11 ergaben. Sie waren politische Flüchtlinge, die schon 1920 aus dem faschistischen System Mussolinis geflohen waren. Der Vater war zuvor Bürgermeister in Cascina in der Provinz Pisa in der Toskana gewesen. In den 1930er-Jahren betrieben die Guelfis in Ivry und in der Gegend von Arles (Provence) den Import italienischer Produkte. Die beiden Söhne zogen in der internationalen Brigade in den spanischen Bürgerkrieg und engagierten sich später in der Résistance. Bei Kriegsende verlor die Familie, deren Mitglieder nicht alle die französische Staatsbürgerschaft besaßen, in den Bombenangrif-

374 AMD I 55 570922; V. Gosnat.

fen fast ihr ganzes Hab und Gut. Sie landeten dann wieder in Ivry, wo sie italienische Produkte auf dem Markt verkauften. 1945 pflegte Hélène Manuel einen aus ihrer Familie, der schwer krebskrank war und einige Monate später starb. Es war der Beginn einer tiefen und beständigen Freundschaft zwischen der Rue Raspail Nr. 11 und dieser militanten kommunistischen Familie, der das Leben so hart zugesetzt hatte.

Der Marktplatz von Ivry befindet sich vor dem Rathaus, nur zwei Schritte vom Haus Madeleines und ihrer Gefährtinnen entfernt. Familie Guelfi wohnte gegenüber der Kirche *Saints-Pierre-et-Paul*. 1956 hatte sie wieder einiges durchzustehen. Madeleine und mehrere ihrer Gefährtinnen scheuten sich nicht, mehrmals mit ihnen in die Provinz und sogar nach Italien zu fahren, um sie in einer familiären Krise zu unterstützen. Immer wieder trafen sich alle in der Wohnung der Guelfis oder in der Rue Raspail Nr. 11. Es wurden italienische oder französische Lieder gesungen; Madeleine hat sich Sketche ausgedacht und Lieder gedichtet. Einmal komponierte sie eine Art komische Oper mit dem Titel „Die Baracke"[375], in der jeder eine Rolle hatte und die Texte im Chor auf eine bekannte Melodie wiederholt wurden, in diesem Fall auf die Melodie von „Avoir un bon copain":

„Wir haben einander verstanden
trotz aller Unterschiede,
wir haben die Liebe gefunden
trotz allem, was uns trennt,
wir haben einander verstanden
und leben unsere Liebe gemeinsam."[376]

So konnten sie miteinander ein wenig Atem holen und ihre jeweiligen Schicksalsschläge leichter bewältigen. Trotz ihrer

375 So nannte Familie Guelfi ihre Wohnung.
376 OC IV, 238.

Erschöpfung und ihrer anfordernden Arbeit hatte Madeleine offensichtlich immer noch die Kraft, ihre Gefährtinnen dazu zu bringen, dass die Rue Raspail Nr. 11 ein Ort blieb, wo Menschen willkommen geheißen wurden, wo es fröhlich zuging und die Liebe im alltäglichen Miteinander zum Ausdruck kam.

Das Säkularinstitut „Caritas Christi“

Was aber war aus der Frage eines Anschlusses an das Säkularinstitut „Caritas Christi“ geworden? Die Gruppe hatte sich ja dorthin gewandt in der Hoffnung, das Problem ihrer kirchlichen Identität lösen zu können.

Madeleine war keineswegs davon überzeugt, dass dies zur Berufung der Gruppe passen würde. Auch Pierre Veuillot sah das so, aber er wollte, dass sie das Experiment, auf das sie sich mit „Caritas Christi“ eingelassen hatten, zu Ende führten, damit jede Einzelne aus der Gruppe selbst verstehen könnte, was richtig war, und damit sich die „Charité“ wieder ihrer eigenen Identität bewusst würde. Mit Veuillot blieb Madeleine im Gespräch, weil sich Abbé Lorenzo offenbar zurückgezogen hatte, auch wenn er weiterhin seine Sichtweise einbrachte.

Am 27. September 1957 hatte Madeleine bei der Leitung des Instituts offiziell beantragt, einen eventuellen Anschluss an „Caritas Christi“ zu prüfen.[377] In dem Brief, den sie an Solange

---

377 Das Institut „Caritas Christi“ war 1937 von P. Joseph-Marie Perrin gegründet worden, einem Dominikaner, der seit seinem zehnten Lebensjahr blind war. Er war apostolisch sehr aktiv, und seine Behinderung hatte zu manchen unerwarteten Begegnungen und Freundschaften geführt. Er engagierte sich auch in der Résistance gegen die nationalsozialistischen Besatzer und half Juden, das französische Gebiet zu verlassen. 1943 wurde er von der Gestapo gefangengenommen. In dieser Zeit befreundete er sich mit Simone Weil und hoffte, dass sie sich zum Katholizismus bekehren würde. „Caritas Christi“ wurde 1951 von Jean Delay, dem Erzbischof von Marseille, zu einem Säkularinstitut erhoben. Es hatte an die tausend Mitglieder, was viele Reisen für ihren Gründer zur Folge hatte. P. Perrin schrieb über dreißig Bücher, in denen es meist um das Leben von Laien in der Welt ging.

Baumier, die damalige Verantwortliche von „Caritas Christi“, schrieb, hob sie zwei Punkte hervor, die für die „Charité“ unabdingbar seien, wenn sie ihre Berufung nicht aufgeben wolle:

> „Öffentlich ein Leben der Hingabe an Gott leben, mit den evangelischen Räten als Zeichen für den Aufbruch in ein anderes Leben, ein Leben, das weitmöglichst von allem befreit ist, um dem Evangelium des Herrn folgen zu können und um für seine Aufgaben verfügbar zu sein, die er im Evangelium für dringlich erklärt hat.
> In geschwisterlichen Gemeinschaften leben, meist unter einem Dach, was aber nicht unbedingt sein muss. Das Evangelium schafft mit seinen Weisungen und Räten in diesem gemeinsamen Leben eine familiäre Nähe, die uns befähigt, den Menschen nahe zu sein.“

Doch zeigte sich in diesen beiden Punkten, die Madeleine hier ins Feld führt – ihr öffentlich gelebtes Apostolat und ihr Leben in Gemeinschaft – nicht von vornherein, dass ein Anschluss an das Säkularinstitut eine Quadratur des Kreises wäre? Bestenfalls wäre die „Charité“ dann ein spezieller Zweig dieses Instituts!

Ansonsten blieb alles offen, sodass sich nach reiflichem Überlegen drei Möglichkeiten ergeben konnten:
– „eine Form des Anschlusses an Caritas Christi“,
– schlicht und einfach das Ende der Verhandlungen und die Rückkehr in die völlige Autonomie oder
– „die Entscheidung Einzelner, ihre Berufung in einem Anschluss an C. C. zu erkennen“.

Hélène Spitzer wurde beauftragt, jedes einzelne Mitglied zu alldem zu befragen.

Erschwerend kam hinzu, dass manche Mitglieder der Gruppe und auch Abbé Lorenzo von vornherein dafür plädierten, dass eine Entscheidung *alle* umfassen müsste, um das Institut nicht zu enttäuschen; das konnte aber auf die Entscheidungsfindung der Einzelnen Druck ausüben. Zudem schien die Sache für P. Perrin und einige Verantwortliche des Instituts längst klar zu sein, bevor sie überdacht und entschieden worden war. Das Zögern kam ihnen wie eine Ausflucht vor, für die es keinen Grund mehr gab und die nur dem Widerstand Madeleines geschuldet war.

Diese sah sich erneut ganz allein mit einer Situation konfrontiert, die in ihren Augen nicht wirklich aus dem Glauben heraus angegangen worden war. Am 16. November 1957 bekannte sie Pierre Veuillot:

> „Ich spreche zwar oft von Gott, aber mit mir wird kaum von ihm gesprochen, und mein ‚Grab‘ muss dann wohl das Geheimnis sein, das Gott für mich vorsieht.“

Und sie gestand ihm ihre seelische Erschöpfung: „Ich bin viel mehr seelisch als körperlich erschöpft.“

In dieser Zeit schrieb sie das Märchen „Nagneau“ („Lämmchen“), ein Märchen mit theologischem Tiefgang und voller Humor, das sie selbst als „tragisch und wahrheitsgetreu“ bezeichnete. In der Geschichte eines Pudels, der während einer Massenpanik für ein Lamm gehalten wird, deutet sie die Wahrheit des Menschen in seiner Beziehung zu Gott und zu den Menschen an: Wenn der Mensch von Gott getrennt ist, ist er nicht mehr er selbst. Die Trennung von Gott ist das größte Unglück. Der Mensch kann zwar versuchen, seinen Nächsten zu retten, aber er sieht seine eigene Bestimmung darin, geschlachtet zu werden.[378]

---

378 Es gibt dann allerdings ein Happyend: In letzter Minute greift der Besitzer des Pudels ein und rettet ihn (Anmerkung A. S.).

An Epiphanie 1958 brach Abbé Lorenzo auf einer Bank in der Metro der Station Montparnasse, Linie 4, mit Herzversagen zusammen. Ein Priester, der gerade in der Nähe war, erteilte ihm die Absolution. Einige Zeit zuvor hatte sich die Beziehung zwischen ihm und Madeleine zu ihrer großen Freude wieder normalisiert. Er war sicher froh, dass sich Veuillot immer mehr um die Gruppe kümmerte, die er von Anbeginn an begleitet hatte. So konnte er sich ohne Aufhebens zurückziehen.

Die Pariser Kathedrale vermochte all die Priester und Laien kaum zu fassen, die zu seiner Trauerfeier kamen – ein Zeichen der Dankbarkeit, die so viele diesem demütig-zurückhaltenden Priester schuldeten, der durchdrungen war vom „ganzen Evangelium, das verkündet werden muss“[379].

Gleich am nächsten Tag verfasste Madeleine ihr geistliches Testament.[380] Danach machte sie einen Termin mit Kardinal Feltin aus, der sie schon am 16. Januar empfing[381] und ihr riet, im Kontakt mit Pierre Veuillot zu bleiben, damit er weiterhin den Suchprozess bezüglich eines Anschlusses an „Caritas Christi“ leiten könne. Denn es gab weitere Schwierigkeiten. Statt gründlicher über eine tragfähige Basis und die mögliche Ausgestaltung eines Anschlusses an „Caritas Christi“ nachzudenken, begann man, sich schon mit der Einführung in deren geistliche Grundlinien und konkrete Gestalt zu beschäftigen. Offenkundig wurden notwendige Etappen der Entscheidungsfindung übersprungen. Doch Kardinal Feltin ging einen Schritt weiter: Er wollte ihnen seine Einschätzung zu der Entscheidung sagen, die sie am Ende der Prüfungsphase treffen würden, wie Madeleine Veuillot berichtet:

379 Brief Madeleine Delbrêls an Monique Joubert vom 20. Januar 1958, in: AMD III.

380 OC I, 43. Vgl. auch Deine Augen in unseren Augen, 251ff.

381 Laut dem Tagebuch von Jean Durand war es aber am 17. Januar, in: AMD VI 3.

„‚Also gut', sagte der Kardinal, ‚lassen Sie sich bis zum Schluss auf diesen Versuch ein, und wenn Sie im Begriff sind, sich zu entscheiden, wenn Sie selbst Ihre Erfahrungen gemacht und Ihre Gefährtinnen sich eine Meinung gebildet haben, dann werde ich Ihnen sagen, was ich davon halte.'"[382]

Das war das erste Anzeichen dafür, dass Kardinal Feltin in das weitere Schicksal der „Charité" eingreifen wollte. Für Madeleine war dies eine starke Ermutigung und Unterstützung. Jeder konnte nun seine Rolle spielen: Veuillot sollte auf Wunsch von Kardinal Feltin, dem Erzbischof von Paris, offiziell dafür einstehen, dass alle in Freiheit den Willen Gottes suchen konnten. Und der Kardinal würde dann seine Einschätzung kundtun.

Alles, was sich Madeleine seit Langem an Unterstützung von Seiten der Kirche gewünscht hat, war nun gegeben. Als P. Perrin im Tod von Abbé Lorenzo ein Zeichen dafür sah, dass die Zeit für einen Anschluss gekommen sei, wies Kardinal Feltin im Gegenteil darauf hin, dass nun vielmehr die Bedingungen dafür gegeben seien, dass eine Entscheidungsfindung in aller Freiheit stattfinden konnte, ohne etwas zu überstürzen.

Madeleine hatte zudem schon am 14. Januar Veuillot gebeten, sie selbst geistlich zu begleiten: „Könnten Sie derzeit auf meine Seele aufpassen?" Er hatte sofort zugestimmt. Einige sahen darin – wie auch schon im Fall von Abbé Lorenzo – eine Gefahr für ihre beiderseitige Freiheit. In struktureller Hinsicht ist es ja nicht günstig, wenn ein und dieselbe Person sowohl die Gruppe wie auch deren Verantwortliche geistlich begleitet. Erst recht nicht, wenn sich, wie in diesem Fall, der geistliche Begleiter und die Verantwortliche über die Zukunft der Gruppe einig sind. Madeleine hatte für diese Problematik offenbar nur wenig

382 Brief Madeleine Delbrêls an Veuillot vom 18. Januar 1958, in: AMD III. Vgl. auch Madeleine Delbrêl, Notre vie, Paris 2017, 262f. Im Folgenden: OC XV.

Gespür. Sie war von Abbé Lorenzo ja schon vor der Entstehung der Gruppe begleitet worden und dann ganz selbstverständlich bei ihm geblieben. Aufgrund der Persönlichkeit Abbé Lorenzos landeten sie dann schließlich doch in einer Sackgasse, zumal er eben auch der geistliche Begleiter der „Charité“ war.

Nach seinem Tod wandte sich Madeleine wie beschrieben an Veuillot; denn sie kannte ihn und hatte sich ihm schon tief anvertraut (zum Teil sicher auch deshalb, weil sie Probleme mit Abbé Lorenzo bekommen hatte). In ihm sah sie gleich den Mann Gottes, den sie brauchte: Er hatte ein Gespür für die geistliche Dimension und konnte hinhören.

Auch wenn diese Wahl strukturell unklug gewesen sein mag: Sie erwies sich schließlich als segensreich. Veuillot lud Madeleine ein, den Schatz ihrer ursprünglichen Intuition – die Hingabe an Gott in der spezifischen Weise der Gruppe – sorgsam zu hüten. Zugleich riet er ihr, völlig von sich selbst abzusehen: Wenn sie die Aufgabe hat, die ursprüngliche Berufung zu wahren, dann nicht um ihrer selbst willen, sondern um der Kirche willen. Und er bat sie, die Zukunft der „Charité“ ganz in die Hände Gottes zu legen: „Machen Sie Ernst mit dem Glauben, lösen Sie sich von alldem, was Ihnen in Bezug auf Ihre ‚Berufung‘ am meisten am Herzen liegt – vielleicht nicht, um es aufzugeben, sondern um es dem Herrn und seiner Kirche zurückzugeben, damit Gott damit machen kann, was er will.“[383]

In all diesen schwierigen, oft leidvollen Jahren hatte Madeleine schon auf so manches verzichten müssen, und nun verlangte Veuillot von ihr, das aus der Hand zu geben, was seit 25 Jahren

383 „Glauben Sie daran, dass Gott in alldem am Werk ist. Hüten Sie sorgsam den Schatz der ursprünglichen Intuition für Ihre ganz eigene Weise der Hingabe an Gott. Ja, hüten Sie diesen Schatz, aber nicht für sich selbst, sondern für die Kirche.“ Brief von Veuillot an Madeleine Delbrêl vom 26. Januar 1958, in: AMD III.

ihr Platz und der Halt ihres Lebens war, jene Gruppe, die ohne sie erst gar nicht entstanden wäre und die sie all die Jahre durchgetragen hatte.

Allmählich entspannte sich die Atmosphäre; die Art, wie Veuillot die Gruppe und jede Einzelne begleitete, begann geistliche Früchte zu tragen. Die Gruppe fand ihren Zusammenhalt wieder und spürte, dass „Caritas Christi" sie nicht wirklich verstand. Als P. Perrin am 30. März erneut die Frage nach der Aufnahme in das Institut stellt, antwortete Madeleine mit einem klaren Nein. Den Verantwortlichen des Instituts wurde so allmählich klar, dass die „Charité" gar nicht um die formelle Einführung in das Leben des Instituts gebeten hatte, sondern nur um ein informelles Kennenlernen – und dass sie ihre ganz eigene Identität hatte.

Es wurde allen Beteiligten immer klarer, dass sie sich dafür entscheiden sollten, unabhängig zu bleiben. Der Kardinal war einverstanden, stellte die „Charité" unter seinen Schutz und bat Veuillot, sie zu begleiten. Was Madeleine sich schon so lange gewünscht hatte, war endlich Wirklichkeit geworden: Die „Charité" war von der Kirche offiziell anerkannt. Da gerade Ostern war, erlebten alle – besonders Madeleine – diese sich überschlagenden Entwicklungen wie eine Auferstehung.

Nun fand auch die Wahl der Verantwortlichen für die Gruppe statt. Madeleine wurde einstimmig gewählt (genauer: fast einstimmig, denn es fehlte natürlich eine Stimme!). Christine de Boismarmin wurde zu ihrer Vertreterin bestimmt, und weitere zwei Mitglieder wurden für die Equipen von Paris und vom Osten Frankreichs zuständig.

Veuillot ermutigte Madeleine, die Autorität auch auszuüben, die ihr jetzt eindeutig zugeschrieben wurde. Einen der Gründe für die Konflikte in der Gruppe sah er darin, dass Madeleine zu sehr auf einen Konsens bedacht gewesen war und nicht genügend Selbstvertrauen an den Tag gelegt hatte, weil sie sich nicht offiziell zur Leitung beauftragt sah.

Dann machte Veuillot einen Entwurf für eine Charta, um sich mit der Gruppe darüber auszutauschen. Er wollte, dass der Text gemeinsam erarbeitet wurde. Am 25. Mai, an Pfingsten, wurde er verabschiedet; dieses Datum wurde natürlich gewählt, um einen neuen Anfang zu markieren.

Eine letzte, besonders bedeutsame Textänderung hat Veuillot noch eingebracht. Die Mitglieder der Equipe hatten schreiben wollen: „Die christliche Berufung ist unsere Berufung.“ Veuillots Vorschlag lautet indes: ihre Berufung „ist es, die christliche Berufung in ihrer Vollkommenheit zu leben, und dies so weit wie möglich unter den Bedingungen aller gläubigen Laien“. Diese Formulierung stammt aus dem Jahr 1958. Heute ist es selbstverständlich, dass die Laien dazu berufen sind, die christliche Berufung in ihrer ganzen Fülle zu leben. Veuillot wollte hervorheben, dass es in Madeleines Vorstellung wie in ihrer Lebensform immer eine den Orden verwandte Dimension gab. Das hatte sie auch im Oktober 1956 in ihrem berühmten Text „J'aurais voulu“ zum Ausdruck gebracht:

> „Ich hätte einzig dies gewollt: gänzlich und allein Jesus Christus anzugehören, unserem Herrn und Gott.“[384]

Obwohl sie weiterhin erschöpft war und von allen Seiten beansprucht wurde, hat Madeleine durch die geistliche Vertiefung, auf die sie sich eingelassen hatte, einen tiefen inneren Frieden gefunden. Und die Gruppe ist sich wieder darin einig geworden, dass es um ihre Zugehörigkeit zu Jesus Christus geht: Tiefer denn je hat sie darin ihre ursprüngliche Berufung erkannt.

---

384 OC XIV, 18; vgl. auch Deine Augen in unseren Augen, 149. Vgl. oben S. 268f.

Dank der Vermittlung durch Veuillot ging sie gestärkt aus der Krise hervor und fand zu dem zurück, was sie am Anfang beflügelt hatte: die bedingungslose Hingabe an Jesus Christus, um gleichsam selbst Jesus Christus zu werden und so das Evangelium mitten unter den Menschen zu leben, die arm sind und ihn nicht kennen.

Pierre Veuillot schrieb Madeleine am 20. Juli 1958 einen an die ganze Gruppe gerichteten Brief, in dem er Bilanz zog und die Augen der Equipen auf die Zukunft lenkte: „Mehr als alles wollen Sie den Herrn lieben, sich ihm hingeben, seinen Willen erfüllen und ihm in allen Dingen dienen. Das ist es, was sie eint; oder besser gesagt: Jesus ist es, der sie eint. Vergessen Sie nie diese Wahrheit; machen Sie sie sich immer mehr in ihrem persönlichen Leben und in Ihrem Leben als Equipen bewusst. Denn nur in diesem Licht werden Sie einschätzen können, wie Sie Ihre Berufung gemäß der Charta dann konkret verwirklichen sollen. Ich werde nie aufhören, Sie an diesen inneren Kern zu erinnern: Jesus immer mehr kennenzulernen, mehr zu lieben, mehr nachzuahmen, ihm mehr zu dienen. Darüber hinaus gibt es nur sinnlose Diskussionen, die die Zeit nicht wert sind, die man dafür verliert ... Alle institutionellen Fragen (um derentwillen Sie mir in einer Zeit der Krise ihrer Gruppe eine Art SOS geschickt haben) sind in meinen Augen sekundär gegenüber diesem gemeinsamen Entschluss, miteinander um der Liebe zu Jesus Christus willen nach dem Evangelium zu leben.“[385]

Es ist nicht so, dass die Fragen der Institutionalisierung nicht auch ihre Berechtigung gehabt hätten; aber sie hätten sich schneller und schmerzfreier lösen lassen, wenn der Gruppe als Ganzer ihre Zugehörigkeit zu Jesus Christus immer so bewusst geblieben wäre.

---

385 Briefwechsel Veuillot-Delbrêl, in: AMD III.

VII

„MIR BLEIBT SO WENIG ZEIT …“

Neue Horizonte

Einige Jahre vor ihrem Tod – das genaue Datum lässt sich leider nicht feststellen – notierte Madeleine auf einem Zettel:

> „Mir bleibt so wenig Zeit, um an mein Ziel zu gelangen und Gott zuzurufen: Ich liebe dich über alles.“

An ihr Ziel zu gelangen, ihr Leben zu vollenden und Gott ihre Liebe zu bekennen, das war für sie ein und dasselbe. Ende 1958 sollten ihr nur noch sechs Jahre bleiben: volle Jahre mit einem wie immer sehr dichten Leben.

Am 9. Oktober 1958 starb Pius XII., dem sie viel verdankte. Sein Nachfolger wurde Angelo Roncalli, der den Namen Johannes XXIII. annahm. Zur gleichen Zeit kam es in der Pfarrei Ivry zu einer bedeutsamen Veränderung: Abbé Yvan Daniel, der zusammen mit Henri Godin das Buch „La France, pays de mission?“[386] herausgegeben hatte, wurde Pfarrer von Ivry. Damit konnte sich die „Charité“ ganz neu ins Pfarreileben integrieren.

---

386 Vgl. oben S. 176f.

Frankreich hatte sich im Algerienkrieg aufgerieben, was mit zum unrühmlichen Ende der IV. Republik beitrug. Mitten in den Wirren dieser Zeit wurden General de Gaulle am 2. Juni 1958 außerordentliche Vollmachten übertragen. Ein Volksentscheid für die neue Verfassung sowie Parlamentswahlen besiegelten sein politisches Comeback. Damit war die V. Republik gegründet.

Die „Charité“ hatte die schwere Krise der Jahre 1956–1958 bewältigt und konnte nun unter Leitung Madeleines, der es gesundheitlich wieder besser ging, zuversichtlich nach vorn schauen. Einige Umbauarbeiten waren in der Rue Raspail Nr. 11 fällig: Die Küche musste renoviert, die elektrischen Leitungen und die Heizung überholt werden. Eine Gasvergiftung, deren Folgen noch bis Mitte Dezember spürbar waren, hat den Bewohnerinnen zu schaffen gemacht.

Zwanzig Jahre lang hatte man sich wenig um das Haus gekümmert. Viele Menschen gingen nach wie vor ein und aus: Freunde, Bedürftige aus der Nachbarschaft und viele Christen, die mit Madeleine sprechen wollten, weil sie Fragen zum Thema Mission hatten. Manche reisten von weit her an. Pierre Veuillot schickte einen afrikanischen Priester, Abbé Sobgho, Pfarrer in Tenkodogo in Obervolta[387] zu ihnen, der um Hilfe für den Bau seiner Kirche bat. Sie ließen ihm per Schiff ein Motorrad zukommen und konnten ihn mit Hilfe ihrer Freunde auch finanziell unterstützen.

Im Februar 1959 reiste Madeleine zusammen mit Hélène Manuel, die sich ihr so sehr widersetzt hatte, nach Rom – wie um das Ende dieser schwierigen Jahre zu besiegeln und den Beginn einer neuen Etappe der „Charité“ zu markieren.

---

387 Heute Burkina Faso.

Innerkirchliche Ereignisse

Die folgende Zeit war vor allem von vier innerkirchlichen Ereignissen geprägt. Einige davon forderten dazu heraus, sich auf Neuland einzulassen.

(1) Zunächst war dies die ökumenische Bewegung. Madeleine wurde für den 20. bis 30. Juli 1959 zu einer Tagung in das Ökumenische Institut in Bossey/Schweiz eingeladen. Nicht nur Katholiken waren an ihren Erfahrungen mit der Mission im marxistischen Milieu interessiert, von denen man durch ihr Buch und ihre Vorträge bereits gehört hatte. P. Kaelin, ein Dominikaner,[388] hatte sie empfohlen. Er arbeitete in Fribourg und schrieb – wie auch der künftige Kardinal Journet – Beiträge für die Zeitschrift *Nova et Vetera*. Mit dem Einverständnis des Bischofs von Fribourg und Genf, François Charrière, nahm Madeleine die Einladung an und reiste mit Hélène Spitzer, die zu den Equipen gehörte und Deutsch und Russisch sprach, sowie mit Geneviève Colas, einer Freundin, die Englisch konnte, nach Bossey.

Ihre Teilnahme an der Tagung stieß offenbar auf Interesse, denn man hatte sie um mehrere Beiträge gebeten, unter anderem auch über die „Charité“. Sie sprach freimütig, ohne zurückzuhalten, was ihr am Herzen lag, und ohne ihre Zugehörigkeit zur katholischen Kirche zu leugnen. Man hatte sie zum Beispiel gebeten, in sieben Minuten zu sagen, was ihr am Gebet das Kostbarste ist; sie sollte dabei aber nicht auf das Thema Eucharistie zu sprechen kommen, weil dies zur damaligen Zeit zu Verstimmungen führen konnte. Doch dann begann sie wie folgt:

388 Er war der geistliche Begleiter von Madeleines Freundin Nûria Deletra.

> „Ich gehöre Jesus Christus in der römisch-katholischen Kirche an ... Als Kind Gottes in Christus leben heißt, bei ihm sein und mit ihm reden, heißt, persönlich beten; es heißt aber auch, mit der ganzen Welt wie mit einer Familie verbunden sein und zugleich zur Familie Gottes gehören; es heißt für mich, am Gebet der Kirche teilnehmen. Dieses Gebet ist untrennbar vom Leben der Kirche, von ihrem sakramentalen Leben, von der Eucharistie, dem letzten Abendmahl des Herrn, mit dem zusammen es ein Ganzes bildet.“[389]

Im Rückblick auf diese Tagung merkte sie positiv an, dass ihr manches aufgegangen sei und dass sie neue Freunde gefunden habe. Zugleich aber war sie enttäuscht, dass das Wort Gottes für manche der Teilnehmenden offenbar keine „Kraft ist, die sich im Leben auswirkt“[390]. Im Bemühen um Wahrhaftigkeit und Klarheit teilte sie den Veranstaltern der Tagung ihre Einschätzung zum Ökumenismus mit:

> „Meine größte Angst ist, dass wir die Einheit ‚vorantreiben‘ wollen und sie deshalb mit etwas verwechseln, was vielleicht ein Anzeichen unserer zukünftigen Einheit ist; wenn wir aber so tun, als sei damit die Einheit schon erreicht, würde sie letztlich nicht auf einem wahrhaftigen Boden gründen. Das Risiko wäre groß, dass man im Innern doch noch Keime der Spaltung zurücklassen würde.“[391]

In den folgenden Jahren lag Madeleines Schwerpunkt weniger auf der Ökumene. Doch am 9. Dezember 1959 besuchte sie Frère Roger Schutz in Taizé, um sich mit ihm über das Thema Taufe auszutauschen. Und dann wurde sie zu einem Kolloqui-

---

389 OC IX, 115–156. Vgl. auch Madeleine Delbrêl, Gebet in einem weltlichen Leben, Einsiedeln 1979, 69f.
390 OC IX, 194.
391 Ebd., 195.

um vom 2. bis 5. Januar 1964 in der evangelischen Kommunität Grandchamp in der Schweiz eingeladen, wo sie zwei Vorträge hielt. Die Begegnung war so herzlich, dass sie auf Wunsch der Schwestern schon im April wiederkam.

(2) Ein weiteres kirchliches Ereignis bewegte Madeleine: Am 15. September 1959 veröffentlichte die Zeitung *Le Monde* ein Schreiben von Kardinal Pizzardo, dem Präfekten der Glaubenskongregation, in dem jegliche Fabrikarbeit von Priestern verboten wurde. Für Madeleine war es das Ende einer Hoffnung. Nach 1954 hatte sie noch gedacht, dass das Experiment fortgesetzt werden könnte, wenn die Priester besser auf die missionarischen Herausforderungen vorbereitet würden, mit denen sie in dieser Lebensform konfrontiert werden.

Abgesehen von denen, die 1954 aus der Kirche ausgetreten waren, hatten ja einige tatsächlich mit dem Einverständnis ihres Bischofs die Arbeit wiederaufgenommen. Das Verbot war nun erneut ein schwerer Schlag. Kardinal Pizzardo hatte geschrieben: „Der ‚Priester im Arbeitsleben' befindet sich nicht nur in einer materialistischen Umgebung, die sich ungünstig auf sein geistliches Leben auswirkt und manchmal eine Gefahr für seine Keuschheit darstellt; unweigerlich wird er auch die soziale Frage und das Thema Gewerkschaft mit den Augen seiner Arbeitskameraden sehen und ihre Forderungen teilen. Daraus entsteht eine gefährliche Eigendynamik, die ihn unversehens dazu führen kann, am Klassenkampf teilzunehmen. Für einen Priester kommt das aber nicht in Frage."

Madeleine bestritt auch jetzt nicht, dass es Gefahren gibt; zu sehr war sie ihnen auch selbst ausgesetzt. Doch in einer persönlichen Notiz hielt sie fest:

> „Dass es für einen Priester gefährlich sei, das zu sein, was wir sind, und dass dies den Kern seiner Berufung gefährden

> könnte: das können wir verstehen. Aber dass man meint, der Platz, den wir im Leben haben, könne einen Priester davon abhalten, dort er selbst zu sein, verletzt unser Verständnis vom Priestertum und die Achtung, die wir vor unserer eigenen Glaubenstreue haben.“[392]

Für sie lagen die Herausforderungen nicht nur auf der Ebene des Priestertums, sondern viel grundsätzlicher auf der Ebene des Glaubens. Angesichts dieses neuerlichen Verbots blieb sie deshalb bei ihrer Einschätzung der Frage der Arbeiterpriester, die sie zusammen mit Jacques Loew schon während der Krise von 1953/54 erarbeitet hatte.

Natürlich war dieses Experiment gefährlich! Aber, davon war Madeleine überzeugt, man kann sich darauf einlassen, weil sich alle, Priester wie Laien, am Apostolat unter den Arbeitern beteiligen müssen – unter der Bedingung, dass sie dafür ausgebildet und vorbereitet werden. Und sie dürfen nie außer Acht lassen, dass sich der Glaube zwar an diejenigen „anpassen“ muss, zu denen man gesandt ist, um ihnen „nah“ zu sein, dass es aber im Glauben immer auch etwas gibt, das nicht angepasst werden darf.

(3) Ein drittes Ereignis kam hinzu: Anfang Oktober 1959 ließ P. Gaston Fessard, ein Jesuit und renommierter Philosoph und Theologe, ihr ein Manuskript zukommen, in dem ausführlich von ihr die Rede war. Er hatte Gewissensbisse, weil das Manuskript schon im Druck war und nicht mehr verändert werden konnte. Zumindest wurde ihm klar, dass er Madeleine im Vorhinein über das hätte informieren sollen, was er über sie geschrieben hatte.

---

392 „Überlegungen im Nachgang zu einer Entscheidung“, Oktober 1959, in: OC X, 125.

In diesem Buch „De l'Actualité historique“ kommt er ausführlich auf „Ville marxiste terre de mission“ zu sprechen und ist voll des Lobes für die Haltung, die Madeleine und Jacques Loew während der Krise der Arbeiterpriester eingenommen haben. Gaston Fessard war ein mutiger Widerstandskämpfer und hatte 1941 die erste Ausgabe der „Cahiers clandestins du témoignage chrétien“[393] verfasst. Zugleich war er auch ein Intellektueller, der auf die argumentative Kraft der Wahrheit setzte und dabei den Menschen nicht immer gerecht wurde. Genau das war auch in dem Buch der Fall, dessen Manuskript er Madeleine schickte.

Sie schrieb sofort an Veuillot, um ihm vom „Ausmaß des Unheils“ zu berichten. Sie glaubte, dass dieses Buch Schaden anrichten würde, weniger durch seine Grundgedanken, die sie im Wesentlichen teilte, sondern dadurch, dass unzählige Personen auf respektlose Weise an den Pranger gestellt werden. Nur Jacques Loew und sie selbst entgingen der vernichtenden Anklage, die pauschal gegen die progressiven Christen und gegen die Arbeiterpriester erhoben wurde.

Madeleine war überzeugt: Wahrheit allein genügt nicht; sie muss mit Wohlwollen einhergehen. Und an diesem Wohlwollen mangelte es dem Buch von P. Fessard in hohem Maße. Doch nachdem sie ihm ihre massiven Vorbehalte mitgeteilt und mehreren Freunden geschrieben hatte, wie sehr sie dieses Buch bedauerte, trug sie es ihm nicht weiter nach. Sie lud ihn sogar ein, bei einer Tagung vor ihren Gefährtinnen einen Vortrag zu halten.

(4) Das vierte Ereignis war von großer Tragweite: Johannes XXIII. kündigte am 25. Januar 1959 zum Erstaunen aller ein Konzil an. Madeleine wurde dann gebeten, sich an der Vor-

393 „Im Untergrund gedruckte Hefte christlichen Zeugnisses“.

bereitung zu beteiligen. Die Equipen waren aber zunächst noch von einer anderen Entscheidung betroffen: Am 7. Juni 1959 wurde Veuillot zum Bischof von Angers ernannt; er folgte damit Bischof Chappoulie, der auf dem Bahnhof von Abidjan tödlich verunglückt war. Acht Mitglieder der „Charité“ fuhren nach Angers zur Bischofsweihe, die schon am 1. Juli stattfand.

Der Algerienkrieg

Seit 1954, dem Beginn des Aufstandes, tobte der Krieg in Algerien. Frankreich verstärkte seine militärische Macht; große Militäroperationen, darunter die „Operation Jumelles“, fordern zahlreiche zivile und militärische Opfer. Madeleine kannte algerische Familien, weil viele von ihnen in Ivry arbeiteten. Sie kannte auch junge Franzosen, die mit einem Truppenkontingent nach Algerien aufbrachen.

Am 7. Februar 1959 wurde sie zu einer öffentlichen Versammlung in Ivry zum Thema „Ist Frieden in Algerien möglich? Und auf welche Weise?“ eingeladen. Sie war bereit, eine Stellungnahme abzugeben, zusammen mit Pfarrer Vienney, einem evangelischen Pastor, und dem Journalisten Michel Langignon, einem Kommunisten, der auch Mitglied der Friedensbewegung war. Die Statements der drei wurden in *Le Travailleur,* der lokalen Wochenzeitschrift der Partei, veröffentlicht. Madeleine betrachtete ihre Teilnahme an dieser Konferenz als Protest gegen die Gleichgültigkeit:

> „Für die Gleichgültigen bedeutet der Algerienkrieg nur, dass das Blut ‚anderer‘ vergossen wird, dass ‚andere‘ sterben. Die Versammlung vom 7. Februar und auch die vorhergehenden Versammlungen wollen der Gleichgültigkeit den Kampf ansagen. Ich nehme daran teil, um angesichts des Unglücks

anderer nicht länger zu schlafen und um andere davon abzuhalten weiterzuschlafen, so wie ich früher geschlafen hätte.“[394]

Vor allem aber ging es ihr darum, die Ideologien zu überwinden, die letztlich in Diktaturen münden. Sie wollte den Franzosen ins Gewissen reden, damit sie angesichts dieses Krieges Verantwortung dafür übernehmen, wen sie wählen:

> „Ich gehe zu dieser Versammlung, weil ich keiner Politik traue, die nicht im Gewissen der Menschen wurzelt. Ich fürchte die Diktaturen nicht weniger als den Krieg, denn beides hängt zusammen. Aber ich weiß, dass ein Land auf dem sichersten Weg zur Diktatur ist, wenn man die Menschen dazu bringt, dass ihr Gewissen abstumpft. Ich weiß auch, dass jede Diktatur eines Tages verschwindet, wenn in einem Volk das Gewissen jedes einzelnen Menschen lebendig bleibt. Diese Versammlungen wollen das Gewissen aller Beteiligten aufrütteln; deshalb nehme ich daran teil.“[395]

Madeleine blieb bei ihrer Grundüberzeugung: Es geht um den Menschen. Eine Diktatur kommt zustande, wenn es gelingt, das Gewissen der Menschen gegenüber den Befehlen von oben auszuschalten. Echte Politik dagegen zeigt sich in Debatten, in denen das Gewissen der Menschen aufgerüttelt wird.

Zu ihrem Leidwesen wurde Madeleine nun instrumentalisiert. Die Zeitschrift *L'Humanité* veröffentlichte ihren Bericht über die Versammlung in einem Atemzug mit einem Leitartikel, der sich deutlich gegen die französischen Kardinäle richtete. Madeleine wehrte sich dagegen; sie wollte nicht in einen Zusammenhang mit der Opposition gegenüber den Verantwortlichen der französischen Kirche gebracht werden.

---

394 OC IX, 259.
395 Ebd., 260.

Dennoch schrieb sie zusammen mit zwei Mitgliedern des lokalen Friedenskomitees (das der kommunistischen Partei nahestand) an General de Gaulle und bat ihn darum, sich angesichts der zahllosen Toten um Friedensverhandlungen zu bemühen:

> „Wir halten es für unabdingbar, dass man miteinander verhandelt, auch wenn wir uns der Schwierigkeiten bewusst sind; doch nur eine umfassende Verhandlung, die die Interessen des französischen wie des algerischen Volkes berücksichtigt, vermag den Frieden herbeizuführen.“

Madeleine begab sich also durchaus auf das Feld politischer Auseinandersetzungen; das war für sie eine Frage der Gerechtigkeit. Sie tat es jedoch auf ihre Weise, nicht als politische Expertin, die sie ja nicht war, sondern um eine Debatte zu befördern, die die Gewissen aufrüttelt.

Polnische Freunde

Vermutlich gehen die ersten Kontakte Madeleines mit polnischen Freunden auf das Jahr 1957 zurück. In seinem Tagebuch notiert Jean Durand, dass sie sich am 4. September 1957 mit einem Polen getroffen hat.[396] Er nennt dabei keinen Namen. Doch es handelt sich vermutlich um Antoni Marylski, einen Wohltäter und Mitarbeiter von Mutter Czapska, der Gründerin der franziskanischen Gemeinschaft von Laski im Umland von Warschau.

Jean Durand erwähnt auch eine Begegnung zwischen Antoni Marylski und dem Philosophen Jacques Maritain. Diese Begegnung war auf die Vermittlung des späteren Kardinals Jour-

396 AMD VI 3.

net zustande gekommen. Weil dieser die Schriften Madeleines kannte, ist es gut möglich, dass er Marylski dazu angeregt hat, mit ihr zu sprechen. Es gibt darüber hinaus auch einen Brief Madeleines an Marylski aus dem Jahr 1963, in dem sie ihn mit „Lieber Freund" anredet: Offenbar kannten sie sich schon eine Weile.

Jean Durand schreibt weiterhin, dass dieser Herr, dessen Namen er nicht nennt, einen Dominikaner nach Ivry geschickt habe, um sich mit Madeleine auszutauschen. Marylski steht ebenso auf der Liste der Personen, denen Madeleine ein Exemplar ihres Buches „Ville marxiste terre de mission" geschickt hat, wie ein polnischer Dominikaner – wahrscheinlich der, der Madeleine besucht hat.

Als am Morgen des 1. Januar 1960 Krystyna Wrobleska an die Tür des Hauses Nr. 11 in der Rue Raspail klopfte, war es also nicht die erste Begegnung Madeleines und ihrer Gefährtinnen mit Menschen aus Polen. An diesem Tag freilich waren alle gerade erst dabei aufzustehen, nachdem sie bis in die Morgenstunden hinein mit Freunden Silvester gefeiert hatten. Krystyna konnte deshalb nicht gebührend empfangen werden. Als sie wieder gegangen war, schickte Madeleine ihr per Rohrpost einen Brief:

> „Liebe Freundin (ich darf Sie doch so nennen!), wir sind untröstlich, dass wir Sie nicht richtig empfangen konnten! Wir sind um fünf Uhr morgens ins Bett gegangen und waren gerade erst aufgestanden. Es gab kein Zimmer, das nicht wie ein Schlachtfeld aussah! […] Ich war außer zwischen 18 Uhr und 19 Uhr auch noch gar nicht aus dem Haus. […] So gerne hätte ich Ihnen ein gutes neues Jahr gewünscht, und durch Sie auch ganz Polen."

Die Besucherin ist dann tatsächlich wiedergekommen, und es ist eine außergewöhnliche Freundschaft daraus entstanden.

Sechs Monate später kam ein Ehepaar vorbei, das sich kurz zuvor telefonisch angemeldet hatte. Der Mann verstand zwar Französisch, sprach es aber nicht, und seine Frau auch nur mit Mühe. Beide waren Marxisten, sie war kurz zuvor Christin geworden. So gerieten sie immer wieder in heftige Auseinandersetzungen aufgrund ihres Glaubens, ihrer politischen Überzeugungen und ihres Verhältnisses zur Kirche. Man empfahl ihnen, „Delbrêl aufzusuchen".

Sie wurden herzlich empfangen. Andrzej Munk war ein bekannter Filmemacher; in Paris waren sie nur für kurze Zeit. Dennoch dauerte ihre Unterhaltung länger als geplant: Sie verstanden einander intuitiv, über alle sprachlichen Barrieren hinweg. Am nächsten Tag sahen sie sich wieder in Paris, dann noch einmal in Ivry.

Ein Jahr später, im September 1961, ist Andrzej bei einem Autounfall ums Leben gekommen. Madeleine berichtet davon:

> „Aus unserer unvergesslichen Begegnung ist eine tiefe Freundschaft entstanden. Am 20. September ist er mit dem Auto tödlich verunglückt. Es erreichten mich daraufhin verschiedene Nachrichten, Briefe und Telegramme, dass ich seiner Frau Joanna beistehen soll."[397]

Was haben sich diese Menschen von Madeleine erhofft? Sicher wollten sie auch ihre Einschätzung des Marxismus kennenlernen, die ihnen bei ihren eigenen Widerstandskämpfen helfen könnte, vor allem aber fanden sie in ihr eine Freundin.

Im Dezember 1961 hatte Madeleine Gelegenheit zu einem Besuch hinter dem Eisernen Vorhang, und 1962 traf sie sich mit Joanna in Schottland.

397 Brief Madeleines vom 8. November 1961 an eine Freundin, in: AMD III.

Alltagsleben

Madeleine war zwar inzwischen von manch drückender Last befreit, doch vielfältige Vortragsreisen und die Besuche bei ihren Equipen nahmen sie voll in Anspruch.

Venise Gosnat, der stellvertretende Bürgermeister von Ivry, mit dem sie nach wie vor eng befreundet war, lud sie zu einer Veranstaltung ein, bei der Nikita Chruschtschow, der Parteichef der Kommunistischen Partei der Sowjetunion, in Frankreich empfangen werden sollte. Sie lehnte ab und begründet es damit, dass es in der UdSSR zunehmend zu religiösen Verfolgungen kam. In ihrem Brief an Venise Gosnat nahm sie kein Blatt vor den Mund:

> „Wenn die antireligiösen Kampagnen wenigstens noch intelligent wären! Oder wenn man wenigstens sagen könnte, dass jemand dahintersteckt, bei dem es mit dem Verstand nicht so weit her ist. Aber sie stammen von diesem Nikita, der doch eigentlich intelligent ist; er scheint den Verstand aber abzulegen, wenn er in einen Religionskrieg zieht. Ja, das ist es tatsächlich! Wenn Sie mir, die ich gläubig bin und aus dem Glauben heraus etwas für wahr halte, was die menschliche Vernunft übersteigt, sagen: ‚Ich kann dir mit dem Verstand nicht folgen, wenn du sagst, dass du an einen lebendigen Gott glaubst', dann bleiben Sie redlich. Doch Nikita tut so, als sei es wissenschaftlich bewiesen, dass es keinen Gott gibt. Damit verlässt er die Ebene des rationalen Denkens und begibt sich auf das Gebiet der Religion, um absolut zu leugnen, woran deren Mitglieder absolut glauben."[398]

Die Rue Raspail wurde zu einem internationalen Treffpunkt: Algerische, italienische, französische Familien kamen vorbei,

---

398 AMD I 55.

weil sie Hilfe brauchten, eine Wohnung suchten (im Garten wurde dafür eine notdürftige Behausung errichtet) oder sich nach ein wenig Trost und Zuwendung sehnten.

Allmählich reifte der Gedanke, dass sich einige Mitglieder der Gruppe nach Algerien in die Sammellager begeben könnten, um denen zu helfen, die dorthin umgesiedelt wurden und unter elenden Bedingungen lebten.

Auch psychisch kranke Menschen kamen ins Haus, andere wiederum waren Alkoholiker. Und da war auch Jacquot, ein lieber Freund aus dem Pflegeheim, der geistig auf dem Stand eines Zehnjährigen war und mit dem Madeleine diskutierte, ohne auf die Uhr zu schauen. Als er starb, sorgte sie dafür, dass er auf dem Friedhof in ihrem Familiengrab beerdigt wurde, in dem Grab, das für sie selbst vorgesehen war: Er sollte doch nicht anonym bestattet werden![399]

Das ist nur ein Beispiel dafür, wie Madeleine anderen Menschen begegnete: ohne Hintergedanken, in der Aufmerksamkeit für jeden Einzelnen, in ganz einfachen, spontanen Gesten der Zuwendung, immer in der tiefen Überzeugung, dass Gott uns auch und gerade in den banalsten Umständen des Lebens begegnet.

Ihre poetischen Meditationen, die sie nach dem Krieg schrieb, spiegeln diese Überzeugung zutiefst wider, und auch in ihren öffentlichen Veranstaltungen und in ihren Schriften kommt sie immer wieder darauf zu sprechen. Schon 1938 hatte sie in „Nous autres gens des rues" geschrieben:

> „Jede kleine Unternehmung ist ein gewaltiges Ereignis, in dem uns das Paradies geschenkt wird oder in dem wir selbst das Paradies verschenken können."[400]

---

399 Vgl. auch unten S. 320.
400 OC VII, 29f. Vgl. auch Deine Augen in unseren Augen, 98. Vgl. oben S. 130.

Foto: Bärbel Lödige

Rue Raspail, Nr. 11 in Ivry
Blick in den Garten

Die Adressaten ihrer Vorträge waren sehr unterschiedlich: Gruppen der Katholischen Arbeitermission in Marseille und andernorts, Teilnehmende am Pax-Christi-Kongress Ende November 1960, Ingenieur-Studenten einer Elitehochschule[401] in Aix-en-Provence im Januar 1961 und katholische Studierende der naturwissenschaftlichen und medizinischen Fakultäten in Marseille. Ein Blick auf die Vorträge, die Madeleine von Ende 1960 bis Anfang 1961 gehalten hat, zeigt, wie bewegt ihr Leben wieder geworden war.

Am häufigsten sprach sie vor Studierenden. Am 12. März 1961 hielt sie in der katholischen Studentengemeinde von Paris zur Vorbereitung auf die Wallfahrt nach Chartres eine Ansprache zum Thema „Unsere Zeit als Zeit unseres Glaubens“[402].

Die Konzilsvorbereitungen waren nunmehr in vollem Gang. Madeleine erhielt eine Anfrage von Bischof Glorieux, dem Sekretär der Vorbereitungskommission zum Apostolat der Laien; er wünschte sich von ihr einen Bericht über ihre Equipen. Madeleine schlug ihm aber etwas anderes vor, das mit seiner Bitte gar nichts zu tun hatte: Gedanken zum Thema Glaube und Zeitlichkeit oder über Zeitliches und Ewiges – genau das, worüber sie gerade in der katholischen Studentengemeinde gesprochen hatte. Wie kam sie zu einem solchen Gegenvorschlag? Vermutlich wollte sie nicht einfach nur wiederholen, was sie schon so oft geäußert hatte. So teilte sie ihm ihre Gedanken zu den „normalen Bedingungen“ mit, in denen „die streitende Kirche“[403] lebt; die Christen und Christinnen seien „das Ver-

401 „Ecole Nationale Supérieure d'Arts et Métiers“, heute „Arts et Métiers ParisTech“ genannt. Fast alle, die dort das Ingenieurstudium aufnehmen möchten, sind Mitglieder einer Studentenverbindung, der „Gadzarts“ oder „Gadz'Arts“. (Anmerkung A. S).

402 OC VIII, 199.

403 Vor dem Zweiten Vatikanischen Konzil unterschied man drei Formen des Kirche-Seins: die „streitende Kirche“ (die jetzt lebenden Christen), die „leidende Kirche“ (die Seelen im Fegefeuer) und die triumphierende Kirche (die Heiligen). (Anmerkung A. S).

bindungsglied zwischen der Welt und dem Reich Gottes“. Es sei ein „gewaltsamer Zustand“, in dem wir „im Glauben wachsen und ihn verkünden“ müssten, wozu wir auch in der Lage seien.

> „Wenn wir versuchen, einfach nur den Glauben zu bewahren, einfach nur Christen zu bleiben, verkümmert unser Glaube meist, und meist bleiben wir gerade dann keine echten Christen mehr.“[404]

Für Madeleine war klar: Die Gruppe „La Charité“ hat keinen speziellen Auftrag zum Apostolat. Sie hat vielmehr auf ihre Weise teil an den „normalen Bedingungen der streitenden Kirche“.

Schon seit einiger Zeit hatten die Equipen das südlich der Sahara gelegene Afrika im Blick. Die Entkolonialisierung war vorangeschritten. Die Kirchen in den afrikanischen Ländern, die jetzt unabhängig geworden waren, brauchten über die großen Missionsinstitute hinaus noch eine andere Art von Unterstützung.

Ein Vorstoß in Richtung Dahomey (das heutige Benin) führte zu keinem Ergebnis. Stattdessen zeichnete sich in Gesprächen mit Bernard Yago, dem Erzbischof von Abidjan, allmählich die Elfenbeinküste als mögliches Ziel ab. Bischof Veuillot, der ja seit 1958 von Kardinal Feltin beauftragt war, die Equipen zu begleiten, gab grünes Licht.

Schon bald wurde beschlossen, dass Suzanne Perrin und Guitemie Galmiche dorthin aufbrechen sollten. Ihre afrikanischen Gesprächspartner waren überrascht, mit welch innerer Freiheit und Bereitwilligkeit sie sich darauf einließen. Am 19. November 1961 flogen die beiden nach Abidjan, und später folgte ihnen auch noch Monique Joubert. Christine de Bois-

---

404 OC VIII, 101. Vgl. auch Prophetin einer Kirche im Aufbruch, 61.

marmin ging nach Herserange, um dort Guitemies Platz einzunehmen.

In der Pfarrei Ivry hatte es der neue Pfarrer, Yvan Daniel, nicht gerade leicht. Seit er und sein Vikar, P. Hébrail, da waren, kam es zu Spannungen. Mehrere Mitglieder der Pfarrei wehrten sich gegen die beiden Priester und zeigten sie beim Erzbischof an. Es ging dabei weniger um die pastorale Ausrichtung als um die etwas ruppige Art von Pfarrer Daniel. Madeleine nahm die Priester in Schutz. Am 20. Februar 1961 schrieb sie dem Erzbischof einen Brief, in dem sie die Demut ihres Pfarrers hervorhob. Dieser sei sicher etwas ungehobelt, aber müsse ihn zu nehmen wissen:

> „Ich glaube, dass es paradoxerweise sehr wichtig ist, mit ihm nicht so umzugehen, wie er mit anderen umgeht; stattdessen muss man ihn auf der emotionalen Schiene ansprechen. Darüber hinaus bin ich von seinem Priester-Sein und von seinem tiefen Glauben beeindruckt.“[405]

Von einer weiteren Entwicklung war die „Charité“ noch viel direkter betroffen: Bischof Veuillot wurde am 8. Juli 1961 zum Koadjutor von Kardinal Feltin in Paris ernannt. Madeleine schrieb ihm. Sie konnte sich vorstellen, welche Verantwortung nun auf ihm lasten würde und dass sein Auftrag die menschlichen Kräfte eigentlich überstieg. Ihr war klar, dass er sich nun wohl nicht mehr direkt um die Equipen würde kümmern können:

> „Als ich erfahren habe, was jetzt auf uns zukommt, hat es mich erst einmal umgehauen … Was der Herr von uns verlangt, übersteigt immer wieder unsere Kraft, und in dieser Situation wird das überdeutlich. Nur für den Herrn ist alles leicht und alles schmerzhaft. Entschuldigen Sie bitte diesen

405 AMD III.

Widerspruch, aber ich bin tatsächlich noch etwas ‚benommen‘ von dem, was Ihnen widerfährt. Das liegt vielleicht daran, dass ich kaum etwas so gut kenne wie Paris; für Paris freut es mich – doch ich hadere mit dem Preis, den das kostet.“[406]

Reisen nach Warschau, Rom, Abidjan und Edinburgh

Am Ende des Jahres 1961 beschloss Madeleine, dem Drängen ihrer polnischen Freunde nachzugeben, die sie gebeten hatten, ein paar Tage mit Joanna Munk zu verbringen. In „diplomatischer“ Hinsicht lauerten bei dieser Reise viele Tücken. Sie musste darauf achten, dass sie von keiner Seite vereinnahmt wurde: weder von irgendeiner Bewegung noch von der Botschaft. Den französischen Kommunisten war Madeleine wohlbekannt. Man wusste von ihrer Verbindung mit Miguel Grant[407], der sich in Polen aufhielt und eigenartigerweise just in dem Moment von sich hören ließ, als Madeleine ihr Visum beantragte.

Aufgrund von Falschinformationen erwartete sie eine Delegation des „Klub Inteligencji“ (Klub katholischer Intellektueller) schon acht Tage vor ihrem eigentlichen Ankunftsdatum am Flughafen. Krystyna Wrobleska war beauftragt worden, sie zu empfangen. Sie war vertrauenswürdig, aber sie mussten beide wachsam bleiben. Kurzum: Madeleine sah sich mit einer ziemlich komplizierten Lage konfrontiert. Sie machte es sich deshalb zur Regel, nichts zu unternehmen, was nicht von Joanna Munk abgesegnet war.

Sie traf sich mit etwa fünfzig Personen und machte sich vorsichtshalber von diesen Begegnungen keine Notizen. Dann be-

406 AMD III, Korrespondenz Veuillot–Delbrêl.
407 Vgl. oben S. 220ff.

suchte sie auch das Heim für blinde Jugendliche in Laski, die von Franziskanerinnen betreut wurden. Dieser Besuch inspirierte sie dazu, im Rückblick auf ihre Reise dieses wunderbare Gleichnis zu verfassen:

> „Die Dunkelheit führt für ihn [den Blinden] dazu, dass er sich nicht auskennt und somit einsam ist. Er kann dem nur entrinnen, wenn die anderen Sinne über das gewohnte Maß hinaus entwickelt werden. Für diese Entwicklung ist zweierlei vonnöten: die Augen eines Sehenden, der ihm hilft, und das Vertrauen des Blinden in das, was ein anderer sieht. Hier setzt für mich das Gleichnis von der Blindheit an, das heißt das, was sie uns in Bezug auf den Glauben erzählt: Er hilft uns dabei, uns in der übernatürlichen Wirklichkeit zurechtzufinden. In Laski begegnet man dem Gleichnis und seiner tiefgründigen Wahrheit bei jedem Schritt.“[408]

Für Madeleine wurde alles zu einem Gleichnis. Doch wer von den Polen oder wer von den Franzosen, zu denen Madeleine gehörte, war nun der Blinde und wer der Sehende? Vielleicht alle beide. Madeleine war von ihrem Glaubenszeugnis beschenkt worden, und sie schenkte ihnen umgekehrt das ihre, und so haben sie sich gegenseitig geführt.

Bei ihrer Rückkehr bat sie der Kulturattaché der polnischen Botschaft in Paris um einen Reisebericht. Sie verstand es meisterhaft, ihre Absage in freundliche Worte zu kleiden:

> „Meine Reise war nichts anderes als ein ausführliches Treffen mit Freunden. Ich wäre überhaupt nicht in der Lage, einen Bericht über Polen zu verfassen. Mir ist bewusst, dass ich es noch kaum kenne; aber bei dem Wenigen, das ich

408 AMD I 108.

> kennengelernt habe, habe ich den Eindruck, dass ich es tief und wahrhaftig kennengelernt habe: Deshalb liebe ich das polnische Volk, aber so, wie man eine Person liebt.“[409]

Am 1. Januar 1962 fuhr Madeleine zum elften und letzten Mal nach Rom. Dieses Mal war es eher eine Besichtigungs- und Erholungsreise. Sie lud Germaine Le Portois ein, sie zu begleiten, eine Freundin, die sie schon seit ihrer Pfadfinderinnenzeit in der Pfarrei *St. Dominique* kannte. Auf dieser Reise hatte sie Gelegenheit, sich mit den Bischöfen Baron, Glorieux und Pichon zu treffen.

Pichon arbeitete im Staatssekretariat; er war Wölfling in der Pfadfindergruppe gewesen, die Madeleine geleitet hatte. Mit Bischof Glorieux war sie ohnehin in Verbindung, und Bischof Baron kannte sie durch Jacques Loew; sie war ihm in Marseille begegnet. Er war seit 1949 Rektor der französischen Nationalkirche in Rom und hatte enge Beziehungen zum zukünftigen Kardinal Journet, zu Jacques und Raïssa Maritain sowie zu Louis Massignon. Madeleine bat ihn, 1963 die Jahresexerzitien für die Equipen zu halten.

Dann stand eine Reise nach Abidjan bevor, weil Madeleine ihre beiden Gefährtinnen Suzanne Perrin und Guitemie Galmiche besuchen wollte. Mit ihrer Gesundheit stand es allerdings nicht zum Besten, auch wenn es ihr besser ging als früher. Deshalb bestanden ihre Freundinnen darauf, dass sie mit dem Schiff reiste, um sich auf der langen Überfahrt etwas erholen zu können. Vor Reiseantritt regelte sie noch einige Fragen, die die Zukunft von „Ibéry“ betrafen, der Kooperative, die sie 1952 gemeinsam gegründet hatten und die in einer Werkstatt im Garten „Touron“ herstellte. Die Arbeit lief an sich gut, und das

409 Brief an Herrn Breza, Kulturabteilung der polnischen Botschaft, in: AMD, dossier Pologne.

Unternehmen stand auf soliden Beinen, aber es gab nicht mehr genügend Abnehmer. Außerdem hatten die Mitglieder der Gruppe, die zusammen mit Alberto und Carmen Teilhaberinnen waren, keine Zeit mehr, sich darum zu kümmern. Das Unternehmen musste deshalb aufgegeben werden. Zehn Jahre lang hatte es diese Produktionsstätte einer in Not geratenen Familie ermöglicht, von ihrer Arbeit zu leben; nun mussten sie sich neu orientieren.

Madeleine schiffte sich am 16. Mai 1962 in Bordeaux ein. Bei den Zwischenaufenthalten in Lissabon, Madeira, Dakar, Conakry und Sassandra verschickte sie Briefe und Postkarten. Für sie war alles neu. Tief berührt hat sie sich auf die Menschen eingelassen, denen sie begegnete. Der Elan, mit dem sie in einen ihr unbekannten Teil der Welt aufbrach, war derselbe, der sie dreißig Jahre zuvor nach Ivry hatte aufbrechen lassen. Vor ihrer Abreise formulierte sie dieses Gebet:

> „Herr, gib mir die Demut, mir einzugestehen, dass ich deine Schöpfung nicht kenne, und schenke mir das glühende Verlangen, sie entdecken zu wollen. Gewähre mir, dass ich sie liebe – nicht, weil ich sie schön finde, nicht weil ich sie bewundere, sondern allein deshalb, weil du es bist, der sie geschaffen hat.“[410]

Stets war in ihr die Sehnsucht lebendig, Gott in der Begegnung mit anderen Menschen näherzukommen; nie wollte sie sich zufriedengeben, immer auf Neue wollte sie von Gott fasziniert bleiben, sich von ihm überwältigen lassen. Christine de Boismarmin bringt in ihrer Biografie auf den Punkt, was sie bei Madeleine wahrgenommen hat: „Hier rühren wir offensichtlich an Madeleines Geheimnis. Sie hat sich unaufhörlich gefragt, was es heißt zu lieben, und sie ahnte, dass man nie genug liebt. Immer

410 „Reise nach Abidjan“, in: AMD I 109.

ging es ihr um das Herz, das hervorstechendste Merkmal heutiger christlicher Spiritualität, was natürlich auf das Herz Jesu verweist ... Das Herz Christi, mit dem sie ihr eigenes Herz zu vereinen sucht, schlägt für alle Menschen dieser Welt, von einem Nächsten zum anderen, von Kontinent zu Kontinent.“[411]

Nach Madeleines Ankunft im Hafen von Abidjan, wo Suzanne und Guitemie sie abholten, lernte sie deren Unterkunft in Treichville kennen; sie traf sich mit jungen Afrikanern und mit verschiedenen Personen, die in den Armenvierteln von Abidjan arbeiteten. Sie wurde von Erzbischof Yago empfangen und besuchte eine Priester-Equipe der *Mission de France,* die sich kurz zuvor in den Slums von Adjamé, einem anderen Stadtviertel, niedergelassen hatte.

Dort traf sie auch P. Paul Collet wieder, den sie in der Pfarrei *St. Hippolyte* im 13. Arrondissement von Paris kennengelernt hatte. Erzbischof Yago fuhr sie mit seinem Auto durch die Stadt, machte sie auf deren oft chaotische Entwicklung aufmerksam und vermittelte ihr einen kleinen Eindruck von seiner bischöflichen Verantwortung, von deren Ausmaß sie sich vorher keinen Begriff gemacht hatte.

Vier Monate später brach sie wieder auf, dieses Mal nach Edinburgh. Dort wollte sie Joanna Munk treffen, die sich in Schottland bei ihrer Schwester aufhielt, einer Ärztin, die mit einem Schotten verheiratet war. Drei Tage lang setzten sie das Gespräch fort, das sie in Warschau begonnen hatten. Joanna erzählte ihr, dass ein Unglück nach dem anderen über sie hereingebrochen war; sie fragte sich auch, ob der Tod ihres Mannes wirklich ein Unfall war – oder nicht doch ein Mord, der durch ihre Konversion oder ihre Distanzierung von der Partei provo-

411 Christine de Boismarmin, a. a. O., 181 (195f.).

ziert worden war. Sie bat Madeleine darum, für sie doch noch einmal schriftlich zu formulieren, was sie ihr mündlich gesagt hatte. Madeleine schrieb ihr einen Brief, in dem sie auf das Leiden einging, das Christen heimsuchen kann – ähnlich wie seinerzeit in Briefen an Louise Salonne und an andere Adressaten:

> „Wir haben über das Übermaß an Leiden gesprochen, das in den letzten Monaten über Dich hereingebrochen ist. Fast alle, die versuchen, sich auf realistische Weise Gott zu nähern, nach der Logik des Glaubens zu leben, wahre Jünger und Jüngerinnen Christi zu sein, werden eines Tages mit solchen Prüfungen konfrontiert … Das sind keine Schmerzen, wie sie für alle Menschen zum Leben gehören; sie sind eher wie für eine Person ‚maßgeschneidert'. Wenn man nicht durch so etwas durchmuss, kann man – glaube ich – nicht wirklich an Gott glauben, auf Gott hoffen, Gott selbstlos lieben, ohne im Grunde nur sich selbst zu lieben.“

Und sie fügte hinzu:

> „Es wird dann in solchen Zeiten nicht von uns verlangt, stark zu sein. Man verlangt ja auch nicht vom Weizen, stark zu sein, wenn er gemahlen wird, sondern sich von der Mühle zu Mehl mahlen zu lassen. […] In solchen Zeiten kann man nur selten verstehen, wozu das Leiden gut sein soll. Es erscheint uns eher als ein ungeheurer Widerspruch, und wir erkennen nicht das Kreuz, das darin liegt. Erst im Nachhinein kommen wir dahin zu verstehen, dass wir durch dieses Leiden ‚diejenigen geworden sind, die wir sind'.“[412]

---

412 Brief Madeleines an Joanna Munk vom 5. November 1962, in: AMD III.

Die Eröffnung des Konzils

Am 11. Oktober 1962 wurde das Zweite Vatikanische Konzil eröffnet. Madeleine war zuvor wieder um Mitarbeit gebeten worden, dieses Mal durch den Jesuiten Victor Sartre, den früheren Erzbischof von Antananarivo (Madagaskar). Auf Anraten von Bischof Glorieux bat er sie – im Namen der Kommission für die Missionen, die zur Kongregation „de Propaganda Fide"[413] gehörte – um einen Erfahrungsbericht zur Glaubensverkündigung im marxistischen Milieu. Madeleine erhielt diese Anfrage am 10. Juli. Der Text sollte möglichst in zehn Tagen fertig sein. Sie machte sich sofort ans Werk, doch sie brauchte schließlich bis zum 2. Oktober. Es entstanden vierzig Seiten, die unter der Überschrift „Atheismus und Glaubensverkündigung"[414] bekannt geworden sind.

Fünf Jahre nach Erscheinen ihres Buches „Ville marxiste terre de mission" nahmen ihre Gedanken noch einmal eine neue Wendung. Madeleine richtete ihre Aufmerksamkeit nun auch auf andere Erscheinungsformen des zeitgenössischen Atheismus. Die römische Kommission hatte selbst schon vieles im Blick, doch Madeleine stellt darüber hinaus diese Diagnose:

> „Der Kommunismus an sich ist nicht aktuell. Wenn er mit Früchten beladen ist, dann deshalb, weil er ein hundertjähriger Baum ist."[415]

Vor allem aber ging es ihr um die weitverbreitete Indifferenz, um den Verlust des Gottesbezugs:

---

413 Heute: Kongregation für die Evangelisierung der Völker.

414 OC VIII, 109–152. Vgl. auch NK, 233–254.

415 OC X, 209. Vgl. auch Deine Augen in unseren Augen, 238f: „Der Kommunismus ist trotz all seiner Beteuerungen schon Geschichte ... Sein Keim, seine Lehre und seine Inspiration sind von gestern" (Anmerkung A. S.).

> „Die Beziehungen zwischen Mensch und Materie entwickeln sich in völligem Schweigen gegenüber Gott. In einem seltsamen Tausch nimmt die Schöpfung die Stelle des Schöpfers ein. Dieses Schweigen alarmiert uns nicht. Lautlos naht der Kirche eine Grundgefahr: die Gefahr einer Zeit, einer Welt, in der Gott nicht mehr geleugnet, nicht mehr verfolgt, sondern ausgeschlossen, in der er undenkbar sein wird; einer Welt, in der wir seinen Namen herausschreien möchten, es aber nicht können, weil uns kein Platz bleibt, um unsere Füße hinzustellen.“[416]

Gibt es dann überhaupt noch eine Hoffnung? Ja, so Madeleine, und zwar dann,

> „[... wenn] wir werden, was wir sein sollen: ein universales Volk von sanftmütigen und demütigen Menschen“[417].

In einer von Gewalt und Machtstreben bestimmten Welt kann das Evangelium nach ihrer Überzeugung nur mit der Sanftmut und Demut Christi verkündet werden. Genau das hat Madeleine ihr Leben lang in Ivry versucht: Sich in aller Demut ganz und gar den Armen zuzuwenden, war ihre einzige Möglichkeit, von Christus zu sprechen.

Am 3. Juni 1963 starb Papst Johannes, mitten im Konzil, das er eröffnet hatte. Ein anderer führte es zu Ende: Kardinal Montini, der zu seinem Nachfolger gewählt wurde und den Namen Paul VI. annahm.

An Papst Johannes XXIII. faszinierte Madeleine vor allem seine Güte. Doch sie bewunderte auch seine Fähigkeit, an den guten Willen und an die innere Freiheit eines jeden Menschen zu appellieren, unabhängig von seiner Weltanschauung. Darin

416 OC VIII, 119. Vgl. auch Deine Augen in unseren Augen, 239.
417 Ebd., 151.

lag ihrer Meinung nach der Schlüssel für die Enzyklika „Pacem in terris". So schrieb sie in einem Artikel für *Journal de la Paix*, der Zeitschrift von Pax Christi, unter der Überschrift „Johannes XXIII. lehrt die Kommunisten den Frieden":

> „In dieser Zeit, in der der Friede so gefährdet ist, setzt die Enzyklika einen neuen Akzent: Der Papst spricht zu jedem Menschen und richtet sich an seinen guten Willen und seine innere Freiheit. Jedem bietet er den Frieden an, bei jedem appelliert er an den Frieden; zusammen mit jedem erhofft er sich den Frieden. So etwas kennen die Kommunisten sonst nicht. Selbst wenn einige von ihnen nicht wissen, dass der Kommunismus den Glauben an Gott bekämpft, so weiß doch jeder von ihnen um den offen ausgetragenen Kampf gegen die Kirche und besonders gegen den Papst. Der Papst aber sagt nichts zu ihrer Lehre und zu ihren Aktionen. Er spricht bei ihnen eine unzerstörbare Wirklichkeit an, die allen Menschen gemeinsam ist. Er stellt sich an die Schwelle ihres Gewissens. Dort appelliert er an einen guten Willen, den die Welt braucht, um den Frieden zu schaffen."[418]

An diese Schwelle des Gewissens hat sie sich selbst immer gestellt, wenn sie mit den Kommunisten sprach. Sie respektierte deren Freiheit voll und ganz und stand zugleich ohne Wenn und Aber zu ihren eigenen Überzeugungen. Jede Art von Manipulation war ihr ein Gräuel. Deshalb wurde sie auch nicht Mitglied der damaligen Friedensbewegung, die letztlich vor allem ein Rädchen im Getriebe der kommunistischen Strategie war, die Weltherrschaft zu übernehmen. Doch beteiligte sie sich punktuell sehr wohl an Aktionen oder Verlautbarungen, wenn sie den Eindruck hatte, dass sie damit nicht in einen Zwiespalt

418 Journal de la Paix, Nr. 110, Juni 1963.

geriet. So hatte sie es ja auch immer in Bezug auf die kommunistische Partei gehalten.

Es mag erst einmal überraschen, dass sie sich Anfang 1964 weigerte, für die katholische Zeitschrift *Pax Romana*[419] einen Artikel zu schreiben. Die Redaktion berief sich auf den Dominikaner P. Cottier, der später Kardinal und theologischer Berater von Papst Johannes Paul II. wurde.[420] Doch Madeleine las im Entwurf des Heftes, zu dem sie einen Beitrag schreiben sollte, dass der Marxismus ein „System ist, das Menschen hervorbringt, mit denen man keinen Dialog führen kann und die nichts anderes als Taktik im Sinn haben“. Eine solche Behauptung widersprach ihrer Erfahrung und ihren Überzeugungen. Denn sie hatte mit Kommunisten einen echten Dialog geführt. Niemals, so Madeleine, dürfe man einen Menschen auf seine Weltanschauung festlegen, vielmehr müsse man sich an das wenden, was ihn als Person ausmacht. So schreibt sie in ihrem Antwortbrief:

> „Alle Menschen, egal ob sie Kommunisten oder Kapitalisten sind, Buddhisten oder Muslime, sind als Geschöpfe Gottes zunächst einmal unsere Geschwister. Diese Geschwisterlichkeit erfordert ihnen gegenüber eine klare Haltung. Keine Politik der Welt kann etwas daran ändern, dass der Mensch von Gott geschaffen ist. An ihn als Geschöpf Gottes müssen wir uns wenden, ganz gleich, welchen irrigen Meinungen oder falschen Wegen er anhängt. Sein Herz bleibt das Herz eines Menschen, an das Christus sich gewandt hat und zu dem er durch uns sprechen will.“[421]

---

419 *Pax Romana*, eine internationale Bewegung katholischer Studenten, deren Generalsekretariat in Fribourg /Schweiz war.

420 Brief der Redaktion von *Pax Romana* an Madeleine Delbrêl vom 13. Juli 1964, in: AMD I 93b1.

421 Brief vom 20. Juli 1964 an die Redaktion von *Pax Romana*, in: AMD I 93 b3.

Die Redaktion bestand weiterhin auf ihrem Beitrag. Madeleine konnte diesem Wunsch jedoch nicht mehr nachkommen: Sie starb, bevor sie den Artikel verfasst hatte.

Mit der Ernennung von Bischof Veuillot zum Koadjutor des Pariser Erzbischofs war die „Charité“ wieder ohne direkten geistlichen Begleiter. Jacques Loew war im Gespräch, der sie schon lange kannte und dessen Zusammenarbeit mit Madeleine sich als so fruchtbar erwiesen hatte. Schließlich kam es zu einer Aufgabenteilung: Veuillot sollte die Verantwortung für die Gruppe behalten, während Jacques Loew für die geistliche Begleitung zuständig sein sollte. Trotz seiner eigenen Sorgen und trotz der Arbeit, die ihm die Entwicklung der *Mission Saints-Pierre-et-Paul* abverlangte, stimmte Loew zu.

In der Gruppe kam es allerdings erneut zu einem Konflikt mit Hélène Manuel. Sie war nicht damit einverstanden gewesen, dass Guitemie Galmiche, die mit ihr in der Equipe in Herserange gewesen war, an die Elfenbeinküste gegangen war. Das brachte sie immer wieder mit Nachdruck zur Sprache. Im Mai 1962 kam dazu noch ans Licht, dass sie eine Fehlinterpretation der Rolle von Jacques Loew verbreitete. Das konnte so nicht stehenbleiben.

Madeleine betete, bat um Rat und versuchte zwei Jahre lang, eine Situation im Griff zu behalten, die sich immer mehr zuspitzte. Schließlich musste ein Schnitt gemacht werden; denn zur Berufung der „Charité“ gehörte das gemeinschaftliche Leben. Bischof Veuillot konnte Madeleine ihre Skrupel nehmen (Hélène war ja immerhin eine der drei ersten Mitglieder der Gruppe, zusammen mit Madeleine und Suzanne Lacloche). So schrieb sie Hélène am 24. Juni 1963 einen Brief, der ganz zugewandt und zugleich unmissverständlich war, und bat sie, in Zukunft allein zu leben:

„Je nachdem, ob Dein Alleinleben Dir und uns Klarheit und Frieden bringt oder nicht, wird sich zeigen, ob es abgebrochen oder verlängert werden soll oder ob das dann ganz Deine Form sein wird. [...] Du bist ganz frei in Deiner Entscheidung, bei uns zu bleiben oder zu gehen. Wenn Du mir eines Tages aufzeigst, dass es fundamentale Divergenzen zwischen dem Leben, zu dem der Herr Dich beruft, und unserem Leben gibt, dann werde ich Dir sagen, dass Du recht damit tust, uns zu verlassen. Aber ich werde Dir das niemals sagen, wenn Du diese Divergenzen auf Personen zurückführst oder auf Dinge, die gar nicht stimmen. Niemals. Ich hoffe von ganzem Herzen mit Dir, dass Du inneren Frieden finden wirst, wenn die Anforderungen des Gemeinschaftslebens wegfallen, das für Dich offenbar eine zu große Hürde ist.“[422]

1964

Die letzten Monate in Madeleines Leben waren vor allem von der Begegnung mit jungen Menschen geprägt: bei Vorträgen, in der persönlichen Begleitung, für die sie sich Zeit nahm, und bei all den Gelegenheiten, die sich zufällig ergaben.

Zum Beispiel war die 18-jährige Dany, Tochter der befreundeten Familie Guelfi, zu Gast in der Rue Raspail Nr. 11. Die Freundlichkeit und die Unterstützung Madeleines und ihrer Gefährtinnen taten ihr sehr gut. Daraufhin kamen dann auch ihre Freundinnen und Freunde vorbei, und es gab viel Gesprächsstoff.

Drei andere junge Frauen hat Madeleine noch viel unmittelbarer und persönlicher begleitet: ihre Cousine zweiten Grades

---

422 AMD III.

Odile, ihr Patenkind Françoise und Nũria, die katalanische Freundin[423]. Weil sie jetzt mehr Zeit hatte, konnte sie wieder stärker ihr Charisma der geistlichen Begleitung einbringen, ähnlich wie damals, als sie, selbst noch jung und gerade frisch konvertiert, einige ihrer Freundinnen begleitet hatte.

Madeleine besaß eine außerordentliche Empathiefähigkeit und zugleich die Gabe der „Unterscheidung der Geister", gepaart mit liebevoller Strenge. Je intensiver sie ihre ausschließliche Liebe zu Jesus Christus lebte, desto mehr kam offenbar ihre Mütterlichkeit zur Geltung, mit der sie sich anderen Menschen zuwandte.

In diesen Monaten war sie von mehreren Todesfällen betroffen, wenngleich in unterschiedlicher Intensität. Da war zunächst, am 14. Mai, der schon erwähnte Tod von Jacquot (Jacques Delacroix). In einem Brief an einen Arzt erklärt sie die Umstände seiner Beerdigung:

> „Seine entfernte Familie hat auf die Todesanzeige nicht reagiert, und so sind wir an die Stelle seiner Familie getreten. Damit zog sich alles länger hin, und die Formalitäten wurden komplizierter. Doch wir wollten nicht, dass er von dem düsteren Armenhaus, in dem er zu Lebzeiten war, in das Armenhaus der Toten kommt, nämlich in ein anonymes Armengrab auf dem Friedhof."[424]

So ließ sie Jacquot im Grab ihrer eigenen Mutter bestatten. An P. Jean Guéguen schrieb sie:

> „In den letzten zwanzig Jahren seines Lebens war er so sehr der buchstäblich Arme und der ‚Arme im Geist', dass ihm nun wohl das Himmelreich gehört."[425]

---

423 Nũria Deletra-Carreras, geb. Carreras.
424 Brief an einen Arzt vom 22. Mai 1964, in: AMD III.
425 Brief an Jean Guéguen vom 22. Mai 1964, in: AMD III.

Am 11. Juli starb eine bedeutende Persönlichkeit von Ivry, Maurice Thorez, der frühere Generalsekretär der kommunistischen Partei. Madeleine kannte ihn nicht persönlich. Er hatte in Ivry kein öffentliches Amt inne, wohnte aber in der Stadt. Madeleine wusste, dass sein Tod ihren kommunistischen Freunden sehr naheging, vor allem Venise Gosnat, dem sie daraufhin schreibt:

> „Wir sind freundschaftlich ja so verbunden, dass Sie sicher wissen, wie ich über ihn denke: Er war mir in seiner Menschlichkeit ein Bruder, und Gott wird anerkennen, was gerecht und gut war.“[426]

Schmerzlicher war für sie der tödliche Unfall eines Gefährten von Jacques Loew, P. Paul Xardel, der in Brasilien von einem Lastwagen überfahren wurde. Für die Arbeitermission *Saints-Pierre-et-Paul* war das ein harter Schlag, denn er war eines ihrer ersten Mitglieder. Madeleine schrieb an Jacques Loew, der sich gerade in São Paulo aufhielt, und vertraute ihm an, was das in ihr selbst auslöste:

> „Wie seltsam, dass in den dreißig Jahren unseres Gemeinschaftslebens noch keine von uns gestorben ist. Wenn ich daran denke, fühle ich mich außerstande, den Tod auch nur einer Einzigen von ihnen zu ertragen. Es fällt mir sehr schwer, nicht die Erste sein zu wollen. Das ist zweifellos weibliche Schwäche, aber es ist auch das arme Herz …, und auch die stärksten Menschen haben eines.“[427]

Das alltägliche Leben ging indes weiter seinen Gang. Madeleine unterstützte ihre Gefährtinnen brieflich[428], vor allem die, die in Afrika waren und denen sich Monique Joubert angeschlossen

426 Brief an Venise Gosnat vom 13. Juli 1964, in: AMD III.
427 AMD III.
428 Leider ist ein großer Teil dieser Korrespondenz verloren gegangen.

hatte. Diese war zu der Zeit allein in einem Vorort von Abidjan; denn die beiden anderen nahmen in Frankreich an den jährlichen Einkehrtagen der Equipen teil, die der Pariser Generalvikar Delarue hielt.[429]

Madeleine schrieb ihr ausführlich und schickte ihr auch die Tonbänder von den Einkehrtagen. Sie interessierte sich sehr für das Problem der Armut in Afrika; in geopolitischen Fragen kannte sie sich offenbar gut aus, und sie wusste auch, welche Folgen eine Weltwirtschaft hat, die die Rohstoffe den Konsumgesellschaften zuführt.

In dieser Zeit machte sie sich daran, Russisch zu lernen, denn sie wollte das Vaterunser in der Sprache der Kommunistischen Internationale aufsagen können!

In den Equipen war weiterhin auch ein Aufbruch nach Algerien im Gespräch, denn nach der Unabhängigkeit des Landes hatte man sie wieder um Hilfe gebeten. Am 2. August fuhr Francette Rodary dorthin, um die Lage zu erkunden. Sie wollten ihre Verbundenheit mit den vielen algerischen Familien noch deutlicher zum Ausdruck bringen, vor allem mit der Familie, die sie in ihrem Fertighäuschen im Garten beherbergten.

Am 16. September reiste Madeleine auf Bitten von P. Lafon, dem persönlichen Sekretär von Bischof Veuillot, nach Bagneux, um einen Vortrag vor Studenten zu halten. Sie sprach vor etwa vierzig Studierenden der *École Normale Supérieure*[430] und vor Schülern und Schülerinnen der Vorbereitungsklasse für diese Hochschule. Der Vortrag mit dem Titel: „Was Ivry mich gelehrt

---

429 Er war zu der Zeit Generalvikar und Archidiakon für die südliche Pariser Banlieue. Später wurde er der erste Bischof des neu gegründeten Bistums Nanterre.
430 Französische Elitehochschule zur Ausbildung von Lehrern und Lehrerinnen an höheren Schulen (Anmerkung A. S.).

hat: Die atheistische Umwelt ist der Ort unserer eigenen Bekehrung“[431] war der letzte, den sie gehalten hat. Darin blickte sie auch auf ihr persönliches Leben zurück, was sie sonst nur selten tat. Sie erzählte den Studenten von ihrer Bekehrung:

> „Ich war von Gott überwältigt worden und bin es noch.“

Jahrzehntelang lebte sie nun mitten unter den Menschen in Ivry; dort, so sagte sie, habe sie erfahren, wie lebensnotwendig „die Einsamkeit“ ist:

> „Sie ist keine Versuchung mehr, sondern unabdingbare Voraussetzung, um mit Gott in Beziehung zu kommen.“

Unablässig hatte sie versucht, selbst zu einem Ausdruck des Evangeliums zu werden, doch in der Konfrontation mit Menschen, die nicht an Gott glauben, sei ihr eigener Glaube tiefer geworden.

Kurz vor ihrem Tod sprach sie von „Recycling“:

> „Vor einiger Zeit noch hätte ich kein gutes Gefühl gehabt, wenn ich weggegangen wäre, doch jetzt wäre ich nicht beunruhigt … Ich kann die Gruppe gut sich selbst überlassen, sie wird zurechtkommen. Alle Welt spricht von ‚Recycling‘. Auch ich werde mich jetzt mal ‚recyceln‘.“[432]

Madeleine habe dies scherzhaft zu ihren Gefährtinnen gesagt, schreibt Christine de Boismarmin in ihrer Biografie.

---

431 In der ersten Ausgabe des Buches „Nous autres gens des rues“ von 1966 (deutsch: Wir Nachbarn der Kommunisten) wurde dieser Titel umgeändert in: „Atheistische Umwelt als günstige Voraussetzung für unsere Bekehrung“. Dies entspricht allerdings nicht dem Text Madeleines, vgl. dazu OC X, 207–227.

432 Christine de Boismarmin, a. a. O., 193 (204).

Am Dienstag, den 13. Oktober 1964, zwei Tage vor dem 31. Jahrestag ihrer Ankunft in Ivry, wurde Madeleine gegen 17:20 Uhr leblos am Boden zwischen ihrem Bett und ihrem Schreibtisch aufgefunden. Jean Durand hatte am Tag davor geschrieben, dass sie müde sei und sich ausruhen wollte.[433] Christine de Boismarmin war es, die sie gefunden hatte. Raymonde Kanel und ein weiterer Arzt stellten den Tod fest. Die vielen Freunde und Freundinnen, die man sofort benachrichtigte, waren zutiefst erschüttert und kamen ins Haus.

Am Sarg feierte man gemeinsam eine Messe. Madeleine hatte ihren Lauf vollendet, doch „das Fahrrad“[434] ist in Bewegung geblieben, denn in der Liebe gibt es keinen Stillstand.

In den Wochen vor ihrem Tod war ihr Kalender noch voll gewesen: Besucher hatten sich angemeldet, es gab einiges zu erledigen, sie musste sich mit Leuten treffen und Briefe schreiben. Für den 13. Oktober standen nur drei Termine im Kalender, darunter die Namen von zwei Menschen. Und eigenartigerweise gab es für die übrigen Tage dieser Woche keinerlei Eintragungen. Offenbar war es für sie wirklich an der Zeit, sich zu erholen. Doch nun sollte es eine Erholung bei Gott sein.

An Madeleines Todestag hielt in der Konzilsaula des Vatikans zum ersten Mal ein Laie eine Rede anlässlich der 100. Generalkongregation[435] des Konzils: Patrick Keegan, der Präsident der Internationalen Christlichen Arbeiterjugend.

Bischof Veuillot konnte das Konzil nicht verlassen. Er gab Archidiakon Delarue den Auftrag, die Beerdigung zu halten. Die Kirche *Saints-Pierre-et-Paul* war überfüllt. Die Stadtver-

433 AMD VI 3.
434 Vgl. das Gedicht „Fahrradspiritualität“ in: OC III, 68 und in Deine Augen in unseren Augen, 246f.
435 So heißt eine Plenarsitzung der Konzilsväter.

waltung war vollzählig gekommen und stand schweigend auf dem Vorplatz, um ihre Dankbarkeit zu bekunden. Jemand erinnert sich, dass ein ehemaliger Häftling ihm gesagt habe: „Als ich für niemanden mehr existierte, habe ich für Madeleine Delbrêl existiert. Sie hat mir das Leben geschenkt, mir, der ich weder für die anderen noch für mich selbst existiert hatte.“

Madeleine wurde auf dem Friedhof Monmousseau beerdigt, wenige Meter von der Rue Raspail Nr. 11 entfernt, in einem Einzelgrab, das inzwischen inmitten der Gefährtinnen liegt, die dort ebenfalls ihre letzte Ruhe gefunden haben.

Einige Wochen vor ihrem Tod hatte sie für ihre polnische Freundin Krystyna Wrobleska und ihren Mann zur Silberhochzeit ein Gedicht verfasst, das mit diesen Worten beginnt:

„Eines Tages,
bevor es Tage gab,
warf der Stern sein Licht
durch alles hindurch.
Zu uns.
Zu uns, die es noch gar nicht gab:
zu uns, die Gott erst ins Leben rief
irgendwo, man weiß nicht wo.
Heute kommt das Licht an,
es berührt uns am Ende dieses Tages.
Am Abend dieser Nacht, deren Schatten es durchbricht.
Und wir kennen nicht mehr unser Alter,
denn jedes Zeitempfinden ist vergangen.“[436]

436 OC III, 262.

Anhang

Zeittafel

24.10.1904	Madeleine Delbrêl wird in Mussidan/Dordogne als einziges Kind ihrer Eltern Lucile und Jules Delbrêl geboren.
1915	Erstkommunion.
1906–1916	Mehrere Umzüge der Familie: nach Lorient, Nantes, Bordeaux, Châteauroux, Montluçon und schließlich Paris, wo ihr Vater Leiter des Bahnhofs Paris Denfert-Rocherau geworden ist.
1920–1921	Madeleine belegt Kurse in Philosophie und Literaturwissenschaften an der Sorbonne; sie nimmt Zeichenunterricht und schreibt Gedichte und Prosatexte. Seit dem fünfzehnten Lebensjahr erlebt sie sich als „vollkommen atheistisch".
1922–1923	Begegnung mit Jean Maydieu (1900–1955). Sie gelten als verlobt, doch er tritt 1925 ins Noviziat der Dominikaner in Amiens ein. Madeleine verfasst den Text „Gott ist tot – es lebe der Tod" (1922).
1924	Bekehrung: „Gott hat mich gefunden". Madeleines Vater erblindet. Sie selbst ist ebenfalls lange krank.
1926	Madeleines Gedichte werden mit dem Literaturpreis *Sully Prudhomme* ausgezeichnet. Begegnung mit Abbé Jacques Lorenzo (1893–1958) in der Pfarrei St. Dominique; Pfadfinderinnenarbeit.
1927	Ihre Gedichte werden unter dem Titel „La Route" veröffentlicht.
1928	Madeleine wird in der Pfadfinderarbeit zur Verantwortlichen des Bezirks Paris-Süd ernannt. Aus einem Bibelkreis der Pfadfinderinnen-Führerinnen entsteht später die Gruppe „La Charité".
1931	Ausbildung zur Krankenschwester. Der Wunsch nach einem gemeinsamen Leben bildet sich in der Gruppe „La Charité" heraus.
1932	Studium der Sozialarbeit an der Schule von Montparnasse.

1933	Madeleine Delbrêl, Suzanne Lacloche und Hélène Manuel brechen am 15.10.1933 nach Ivry auf, gründen in der Pfarrei Jean-Baptiste ein kirchliches Zentrum des Sozialdienstes und beginnen ihr gemeinsames Leben als „Leute von der Straße“.
1934	Abbé Jacques Lorenzo wird Pfarrer von Ivry.
1935	Die Gruppe vergrößert sich; Umzug in die Rue Raspail Nr. 11, in ein Haus, das der Stadt gehört.
1936	Madeleine beendet ihre Ausbildung mit der Abschlussarbeit „Ampleur et dépendance du service social“, die 1937 veröffentlicht wird. Trennung ihrer Eltern: Der Vater zieht nach Mussidan zurück, die Mutter bleibt in Paris. Wahlsieg der Volksfrontpartei; Maurice Thorez, Generalsekretär der Kommunistischen Partei, ruft zur Zusammenarbeit zwischen Christen und Kommunisten auf („La main tendue“). Madeleine und Abbé Lorenzo nehmen an dieser Aktion teil.
1938	Madeleine schreibt die Meditation „Nous autres, gens des rues“ („Wir andern, wir Leute von der Straße“).
1939	Madeleine wird zur „Sozialassistentin“ im Rathaus von Ivry ernannt.
1940	Die kommunistische Stadtverwaltung wird abgesetzt. Madeleine wird zunächst zur „technischen Abgeordneten“ des Sozialdienstes für den Kreis Ivry ernannt, später für die gesamte Pariser Region.
1941	Die Versammlung der Kardinäle und Erzbischöfe Frankreichs beschließt die Gründung der *Mission de France.* P. Louis Augros wird zum ersten Leiter des Seminars ernannt. Madeleine begleitet ihre Mutter nach Lisieux, wo sie P. Augros begegnet. Er stellt den Kontakt zwischen ihr und den Vertretern verschiedener missionarischer Bewegungen her. Im Dezember beginnt Jacques Loew seine Arbeit als Docker im Hafen von Marseille.
1942	Madeleine schreibt ihr Buch „Veillée d’armes“ („Am Vorabend“) zur Ermutigung der Frauen, die sie während des Krieges für den Sozialdienst ausbildet.

(1942)	Kursbeginn im Seminar der *Mission de France*. Jacques Loew reist nach Paris, um verschiedene Gemeinschaften kennenzulernen; erster Kontakt zwischen ihm und Madeleine und Beginn einer lebenslangen Weggefährtenschaft.
1943	Begegnung zwischen Madeleine und Henri Godin, einem der Gründer der *Mission de Paris*. Im Herbst veröffentlicht dieser mit Yvan Daniel die Studie „La France pays de mission?“ („Frankreich, ein Missionsland?“). Madeleine verfasst den Text „Missionnaires sans bateaux“ („Missionare ohne Schiff“). Die Gruppe „La Charité“ umfasst zwölf Mitglieder, die teils in Ivry, teils in Cerisiers und teils in Vernon leben.
1944	Die ersten Arbeiterpriester werden nach Paris und in die Provinz entsandt. Das Rathaus von Ivry wird wieder von den Kommunisten verwaltet, mit denen Madeleine zusammenarbeitet. Bombardierung Ivrys; erste Begegnung mit Venise Gosnat, dem stellvertretenden Bürgermeister. Madeleine wird in ihrer Aufgabe als Sozialarbeiterin im öffentlichen Dienst bestätigt.
1945–1946	Madeleine verfasst zahlreiche Gedichte und Meditationen.
1946	Am ersten Oktober gibt Madeleine den Sozialdienst auf, um sich stärker ihrer Gemeinschaft widmen zu können.
1947	Apostolische Konstitution „Provida Mater Ecclesiae“ über die Säkularinstitute. Mehrere Gefährtinnen Madeleines tendieren dazu, sich einem Säkularinstitut anzuschließen. Die Auseinandersetzungen um den Status der Gemeinschaft dauern bis 1958.
1949	Dekret des Hl. Offiziums, das die Zusammenarbeit zwischen Christen und Kommunisten untersagt.
1950	Begegnung Madeleines mit Jean Durand (em. Professor der École Centrale), der ihr und ihrer Gemeinschaft in allen möglichen Belangen zur Seite steht.
1951	Freilassung von Miguel Grant, der in Spanien zu Unrecht inhaftiert gewesen war und für den Madeleine sich seit 1949 engagiert hatte.
1952	Erste Verwarnungen der *Mission de France* durch den Vati-

	kan. „Blitzreise" Madeleines nach Rom, um am Grab des heiligen Petrus für die Einheit der Kirche in der Frage der Arbeitermission zu beten. Begegnung mit P. Jean Guéguen.
	Auf dem Gelände der Gemeinschaft Madeleines in Ivry entsteht die kleine Produktionsgenossenschaft „Ibéry", in der Carmen und Alberto Codino-Pagès (ehemalige Flüchtlinge aus einem deutschen KZ) zusammen mit den Gefährtinnen Madeleines „Touron" – eine spanische Spezialität – herstellen. Diese Genossenschaft bleibt 15 Jahre lang bestehen.
1953	Kardinal Giuseppe Pizzardo verbietet allen Priesterseminaristen ein Fabrikpraktikum; die Religiosenkongregation empfiehlt den Ordensoberen, ihre Arbeiterpriester zurückzuziehen.
	Dritte Romreise Madeleines; erster Kontakt mit Msgr. Pierre M. Joseph Veuillot (Mitarbeiter im Staatssekretariat des Vatikans); halböffentliche Papstaudienz, in der Pius XII. Madeleine drei Mal das Wort „Apostolat" ans Herz legt.
	Im September gibt Nuntius Paolo Marella die Entscheidung Roms bekannt, dass das Experiment der Arbeiterpriester abzubrechen sei.
	Madeleine verfasst zahlreiche Briefe und Texte und hält Konferenzen für Priester zum Thema Arbeitermission.
1954–1958	Madeleine ist immer wieder krank und leidet unter den Auseinandersetzungen innerhalb ihrer Gemeinschaft und im Zusammenhang mit dem Verbot der Arbeiterpriester.
1955	Im April Tod Jean Maydieus; im Juni stirbt Madeleines Mutter, im September ihr Vater.
1957	Madeleines Buch „Ville marxiste, terre de mission" („Auftrag des Christen in einer Welt ohne Gott") erscheint.
1958	Plötzlicher Tod Abbé Lorenzos.
	Erneute Romreise Madeleines; Msgr. Veuillot bestätigt die spezifische Berufung ihrer Gemeinschaft; diese entscheidet sich deshalb, sich nicht an ein Säkularinstitut anzuschließen.

1959	Erneutes Verbot jeglicher Fabrikarbeit für Priester. Ankündigung des Zweiten Vatikanischen Konzils durch Papst Johannes XXIII.
1960	Madeleine weigert sich, an einem Empfang Nikita S. Chruschtschows im Rathaus von Ivry teilzunehmen. Sie hält zahlreiche Konferenzen zum Thema Marxismus und Glaubensverkündigung.
1961	Madeleine wird von Msgr. Achille Glorieux (Sekretär der Kommission für das Laienapostolat) gebeten, ihm zur Vorbereitung des Konzils etwas über ihre Erfahrungen zum Thema Laienapostolat zu schreiben. Sie verfasst stattdessen einen Text zum Thema „Der Glaube in unserer Zeit". Aufbruch von Suzanne Perrin und Guitemie Galmiche (Gefährtinnen Madeleines) nach Abidjan (Elfenbeinküste). Polenreise Madeleines.
1962	Madeleine reist nach Abidjan, um ihre beiden Gefährtinnen zu besuchen. Erzbischof Victor Sartre von Antananarivo (Madagaskar) bittet sie um Mitarbeit in einer der Studienkommissionen zur Vorbereitung des Konzils. Feierliche Eröffnung des Zweiten Vatikanischen Konzils am 11.10.1962.
1963	Tod Johannes XXIII.; Paul VI. wird sein Nachfolger.
1963–1964	Zahlreiche Schriften und Konferenzen Madeleines zum Thema Atheismus.
1964	Plötzlicher Tod Madeleines am 13. Oktober.
1988	Der Bischof der Diözese Créteil, Msgr. François Frétellière, beantragt den Prozess zur Seligsprechung von Madeleine Delbrêl.
1996	Der Prozess wird von Rom anerkannt. Madeleine Delbrêl wird zur „Dienerin Gottes" erhoben.
2018	Papst Franziskus spricht Madeleine Delbrêl den „heroischen Tugendgrad" zu.

Personenregister

Literaturverzeichnis

Gesamtwerke Madeleine Delbrêls:

OC I *Éblouie par Dieu.* Correspondance volume 1, 1910–1941, Paris: Nouvelle Cité 2004 (= Œuvres complètes Tome I).

OC II *S'unir au Christ en plein monde.* Correspondance volume 2, 1942–1952, Paris: Nouvelle Cité 2004 (= Œuvres complètes Tome II).

OC III *Humour dans l'amour.* Méditations et fantasies, Paris: Nouvelle Cite 2005 (= Œuvres complètes Tome III).

OC IV *Le moine et le nagneau.* Alcide et ses métamorphoses, Paris : Nouvelle Cité 2006 (= Œuvres complètes Tome IV).

OC V *Profession assistante sociale.* Écrits professionnels, volume 1, Paris : Nouvelle Cité 2007 (= Œuvres complètes Tome V).

OC VI *Le service social entre personne et société.* Écrits professionnels, volume 2, Paris: Nouvelle Cité 2007 (= Œuvres complètes Tome VI).

OC VII *La sainteté des gens ordinaires.* Textes missionnaires, volume 1, Paris: Nouvelle Cité 2009 (= Œuvres complètes Tome VII).

OC VIII *Athéismes et évangélisation.* Textes missionnaires, volume 2, Paris: Nouvelle Cité 2010 (= Œuvres complètes Tome VIII).

OC IX *La femme, le prêtre et Dieu.* Au cœur du mystère intime de l'Église. Textes missionnaires volume 3, Paris: Nouvelle Cité 2011 (= Œuvres complètes Tome IX).

OC X *La question des prêtres-ouvriers.* La leçon d'Ivry. Textes missionnaires volume 4, Paris: Nouvelle Cité 2012 (= Œuvres complètes Tome X).

OC XI *Ville marxiste terre de mission.* Textes missionnaires, volume 5, Paris : Nouvelle Cité 2014 (= Œuvres complètes Tome XI).

OC XII *En dialogue avec les communistes.* Textes missionnaires, volume 6, Paris : Nouvelle Cité 2014 (= Œuvres complètes Tome XII).

OC XIII *La vocation de la Charité.* Textes à ses équipières, volume 1, Paris : Nouvelle Cité 2015 (= Œuvres complètes Tome XIII).

OC XIV *J'aurais voulu …* Textes à ses équipières, volume 2, Paris : Nouvelle Cité 2016 (= Œuvres complètes Tome XIV).

OC XV *Notre vie.* Textes à ses équipières, volume 3, Paris : Nouvelle Cité 2017 (= Œuvres complètes Tome XV).

OC XVI *Si la charité existe …* Textes à ses équipières 1958-1962, volume 4, Paris : Nouvelle Cité 2018 (= Œuvres complètes Tome XVI).

OC XVII *La conversion du cœur.* Textes à ses équipières 1961-1964, volume 5, Paris : Nouvelle Cité 2018 (= Œuvres complètes Tome XVII).

Auf Französisch erschienene Bände (Auszüge aus dem Gesamtwerk):

Ville marxiste, terre de mission, Paris: Edition du Cerf 1957; Paris: Desclée de Brouwer, ²1970; ³1995.

Nous autres, gens des rues. Textes missionnaires. Introduction de Jacques Loew, Postface de Louis Augros, Paris: Editions du Seuil 1966, ²1971.

La joie de croire. Préface de Jean Guéguen. Avant-Propos de Guy Lafon, Paris: Editions du Seuil 1968 (= JC).

Communautés selon l'Evangile. Avant-Propos de Guy Lafon, Paris: Editions du Seuil 1973 (= CE).

Indivisible amour. Pensées détachées inédites. Préface de Jacques Sommet, Introduction de Christine de Boismarmin, Paris: Le Centurion 1991 (= IA).

Bisher auf Deutsch erschienene Schriften:

Auftrag des Christen in einer Welt ohne Gott. Vollständige und überarbeitete Neuausgabe, Einsiedeln: Johannes Verlag 2000 (= AdC).

Wir Nachbarn der Kommunisten. Diagnosen. Übersetzung und Vorwort von Hans Urs von Balthasar, Einsiedeln: Johannes Verlag 1975 (= NK).

Gebet in einem weltlichen Leben. Ausgewählt, übersetzt und eingeleitet von Hans Urs von Balthasar, Einsiedeln: Johannes Verlag 1974, [5]1993 (= GwL).
Frei für Gott. Über Laien-Gemeinschaften in der Welt. Übersetzung und Vorwort von Hans Urs von Balthasar, Einsiedeln: Johannes Verlag, 1976, Freiburg [2]1991 (= FG).
Der kleine Mönch. Ein geistliches Notizbüchlein. Übersetzung, Vorwort und Zeichnungen von Bernhard Matheis, Freiburg: Verlag Herder [9]1991; Neuauflage 2005 (= KM).
Neuausgabe in Vorbereitung unter dem Titel:
Alcide, der kleine Mönch. Übersetzt von Annette Schleinzer, München: Verlag Neue Stadt 2020.
Die Liebe ist unteilbar. Neuausgabe. Übersetzung von Martha Gisi, Freiburg: Johannes Verlag 2000 (= LU).

Textsammlungen auf Deutsch

Schleinzer, Annette (Hg.), Madeleine Delbrêl, Gott einen Ort sichern. Texte, Gedichte, Gebete, Ostfildern: Schwabenverlag [2]2003; Neuauflage: Kevelaer, Topos-Taschenbuch [2]2010.
Dies., (Hg.), Madeleine Delbrêl, Deine Augen in unseren Augen. Die Mystik der Leute von der Straße. Ein Lesebuch, München: Verlag Neue Stadt [2]2015.

Unveröffentlichte Schriften:

Nach wie vor gibt es unveröffentlichte Schriften Madeleine Delbrêls. Sie befinden sich im Archiv der Association des Amis de Madeleine Delbrêl: Archives Madeleine Delbrêl (AMD).

Biografien Madeleine Delbrêls:

Boismarmin, Christine de, *Madeleine Delbrêl 1904–1964. Rues des villes chemins de Dieu.* Présentation de Jacques Loew, Paris: Nouvelle Cité 1985.
– Madeleine Delbrêl. Ein Leben unter Menschen, die Christus nicht kennen. Übersetzung von Mathilde Wieman, München: Verlag Neue Stadt 1986.
– Madeleine Delbrêl. Mystikerin der Straße. Übersetzung von Mathilde Wieman, 2., neu bearbeitete Auflage, München: Verlag Neue Stadt 1996.
Boehme, Katja, Madeleine Delbrêl. Die andere Heilige, Freiburg: Verlag Herder 2004.
Guéguen, Jean, *Petite vie de Madeleine Delbrêl,* Paris: Desclée de Brouwer 1995.
Schleinzer, Annette, Die Liebe ist unsere einzige Aufgabe. Das Lebenszeugnis von Madeleine Delbrêl, Ostfildern: Schwabenverlag [3]2006; aktualisierte Neuausgabe, Patmos Verlagsgruppe 2014 und 2019.

Literatur zu Madeleine Delbrêl (alphabetisch und in Auswahl):

Biendarra, Ilona, Christsein als Berufung und Auftrag heute. Von Madeleine Delbrêl inspirierte Lebensentwürfe in Frankreich, Italien und Deutschland, in: Lebendiges Zeugnis 4/2010, 251–260.
Boehme, Katja, Gott aussäen. Zur Theologie der weltoffenen Spiritualität bei Madeleine Delbrêl, Würzburg: Echter Verlag 1997.
Dies., Herkert, Thomas (Hg.), ... lauter Sprungbretter in die Ekstase. Alltagsspiritualität nach Madeleine Delbrêl, Würzburg: Echter Verlag 2015.
Madeleine Delbrêl, Sonderheft von: entschluss, Zeitschrift hg. von den deutschsprachigen Jesuiten unter Verantwortung der Österreichischen und Schweizer Ordensprovinz, Wien–Zürich, Heft II/1994, 49. Jahrgang.
Madeleine Delbrêl, *assistante sociale* (1931–1945). Sonderheft von: Vie sociale 3/2008, hg. von Le CEDIAS – Musée social, Paris.

François, Gilles / Pitaud, Bernard / Spycket, Agnès, *Madeleine Delbrêl, connue et inconnue*. Livre de centenaire. Paris: Nouvelle Cité 2004.

François, Gilles / Pitaud, Bernard, *Madeleine Delbrêl. Genèse d'une spiritualité*, Paris : Nouvelle Cité 2008.

Fuchs, Gotthard (Hg.), „... in ihren Armen das Gewicht der Welt". Mystik und Verantwortung: Madeleine Delbrêl, Frankfurt: Knecht-Verlag 1995.

Ders., Die prophetisch priesterliche Frau. Madeleine Delbrêl: politisch, sozial, christlich, in: Christ in der Gegenwart Nr. 8/2017, 86.

Weihbischof Georgens, Otto, Das Evangelium leben mit Madeleine Delbrêl, Ramstein: Paqué-Druck und Verlag ²2003.

Ders., Maria – Mutter einer missionarischen Kirche, Ramstein: Paqué-Druck und Verlag 2003.

Ders. (Hg.), Auf den Straßen der Welt verbirgt sich Gott. Hundert Worte von Madeleine Delbrêl, München: Verlag Neue Stadt 2004.

Ders., Die Einsamkeit im Leben und in der Spiritualität von Madeleine Delbrêl, in: Geist und Leben 77 (2004), 361–368.

Knoepffler-Parsons, Rita, Madeleine Delbrêl. Das Aggiornamento der Demut in ihrem Leben und in ihren Schriften, München: Herbert Utz Verlag GmbH 2006.

Heimbach-Steins, Marianne, Unterscheidung der Geister – Strukturmoment christlicher Sozialethik. Dargestellt am Werk Madeleine Delbrêls, Münster; Hamburg: Lit-Verlag 1994.

Dies., „Ein normaler Gewaltzustand". Politische Konflikte als Herausforderung christlichen Handelns. Das Beispiel Madeleine Delbrêls, in: Gotthard Fuchs (Hg.), „... in ihren Armen das Gewicht der Welt". Mystik und Verantwortung: Madeleine Delbrêl, Frankfurt: Knecht-Verlag 1995, 91–107.

Nürnberg, Rosemarie, Ergriffen von Gott. Exerzitien mit Madeleine Delbrêl, München: Verlag Neue Stadt 2010.

Dies.; Anders beten. Impulse von Madeleine Delbrêl, München: Verlag Neue Stadt 2015.

Pitaud, Bernard, *Eucharistie et Discernement chez Madeleine Delbrêl*, Paris: Nouvelle Cité 2010.

Ders., *Madeleine Delbrêl, des rencontres décisives*, Paris: Nouv. Cité 2017.

Schleinzer, Annette, Madeleine Delbrêl: Beten „mit voller Lunge", in: Willi Lambert / Melanie Wolfers (Hg.), Dein Angesicht will ich suchen. Sinn und Gestalt christlichen Betens, Freiburg: Verlag Herder 2005, 206–220.

Dies., Gott einen Ort sichern. Madeleine Delbrêl (1904–1964) – Eine Zeugin der Hoffnung, in: Georg Köhl / Gundo Lahmes (Hg.), Abenteuer Hoffnung. Lebenszeugnisse und Glaubenszeugen, Berlin: EB-Verlag Dr. Brandt 2012, 133–143.

Dies., „Weil deine Augen in den unsren erwachen ...". Madeleine Delbrêl und die „Liturgie der Außenseiter", in: Meditation, Zeitschrift für christliche Spiritualität und Lebensgestaltung, 1/2013, 43–48.

Dies., „Den ganzen Weg entlang die Gebärden Christi vollziehen". Begegnung mit Madeleine Delbrêl (1904–1964), in: Kirche an der Seite der Armen. Ein Praxisbuch zur Sozialpastoral, Freiburg: Lambertus-Verlag 2013, 167–175.

Dies., Armut zu leben ist eine echte kirchliche Aufgabe. Anregungen aus der Begegnung mit Madeleine Delbrêl (1904–1964), in: Internationale Zeitschrift Communio 44 (2015), 617–627.

Dies., Madeleine Delbrêl – Prophetin einer Kirche im Aufbruch. Impulse für Realisten, München: Verlag Neue Stadt ^{2}2018.

Steiof, Dorothee, Verherrlichung Gottes. Madeleine Delbrêl und alttestamentliche Texte, Stuttgart: Kohlhammer Verlag 2013.

Foto: Susanne Kochannek

Das Editionskomitee der Werke Madeleine Delbrêls
(mit den Autoren vorliegender Biografie) und Annette Schleinzer:
Von links nach rechts: Anne-Marie Viry, P. Gilles François,
Annette Schleinzer, Cécile Moncontié, P. Bernard Pitaud.

Madeleine Delbrêl
DEINE AUGEN
IN UNSEREN AUGEN
Die Mystik der Leute von der Straße.
Ein Lesebuch
Hg. von Annette Schleinzer

Das große Madeleine-Delbrêl-Lesebuch mit vielen erstmals in deutscher Sprache erschienenen Texten.
Einen umfassenden Einblick in das Werk von Madeleine Delbrêl bietet diese qualifizierte Textsammlung. Die Zusammenstellung nach Themen macht das Buch zugleich zu einer Fundgrube für alle, die nach zeitgemäßen, unverbrauchten Gedanken über ein Leben aus dem Glauben suchen.

272 Seiten, gebunden, mit Leseband, 2. Auflage
ISBN 978-3-7346-1026-4

Annette Schleinzer
MADELEINE DELBRÊL –
PROPHETIN EINER KIRCHE
IM AUFBRUCH
Impulse für Realisten

Für alle, die sich Gedanken machen, wie es mit der Kirche und dem Glauben weitergeht: eine Quelle der Hoffnung und Inspiration in Zeiten des Umbruchs – weil strukturelle Veränderungen allein nicht genügen.

248 Seiten, gebunden, bereits in der 2. Auflage
ISBN 978-3-7346-1110-0